근대 과학의 철학적 조명

근대 과학의 철학적 조명

김효명(연구책임자) · 김국태 · 원석영 · 이경희
박삼열 · 최희봉 · 김성호 · 장성민 · 황수영 · 배식한

철학과현실사

책머리에

철학과 과학이 미분화되어 있던 근대라는 시기에 서양 사회는 어느 때보다도 활발한 지적 모험을 감행하여 풍부한 문화적 결실을 맺었으며, 그 결과로서 오늘날의 과학 문화가 형성되고 이에 직간접으로 영향을 받아 다양한 분야의 발전이 이루어졌다. 그러나 이러한 발전이 내포하는 우려도 적잖이 존재하며 특히 서양의 과학 전통에 대한 심층적 반성과 비판 없이 이를 수용한 우리 사회에서는 더욱더 복잡한 문제들이 산적해 있다. 우리의 작업은 서양 근대 과학의 전통이 형성되던 시기로 거슬러 올라가 그것의 배경이 되는 철학적 관점을 되짚어보고 그 현대적 의의를 재조명함으로써 서양의 과학 정신을 기초하는 합리주의 전통의 의미와 한계를 심층적으로 이해하려는 의도에서 계획되었다. 좀더 구체적으로 우리 연구의 필요성은 다음의 두 가지로 제시될 수 있다.

첫째, 이미 1959년 영국의 물리학자이자 작가인 스노우(C. P.

Snow)가 "두 문화와 과학 혁명"이라는 강연에서 지적했듯이, 인문학적 지식인과 과학적 지식인으로 나누어진 지식인 사회의 분열 상황은 서양 사회의 학문 문화에 이미 뿌리를 둔다. 그러나 서양이 그간 교양 교육 등을 통해 이 간극을 좁혀나가는 데 많은 노력을 기울인 반면, 오늘의 우리 사회에서 이 대립은 여전히 심각한 문제로 대두하고 있다. 과학과 인문학이 대표하는 두 문화의 대립 원인은 학문과 교육의 전문화 현상과, 변화를 바라지 않고 현재를 고정시키려는 사회의 보수적 경향에 기인한다. 이러한 두 문화의 대립과 단절의 현상은 전인적 인간 교육을 불가능하게 하고 인간을 파편화된 개인으로만 존재하게 하는 비극적 결과를 초래할 뿐만 아니라 학문적 성과의 측면에서도 전혀 바람직한 것이 아니다. 따라서 두 문화의 상호 접근과 이해는 어느 때보다 절실한 시점에 있다. 서양 근대 과학적 사유의 기초를 철학적으로 연구하는 우리의 작업은 과학과 철학이 분리되어 있지 않은 근대라는 시기를 체계적이고 심층적으로 이해함으로써 오늘날 학문의 극단적 전문화 현상에 맞서 과학 문화를 통일적인 관점에서 재조명해보려는 필요성에서 출발한다.

둘째, 오늘날 과학은 무엇보다 인간의 활동이며 한 사회의 지적인 분위기와 가치관, 세계관 등 문화적 영향을 받는다는 것은 많은 인문학적 지식인들에 의해 지적되었으며 과학자들 내부에서도 이 같은 인식이 점차 확산되고 있다. 그러나 다른 한편, 이러한 인식으로부터 과학의 본성과 성과가 역사학이나 사회학적 분석에 의해 완벽하게 설명될 수 있다는 결론은 도출되지 않는다. 과학은 세계에 대한 신뢰할 만한 지식을 전달해주는 공공적 인식 체계다. 여기에는 사회학적 사실만이 아니라 인식론적이고 형이상학적인 바탕이 엄존한다. 과학적 지식의 본성을 탐구하고

학제 간의 소통이 가능한 올바른 지식 문화의 형성을 위해서는 과학에 대한 절대주의적 입장을 피하는 것이 일차적인 요건이 되겠으나 무조건적 상대주의적 입장으로 돌아서는 일이 해결책은 아니다. 서양 철학의 기초적 분야를 이루는 인식론 및 형이상학 분야가 현대 초에 와서 무시되는 경향도 일부 존재했으나 최근에 와서 그 중요성은 더 부각되는 경향이다. 무엇보다도 근대성의 핵심을 이루는 과학 정신의 기초를 탐구하기 위해 우리는 철학의 가장 근본적인 분야에서 접근할 필요성이 절실하다고 본다.

물리학을 모범으로 하는 근대 과학의 태동과 전개는 서양뿐만 아니라 이제는 전 세계적으로 자연과 인간을 보는 관점을 근본적으로 바꾸어놓은 대사건이 되었다. 근대화 과정에 대한 복잡한 논의들이 공존하는 우리 사회에는 과학만능주의의 입장과 동시에 이에 대한 우려 그리고 과학 자체에 대한 불신의 경향도 그에 못지 않게 강력하다. 여기서 특정한 입장을 취하기란 매우 어려운 일이며 사실상 중요한 것도 아니다. 지식을 생산하고 전달하며 지속적인 탐구를 생명으로 하는 지식 사회에서는 올바른 입장의 정립을 위한 비판적 검토가 성급한 입장의 정립보다 중요하다는 것은 말할 나위가 없다. 우리는 바로 이러한 비판적 관점에서 우리 작업의 중요성과 의의를 찾으려 한다.

우리나라에 서양 철학이 들어와 전개된 경로는 다양하지만 어떤 경로를 통하든 그리고 어떤 전통을 들여오든 우리 식으로 소화하여 유익한 학문적 전통으로 만들면 된다고 본다. 그러나 여기에는 몇 가지 주의가 요구된다. 우선 어떤 전통을 수입하든 가장 중요한 것은 기초적인 분야라는 점이다. 서양 근대 철학은 학적 지식과 인간에 대한 근본적인 문제 제기와 문제 해결을 위한 끝없는 노력 그리고 다양하고 풍부한 상상력의 발동이라는 측면에서 무진장한 보고(寶庫)라는 점은 잘 알려진 사실이다. 그러나 그것이 서양의 현대 철학에 얼마나 본질적인 역할을 하였으며 또한 어떻게 과학 정신의 기초를 형성하고 있는지 우리에게는 잘 알려져 있지 않다. 이것은 우리가 서양의 학문을 수입할 때 기초적인 분야보다는 잘 알려진 것, 최근의 유행을 중심으로 해왔다는 사실에 연유한다. 이런 이유로 서양 근대 철학을 연구하는 학회는 역사가 길지 않다. 그러나 우리 학회는 회원들의 열의와 학문적 역량의 급속한 진전을 토대로 매우 활발한 활동을 벌이고 있다. 근대의 심층적인 철학적 바탕 위에서 학문 또는 과학 정신의 기초와 성립 근거를 탐구하는 일은 세분화된 오늘날의 학문 풍토에서는 매우 어려운 일이며 오로지 이러한 문제 의식과 역량을 공유한 우리 연구진에 의해서 가능한 일이라 생각된다.

과학이 상당히 신뢰할 만한 보편적 지식 체계라는 것은 대부분의 사람들이 인정한다. 이 때문에 오늘날 과학학이라는 학문이 따로 생겨날 정도로 과학은 인문학적 전통을 누르고 학문의 여러 분야에서 핵심적 위치를 차지하고 있다. 갈수록 활발해지는 과학사와 과학 사상의 연구들은 상당히 구체적인 부분에서 과학과 여타 학문과의 관계 그리고 과학의 성과에 대해 효과적으로 밝혀내고 있다. 그러나 이와 같은 연구 업적들의 중요성에도 불구하고 우리는 본질적인 문제는 언제나 핵심을 비켜갔다고 주장한다. 역사적인 연구는 과학 정신의 기초에 대한 탐구에서 상당한 약점을 드러낸다. 따라서 우리는 좀더 심층적으로 인식론이나 형이상학적 탐구를 기반으로 하는 과학철학의 필요성을 주장한다. 오늘날 우리나라의 과학철학적 탐구는 상당히 세분화, 전문화되어 있으며 주로 이론의 논리적 분석에 치중하고 있는데 이것은 현대와 미국이라는 특정한 시대적, 지역적 배경을 등에 업고 행해지는 것임을 지적하고 싶다. 서양의 사상을 탐구할 때 철학과 과학적 사유가 어우러진 깊이와 폭을 무시해서는 안 된다. 프랑스와 영국, 독일을 비롯한 서유럽에서 철학은 언제나 과학과의 긴밀한 관련 속에서 전개되었다.

과학의 문제는 단순히 근대 철학의 여러 쟁점들 중 하나인 것이 아니라 그것들의 기본적 토대를 형성하고 있다. 중세기와 결별하고 인간의 자율적 정신을 강조한 르네상스기를 거치면서 근대는 수학에 기초한 순수 학문의 이념을 다시 신봉하게 된다. 이처럼 수학과 자연과학에 대한 전폭적 신뢰가 근대 철학의 기초에 놓여 있다. 서양 근대 철학사의 주류로 자리잡고 있는 데카르트와 칸트의 문제 의식이 우선 그러하다. 우리는 이들 철학자를 커다란 축으로 해서 연구를 진행할 것이지만 그것은 기존의 도식적인 관점에 도전하게 될 것이다. 우선 그들이 주류가 된 근본 원인과 학문적 배경, 그들의 학문의 복잡다단한 여정과 더불어 문제점들, 다른 철학자들에 의한 도전, 가능한 대안들은 어떤 것이었는지 등을 시종일관 과학적 사유의 전개라는 하나의 문제의식 위에서 그 인식론적, 존재론적 배경을 중심으로 탐구할 예정이다.

우리의 연구는 데카르트와 스피노자, 라이프니츠에게 이르는 합리주의 철학과 흄의 경험주의 철학, 비판적 관점에서 종합을 시도한 칸트, 그리고 이성적, 과학적 사유에 일찌감치 정면 도전한 파스칼, 멘 드 비랑 등 프랑스의 정신주의 계열에 이르기까지 근대 과학의 정초 및 비판과 관련한 주요 철학자들을 망라하고 있으며 여기에 현대 과학철학의 논의까지 첨가하여 근대 과학적 사유의 본성을 총체적으로 조망하는 작업을 시도하고 있다. 이 저서는 2002년도 한국학술진흥재단의 기초 학문 육성 인문 사회 분야 지원 사업의 일환으로(KRF-2002-074-AM1518) 연구비를 지원 받아 10명의 연구원들이 공동으로 연구한 성과를 바탕으로 기획되었다. 이 자리를 통해 한국학술진흥재단의 지원에 깊은 감사의 뜻을 표한다. 또한 여러 가지 어려운 여건에서도 이 책의 출판을 기꺼이 맡아주신 <철학과현실사>에도 진심으로 감사드린다.

서양의 과학 정신, 그것은 바로 서양의 합리주의 정신을 의미한다. 이것을 파헤치는 것은 단순히 과학의 본성을 드러내는 것만이 아니라 서양의 근대와 현대의 사상사 그리고 그 영향으로 근대화 과정을 거친 우리의 정신사를 근본적으로 조망하는 일이 될 것이다.

2006년 8월

공동연구진을 대표하여

김 효 명, 황 수 영

차 례

■ 책머리에

차 례

차 례

제2부 근대 과학의 비판적 정초
— 흄 · 칸트 · 파스칼 · 멘 드 비랑

제 1 장

근대적 사유와 방법*

김 효 명

서양의 철학이 근대에 이르러 데카르트(R. Descartes)와 베이컨(F. Bacon) 등에 의하여 새로운 출발을 하게 되었다는 것은 익히 알려진 사실이다. 그런데 철학의 새로운 출발이란 말이 정확히 무엇을 의미하는지에 대해서는 여러 해석이 있을 수 있다. 그것은 철학이라는 학문의 성격과 관련하여 그 목표나 이념이 새로워졌음을 뜻할 수도 있을 것이고 또는 그 학문이 추구하는 학적 인식의 방식과 관련한 방법론의 쇄신을 뜻할 수도 있을 것이다.

서양의 근대 철학이 새로운 출발이었다고 생각되는 주된 이유를 우리는 무엇보다 후자의 의미, 즉 방법론의 혁신에서 찾을 수 있다고 본다. '진리를 추구하는 것'을 철학의 가장 핵심적인 목표

* 이 논문은 2002년도 기초 학문 육성 인문 사회 분야 지원 사업의 일환으로 한국학술진흥재단의 지원(KRF-2002-074-AM1518)에 의해 연구되었음.

로 삼았다는 점에서는 중세의 철학이나 근대 철학이 서로 다를 것이 없다. 그러나 '진리 추구'라는 추상적 이념에서 떠나 중세인들이나 근대인들이 추구한 진리가 구체적으로 어떤 진리였던가 하는 점에 눈을 돌린다면 양 시대의 철학의 차이점이 제법 크다는 점을 인정하지 않을 수 없고, 그 차이점은 특히 진리 추구의 방식에서 더 두드러지게 드러난다.

진리를 추구하는 방식의 변화는 더 기본적으로 사유하는 방식의 변화에 근거한다. 서양의 근대 철학이 어떤 점에서 새로운 출발점이었는지는 여러 관점에서 해석될 수 있겠지만, 어떤 논의든 기본적으로는 사유하는 방식의 전환을 빼놓을 수 없을 것이다. 사유하는 방식의 변화는 사유하는 방식에 대한 반성에서 비롯될 것이고, 사유하는 방식에 대한 반성은 일찍이 고대 그리스 철학에서부터 이루어졌었다. 저 유명한 아리스토텔레스의 고전 논리학이 바로 그러한 반성의 대표적인 결과물이었다고 할 수 있다. 그 반성의 결과에 대한 또 한 번의 반성이 바로 근대 철학의 새로운 출발을 촉진시켰다. 다시 말하여 서양 근대 철학의 새로움은 지식 획득의 전통적인 방법에 대한 비판적인 반성에서 비롯되었다고 할 수 있다. 방법에 대한 비판적인 반성과 방법론에 대한 특별한 관심은 거의 모든 근대 철학자들에게서 볼 수 있는 공통적인 특징들이다. 지식 획득의 새로운 방법으로서 (엄밀히 말한다면 새로운 방법은 아니지만 오랫동안 잊어왔던) 귀납법(induction), 그리고 세계를 이해하기 위한 체계적인 경험적 탐구의 중요성을 강조한 베이컨, 이른바 '수학적인(mathematical)' 방법을 학적 인식의 보편적 방법으로 삼고자 한 데카르트, 공리적 방법(axiomatic method)으로 윤리학 또는 윤리적 명제들의 확실성을 증명하고자 시도한 스피노자(B. Spinoza), 인간 지식의 생성 과정을 소위 '역사적이고도 평범한 방법(historical, plain method)'으로 서술하고자 한 로크(J. Locke), 그리고 뉴턴(I. Newton)의 실험적 방법(experimental method)을 인간 마음의 해부학에 적용시키려 한 흄(D. Hume) 등의 철학자들에게서 대표적으로, 그리고 전형적으로 볼 수 있는 바와 같이 거의 모든 근대 철학자들은 방법에 대한 반성과 그에 대한 새로운 이론을 자신들의 철학의 시발점으로 삼았다.

서양의 근대가 여러 측면에서 중세적 전통에서 벗어남으로써 시작되었다는 점, 다시 말하여 근대적 정신의 발아가 중세적 전통과의 단절에서 비롯되었다는 점은 잘 알려진 사실이다. 중세적 세계관이 끝나고 근대적 자연관이 새롭게 태어날 수 있었던 한 계기가 바로 위에서 말한 방법론에 대한 반성에서 마련되었다고 할 수 있다. 각각의 개별적인 탐구 주제에만 적용되는 개별적인 접근 방법 대신에 어떤 주제에도 들어맞을 일반적인 방법의 필요성을 인식하고, 그러한 방법의 확립에 큰 관심을 가졌던 것이 17세기 학문의 특징이기도 하다. 그런데 그 방법의 일반성은 바로 근대의 새로운 인식론에서 나온 것이다. 즉, 어떤 주제, 어떤 분야든 학적인 목표는 그 주제나 분야에 관한 새로운 지식의 획득에 있었을 것이고, 지식이란 이러저러한 조건과 자격을 갖춘 것이어야 한다는 지식의 보편성 내지는 일반성이 그 지식을 추구하는 방법의 일반성도 요구하였다. 그래서 데카르트는 단일한 하나의 기본적인 방법적 원리가 수학, 물리학, 의학 등은 물론 형이상학에까지 공통으로 적용된다고 주장하였고, 로크도 동일한 방법론을 그의 인식 이론은 물론, 정치 이론이나 도덕 이론 그리고 신학에까지 적용하였다. 지식의 모든 영역에 적용되는 단일한 방법 — 이러한 방법의 일반화나 보편화가 그 당시 17세기의 새로운 시대 정신을 결정한 주요한 원인으로 작용하였던 것이다.

지식을 획득하는 방법을 과학적으로 반성하고 지식 획득의 방법론에 대해서도 특별한 이론적 관심을 가졌다는 사실은 더 넓게 인간 이성의 권능에 대한 관심과 또 그것에 대한 반성이 새롭게 제기되었다는 점을 말해준다. 모든 지적 활동에 공통으로 적용될 수 있는 보편적인 방법이 필요하다는 인식은 17세기에 와서 더욱 강해졌는데, 이는 중세 신학적 사유가 전면에 내세웠던 계시(revelation)나 신심(faith)의 그늘에 항상 가려져 빛을 받지 못하고 있던 이성의 권능을 되찾고자 한 그 시대의 정신과 맥을 같이 하고 있다. 이성이라는 지위고하를 막론하고 인간이면 누구나 타고나면서부터 갖추고 있는 자연의 보편적인 선물로서 일체의 지적 활동이 모두 이에 근거하고 있다. 그렇기에 이성적 활동으로서의 방법 역시 보편적이어야 한다는 것이 그 시대 철학자들의 공통된 믿음이었다. '방법적 추론(methodic reasoning)'이라든지 '올바른 추론(correct reasoning)'이라는 말은 곧 '이성적 추론'을 일컫는 다른 표현이었다. 다시 말해서 지적 추구에 방법적 절차를 도입한다는 것은 이성적 작업을 더욱 면밀히 정의하는 것과 마찬가지였다.

서양의 근대를 흔히 '이성의 시대(the age of reason)'라고 규정짓는 이유도 거기에 있다. 이는 다시 인간 이성에 대한 낙관적 믿음을 표현하는 '인식론적 낙관주의(epistemological optimism)'라는 말로 특징짓기도 한다. 진리란 인간이 쉽게 접근할 수 없도록 숨겨져 있다거나 그 숨겨진 진리를 찾아내는 데 인간의 이성은 무력하므로 절대자에 의존해야 한다는 주장을 '인식론적 비관주의'라 명명한다면 서양의 중세가 바로 그러한 이름에 걸맞는 시대였을 것이다. 이에 반하여 인식론적 낙관주의는 진리가 그렇게 깊은 데 숨겨져 있는 것이 아니어서 인간의 이성을 제대로만 작동시킨다면 쉽게 드러날 수 있다고 주장한다. 신의 도움 없이 자신의 힘만으로도 진리에 도달할 수 있다는 이러한 낙관론은 바로 이성의 능력에 대한 굳건한 믿음에 의거한 것이었다. 여기서 주목할 것은 단순히 그러한 이성을 인간이 갖추고 있다는 사실만으로 진리의 발견이 보장되는 것은 아니고 '이성이 제대로 작동된다면'이라는 단서가 붙어야 한다는 점이다. '이성이 제대로 작동한다'는 것은 진리에 도달하기 위한 방법이 따로 있고 그 방법을 따른다는 것을 함축한다. 다시 말해서 근대에 와서 인식론이 비관주의에서 낙관주의로 방향 전환을 할 수 있게 된 배경에는 바로 진리 발견의 방법에 대한 철학적 반성과 믿음이 깔려 있었다.

그러한 전환의 가장 분명하고 전형적인 형태를 우리는 데카르트의 철학에서 발견할 수 있다. 데카르트에 의하면 진리란 숨겨져 있는 것이 아니라 드러나 있고, 복잡한 것이 아니라 단순한 것이며, 불투명한 것이 아니라 투명한 것이다. 진리의 그러한 단순성과 투명성은 올바른 과학이 확보되면 남김없이 드러날 수 있다는 것이 데카르트의 기본적인 신념이었다. 그런데 올바른 과학이란 올바른 인식과 올바른 믿음에 의하여 가능해진다. 진리를 향한 올바른 인식은 데카르트에 의하면 바로 직관(intuition)과 추론(reasoning)의 방법에 의하여 성취된다.

'직관'이란 말과 관련하여 우선 지적되어야 할 점은 데카르트 철학에서 그것이 무슨 신비스러운 초인적 능력이나 비합리적인 심적 능력 같은 것을 뜻하는 것은 아니라는 점이다. 데카르트가 말하는 '직관'이란 가장 단순하고 직접적인 형태의 지적 인지

(intellectual awareness)를 뜻한다. 인간의 마음에는 어떤 본유적인 능력, 마치 사물을 직접 육안으로 그냥 보듯이 직접적으로 파악하는 인지 능력이 있는 바, 그것을 그는 '직관'이라는 말로 표현하였다. 물론 그는 '직관' 대신에 다른 표현을 쓰기도 하였다. 이를테면 그의 글에는 '자연의 빛'이나 '이성의 빛'이라는 표현도 자주 등장하는데, 이 표현들도 모두 '직관'이라는 말과 동의어로 쓰였다. 우리의 망막에 이상이 생길 경우 시력이 약화되고 눈빛이 흐려질 수 있듯이, 이성의 빛 역시 때에 따라 흐려질 수 있을 것이다. 반대로 정상적인 육안에 사물의 모습이 확연하게 드러나듯이 이성의 빛이 흐려지지 않고 명석한(clear) 상태로 있을 경우 진리도 확연하게 드러날 수 있을 것이라는 것이 데카르트의 생각이었다. 이와 같이 이성이 명석한 상태에서 그 빛을 발하는 것이 바로 데카르트가 말한 직관이다. 그의 말을 직접 들어보자.

> "'직관'이라는 말로 내가 뜻하는 바는 변화무쌍한 감각적 증거도 아니고 상상에 의한 기만적 판단도 아니다. 그것은 명석하고(clear) 집중된(attentive) 마음에서 일어나는 파악(conception)으로서 너무나 쉽고 판명하여 (그것에 의하여) 우리가 이해하는 바에 대하여 일호의 의심의 여지도 없다. … 달리 말하여, 같은 이야기이지만, 직관이란 순수하게 이성의 빛으로부터 시작하는 명석하고 집중된 마음이 하는 절대 의심 불가능한 파악을 말한다. … 그래서 자신이 존재한다는 것, 자신이 생각하고 있다는 것, 삼각형은 세 변으로 둘러싸인 평면체라는 것 등을 우리 모두는 정신적으로 직관할 수 있다" (CSM I 14).[1)]

---

1) *The Philosophical Writings of Descartes I, II*, Cottingham J., Stoothoff

우리의 지성이 진리를 추구할 때 따라야 할 방법과 지켜야 할 규제 원리들을 데카르트는 『규칙(*Regulae*)』이라는 저서를 통하여 제시하고 있다. 그의 말을 또 들어보자.

> "모든 방법의 핵심은 전적으로 우리가 진리를 발견하고자 할 경우 우리의 심적 눈을 집중시켜야 할 대상들에 질서를 부여하고 정돈하는 데에 있다. 우리가 복잡하고 불분명한 명제들을 한 단계 한 단계 더 단순한 것들로 우선 환원시킨 다음, 그 중에서도 가장 단순한 것에 대한 직관에서 출발하여 동일한 단계들을 거쳐 나머지 모든 것들에 관한 지식으로 나아가고자 한다면 이 방법을 반드시 따라야 한다"(CSM I 20).

데카르트가 말하는 방법적 원리들이 우리가 과학적 활동을 할 때 실제로 얼마나 쓰일 수 있는지 하는 문제는 일단 제쳐두고, 우선 우리의 관심을 먼저 끄는 대목은 진리라는 것을 발견해내기가 그렇게 대단히 어려운 일은 아니라는 점, 우리의 마음이 일정한 조건만 갖추고 일정한 방법적 원리만 따른다면 누구에게나 열려 있다는 점이다. 그 방법적인 원리의 출발점이 바로 직관이요, 한 단계 한 단계 밟아 나간다는 것은 연역과 추론을 말한다. 데카르트가 여기서 말하는 직관과 연역의 방법에 가장 잘 들어맞는 분야는 산수나 기하학 같은 '폐쇄된(closed)' 형식 체계들일 것이다. 그러나 이 방법이 다른 영역에까지 과연 확대 적용될 수 있는지에 대해서는 논란이 있을 수 있다. 그 후 『성찰(*Meditations*)』에서 그가 '나는 생각한다. 그러므로 나는 존재한

R., Murdoch D. trans, Cambridge : Cambridge University Press, 1984, I 119 (이후 CSM으로 표기).

다(cogito ergo sum)'는 명제를 그의 형이상학의 제일 공리로 확립하고자 할 때, 그것을 산수나 기하학의 원리와는 다르게 단순하게 바로 직관되는 것이라고 하기보다는 이른바 '방법적 회의(methodical doubt)'를 거쳐 도달되는 것으로 제시하는 까닭도 자신이 고안한 방법이 형이상학과 같은 다른 영역에 그대로 적용하기가 그렇게 용이하지 않은 탓이었다고도 볼 수 있다.

직관과 추론은 경험론자 로크의 철학에서도 지식 획득에 필수불가결한 두 방법이 되고 있다. 잘 알려진 바와 같이 로크는 지식을 '관념들 간의 일치(agreement) 또는 불일치(disagreement)에 대한 지각'으로 정의하고 지식을 세 가지 종류로 구분했는데, 그 중에서도 감각지(sensitive knowledge)는 로크 자신의 지식 규정에 잘 들어맞지 않는다. 어떻든 감각지는 직관지(intuitive knowledge)와 더불어 관념들 간의 일치 또는 불일치를 직접적으로 인지함으로써 가능하다. 이에 반해 또 다른 종류의 지식인 논증지(demonstrative knowledge)는 두 관념들 간의 일치 또는 불일치를 직접적으로 파악하는 것이 아니라 하나 이상의 매개 관념을 통하여 얻어지는 지식이다. 다시 말하여 논증지는 논증적 추론을 통하여 얻어지는 종류의 지식이다.

여기에서 주목할 만한 점은 논증적 추론이라고 해서 중세 철학에서 즐겨 사용되었던 그러한 형식적이고 논리적인 삼단논법(syllogism)과 같은 종류의 추론만을 의미하는 것은 아니라는 점이다. 로크가 강조한 논증의 특징은 '전제(premise)'라고 불리는 일련의 명제에서 '결론(conclusion)'이라 불리는 또 하나의 명제를 연역해내는 전통 논리에서의 연역적 관계에서 발견되는 것이 아니라 하나의 관념이 직접적으로든 아니면 다른 매개 관념들을 통해서든 또 다른 관념과 맺고 있는 관계에서 나타난다. 이 점은 데카르트가 생각한 추론에서도 마찬가지였고, 근대 철학 전반의 한 방법론적 특징이라고 보아도 무방할 것이다. 물론 로크도 '연역(deduction)' 또는 '연역하다(deduce)'는 말을 자주 사용하였지만, 그 표현들이 뜻하는 바는 어떠한 경우에도 전통 논리학에서 말하는 삼단논법과 같은 형식적인 추론이 아닌 것만은 틀림없다. 그것은 아주 느슨하고 비형식적인 의미로 '논변(argument)'이나 '추론(inference)' 또는 '논변하다(argue)'나 '추론하다(infer)'와 같은 말들이 뜻하는 바와 비슷한 것이었다. 따라서 어떤 것이 논증인가 아닌가를 판정하는 기준도 그 형식에 있지 않고 내용에 있다. 형식적 타당성(formal validity)의 개념은 로크의 논증에서는 의미가 없다. 추론의 과정 하나하나에서 관념들 간의 관계가 직관적으로 확실한 것으로 지각되면 그 추론은 논증이 된다. 그러므로 논증의 평가도 그 논증의 형식이 갖는 연역적 타당성에 의한 것이 아니라 논증의 각 개별적 단계가 갖는 직관적 확실성에 의하여 내려질 뿐이다.

탐구 방법을 전통적인 형식 논리의 틀 속에 매어둘 필요가 없다는 생각은 흄에 와서 더 분명해지고 더 강해진다. 거기다 흄은 지금까지 전혀 주목하지 못했고 생각하지도 못했던 새로운 방법을 철학적 탐구에 도입하려 하였다. 그는 자신의 주저『인간 본성에 관한 논고(*A Treatise of Human Nature*)』서두에서 자신의 탐구 방법이 '실험적(experimental)'인 것이라고 규정하면서 그것은 "자명한 명제들에 의존하는 것이 아니라 경험에 의존한다"는 뜻이라고 부연 설명하고 있다. 이는 다시 말하여 자신의『인간 본성에 관한 논고』가 목표하는 바가 인간에 관한 과학, 즉 인간과학(science of human being or moral science)이고, 이 인간과학을 수립하는 방법의 성격이 '실험적인' 것이라는 점을 미리 선포해두었다는 뜻이다. 그의 인간과학은 스스로 밝혔듯이 전례를 찾아볼 수 없는 새로운 과학이었고, 그것이 새로운 것이라고 주장할 수 있었던 이유는 무엇보다 먼저 그가 사용한 방법이 새로운 것이었기 때문이다. 철학이라는 학문의 방법은 다른 영역의 탐구 방법과는 구별되는, 특히 관찰과 실험의 방법이 주가 되는 자연과학의 방법과는 전적으로 그 성질을 달리하는 특이성을 갖는다는 것이 일반적인 생각이었고, 그 특이성이 바로 이른바 '선험적(a priori)' 방법이라는 데 있다는 것 또한 일반적으로 동의된 생각이었다. 그러나 인간의 본성, 인간의 참모습이 그러한 이성적 사유나 사변(speculation)을 주로 하는 전통적인 방법으로서는 결코 드러날 수 없다는 것이 흄의 생각이었고, 인간의 본성을 밝히는 진정한 인간과학이 정립되지 못한 까닭 역시 경험과 관찰을 멀리하고 사변만을 일삼았던 전통적인 철학의 방법 때문이었다는 것도 흄의 생각이었다.

흄이 이 방법, 즉 실험적 방법을 철학의 방법으로 취하게 된 데는 여러 이유가 있겠지만 무엇보다 자연에 대한 탐구에서 획기적인 성공을 거둔 뉴턴의 탐구 방법을 모델로 삼을 필요성을 느꼈다는 것이 가장 중요한 이유일 것이다. 뉴턴이 자연에 관한 새로운 학을 성립시킬 수 있었던 것은 바로 그가 사용한 실험적 방법 때문이었고, 인간에 관해서도 같은 방법을 사용할 때 이전에는 발견되지 않았던 새로운 사실들이 드러날 것이며, 따라서 새로운 인간과학도 가능해질 것이라는 것이 흄의 기대였다.

뉴턴의 실험적 방법은 당시 아직도 완전히는 사라지지 않았던 스콜라주의, 그리고 데카르트의 선험적 방법과 더불어 대표적인 학문 방법론으로 여겨졌다. 그러나 탐구의 진취성이나 그 성과의 측면에서 보면 뉴턴의 방법이 다른 두 방법보다 훨씬 더 '근대적'이었던 것만큼은 틀림없어 보인다. 뉴턴의 방법과 데카르트의 방법의 차이는 예컨대 뉴턴의 역학과 데카르트 역학의 차이점에서도 잘 드러나 있다. 한마디로 말하자면 데카르트의 과학이 선험적인 것인 데 반하여 뉴턴의 과학은 실험적인 것이었다. 뉴턴 과학의 법칙들은 검증 가능한(verifiable) 것들이었고 거기서 언급되는 대상들도 발견 가능한 것들이었다. 데카르트는 물질을 동질적인 것으로 간주하면서 모든 질적인 것을 기본적으로 양적인 것으로 환원시킬 수 있다고 보았다. 그러나 그러한 체계를 완성시키기 위해 데카르트주의자들은 경험적으로는 알려져 있지 않은 또는 숨겨진(occult) 어떤 것들을 사변적인 방식으로 상정하는 데 주저하지 않았다. 그래서 이를테면 '소용돌이(vortex)'가 정말로 존재하는 물리적 사실인지 아닌지 증명하기 이전에 그것에 대한 이론을 구성하여 현상을 설명하려 했다. 이에 반하여 실험적 방법을 추종하는 철학자들은 경험적 근거가 없는 사변적인 가설은 받아들이려 하지 않았다. 뉴턴 스스로는 자신의 방법에 관하여 어떤 언급도 한 적이 없지만 현상적 경험에 근거를 두지 않은 단순 가정의 의미로서의 가설은 거부한다고 분명히 밝힌 바 있다. 그러한 의미의 가설들은 형이상학적이든 물리적이든 실험실 내에 차지할 자리가 없었다.

이에 착안하여 흄은 인간의 문제에 관해서도 관찰과 실험의 방법을 적용시켜보기로 했다. 인간에 과한 새로운 과학에서 흄이 세운 목표는 인간의 마음을 해부해보자는 것이었다. 거기서 어떤 일반 원리를 찾아내고자 한다면 우선 인간에 대하여, 또는 인간의 마음에 대하여 어떤 이론도 미리 주어진 것으로 전제하지 않고 단순히 마음이 어떻게 움직이고 작동하는가를 관찰해보는 것이 필요하다고 생각한 것이다. 그래서 뉴턴 역학에서와 마찬가지로 흄의 인간과학에서도 관찰은 필수적이다. 마음의 여러 작용들에 대해 관찰한 바를 '가장 단순하고 수가 적은 원인들로부터' 설명해내는 일이 흄의 인간과학의 과업이었다. 그의 실험적 방법은 한마디로 인간의 여러 행태들에 관한 관찰로부터 인간 마음의 원리들을 추출해낼 수 있도록 하는 방법이었다.

그러나 인간과학에 실험적 방법을 사용한다고 해서 그것이 물리과학에서 사용되는 실험, 즉 실험실 내에서 수행되는 실험과 같은 것일 수는 없을 것이다. 흄도 그러한 방법상의 한계를 인정하였다. 그럼에도 불구하고 그 방법의 본질적 측면에서는 인간과학이나 자연과학이나 다를 바가 없다는 것이 흄의 기본 생각이었다. 그는 인간과학에서도 상황의 변화에 따라 관찰을 주의 깊게 선택하고 조정할 수 있다고 보았다.

흄의 초기 저작들의 두드러진 특징은 인간의 본성 또는 인간의 삶의 여러 현상들을 가능한 한 단순한 원리들에 의하여 설명하고자 하는 것을 목표로 삼았다는 점이다. 『인간 본성에 관한 논고』 2권 서두에서 흄은 소위 '자연주의자'의 목표는 가능한 한 많은 결과들을 설명해낼 수 있는 가능한 한 적은 수의 단순한 원리들을 발견하는 일이라고 주장하였다. 단순성(simplicity)이야말로 모든 이론 체계가 지향해야 할 기본적인 목표라고 그는 보았다. 실제로 그는 인간 정신의 많은 현상들을 상상력(imagination)이라는 단일한 심리 작용에 환원시켜 해명하는 데 놀라울 정도로 성공을 거두고 있다.

물론 단순성에 대한 요구가 '경험을 넘어서서는 안 된다'는 그의 기본 준칙에서 벗어나는 것은 아니었다. 그래서 그는 인간 본성의 '궁극적인 원초적 성질들'은 우리의 경험을 넘어서 있는 것으로 보고 그것들에 관한 어떠한 가설도 거부하였다. 원인을 추구해가는 과정이 경험으로 확인될 수 있는 지점을 넘어가서는 안 된다는 것이 그의 확고한 믿음이었다. 그가 『인간 본성에 관한 논고』 1권에서 많은 심리 현상들을 설명해내는 핵심적인 원리인 '관념연합(association of ideas)'의 원인이 무엇인지는 "대부분 알려지지 않았다"고 못박고 있는 이유도 거기에 있다. 이는 『자연 철학의 수학적 원리(*Principia*)』의 서문에서 물체들 간에 서로 끌어당기고 밀쳐내는 운동의 원인이 무엇인지는 아직도 알려지지 않았다고 한 뉴턴의 주장과 매우 흡사하다.

그럼에도 불구하고 뉴턴이 그랬던 것처럼 흄도 매우 조심스럽게 가설들을 이용한 때가 있었다. 이를테면 『인간 본성에 관한 논고』 2권에서 인간의 정념들을 다룰 때 정념들도 관념연합의 원리에 의존해 있을 것이라는 가설에 입각하고 있다. 긍지, 수치심, 사랑, 미움 등의 정서들이 어떻게 생기고 어떻게 작동하는지를 그는 관념연합의 원리에 의거하여 설명하였다. 그는 그러한 정서들에 관한 귀납적인 설명을 내놓기 이전에 관념과 인상 간의 이중적 관계에 관한 일반 이론을 하나의 가설로 설정하였다. 이 가설을 그는 『인간 오성에 관한 탐구(*An Enquiry concerning Human Understanding*)』에서 "아무리 정확하더라도 여전히 일정한 정도의 의심과 불확실성을 동반하고 있는 사변"에 근거한 것이라고 실토하고 있다. 그러나 또 한편으로는 가설이 독단이 아니라 경험에 근거하여 설정된다면 불법적인 것은 아니라고도 생각하였다.

여하튼 흄의 방법은 그를 '인간과학에서의 뉴턴'이라 부를 정도로 뉴턴의 방법과 유사하다. 앞에서도 언급한 바와 같이 『인간 본성에 관한 논고』의 부제 "추론에 관한 실험적 방법을 인간에 관한 주제들에 도입하려는 시도"라는 말을 보더라도 뉴턴의 실험적 프로그램을 인간의 문제에 적용시키려는 것이 흄의 의도였음을 알 수 있다. 흄은 한 영역에서 분명한 성공을 거둔 뉴턴의 방법이 다른 탐구 영역 일반에까지 적용될 수 있고 또 적용되어야 한다고 믿었다.

로크의 철학이나 흄의 철학이 이와 같이 당시의 주도적인 과학으로부터 크게 영향을 받았지만 (로크의 철학은 당시 영국왕립학회 회원이면서 영국의 과학을 주도하고 있었던 보일의 입자설로부터 많은 영향을 받았다), 거꾸로 보일(R. Boyle)이나 뉴턴의 과학은 새로운 사유를 촉구한 당시의 신 철학으로부터 힘입은 바가 적지 않았다고 할 수 있다. 그들 주도적 과학자들이 과학적 성공을 이룩할 수 있었던 것은 한마디로 새로운 방법을 채택하였기 때문이고, 그 새로운 방법은 두 가지로 말할 수 있다. 첫째는 바로 경험주의 철학자 베이컨이 일찍이 강조했던 귀납법에 기초한 것으로서 소위 '경험에 근거를 둔 방법(empirically based method)'이라는 일반적인 이름으로 더 널리 알려지게 된 방법이었다. 뉴턴은 베이컨의 영향 아래 귀납적 일반화야말로 가장 적합한 과학적 설명이 된다고 보았다. 귀납적 일반화가 바로 진리를 보장해주지는 못할지라도 세계에 관한 일반적 주장에 도달하는 데 가장 효율적이고 가장 바람직한 방법이라는 것이 뉴턴의 믿음이었다. 두 번째 방법은 데카르트, 스피노자, 라이프니츠와도 공통된 수학적 방법이었다. 뉴턴이 일찍이 없었던 가장 강력한 이론을 탄생시킬 수 있었던 것은 경험적 방법에다 수학이라는 방법을 접목시켰기 때문이라는 것은 잘 알려진 사실이다. 한마디로 경험과 수학 — 이 두 방법이 근대 자연과학의 방법의 핵심이었고 그 핵심은 바로 지식 획득의 방법에 대한 근대 철학적 사유의 한 반성적 소산이었다.

제1부

근대 과학의 합리주의적 기초

데카르트 · 스피노자 · 라이프니츠

16~17세기에 유럽에서 발생한 과학 혁명은 서양 근대적 사유의 실제적 기원을 이룬다고 할 수 있다. 또한 과학 혁명은 단순히 역사적 사건에 불과한 것이 아니라 우리에게도 여전히 현재진행형의 사건으로 영향을 미치고 있다. 우리는 이러한 과학 혁명이 바탕으로 하고 있는 서양 근대 과학적 사유의 본성이 무엇인지, 나아가 근본적으로 과학적 지식의 가능성과 한계가 무엇인지 데카르트, 스피노자, 라이프니츠로 대표되는 이른바 합리주의 철학의 입장을 통해 살펴보고자 한다. 우선 우리는 근대 과학에 대한 철저한 반성을 통해 과학과 철학을 잇는 가교를 만들 수 있었던 데카르트의 과학적 사유를 중심으로 연구를 진행하려 한다.

서양의 과학적 사유는 분명 다른 문명권에서는 찾아볼 수 없는 고대 그리스 사유의 독특함에 그 뿌리를 두고 있다. 근대 과학 역시 그 연장선상에서 이해될 수 있다. 그럼에도 불구하고 이에 바탕을 둔 아리스토텔레스의 과학 개념은 근대 과학의 방법이나 태도와는 근본적으로 다른 것이다. 갈릴레오나 데카르트 등 근대의 자연 철학자들이 한결같이 극복하고자 했던 기성의 권위는 아리스토텔레스의 지식 체계와 그를 계승한 중세 스콜라 철학이었다.

우선 갈릴레오와 데카르트는 사물의 질적 이해에 기초한 아리스토텔레스와 스콜라 철학자들의 자연관을 배격하고 근대 과학혁명의 단초를 제공한 핵심적인 특성들을 공유한다. 이들은 물체의 제1성질과 제2성질을 구별하고 수로 환원될 수 있는 제1성질을 본질적인 것이라고 함으로써 관찰된 물체의 특성을 질적 특성에 의존해 설명하지 않고 물체의 감각적 성질이 완전히 배제된 미립자들 간의 철저한 기계적 관계에 의해 설명하고자 하였다. 이에 따라 이들은 자연은 수학적 해석을 필요로 한다는 데 의견을 같이 하였으며 나아가 수학적 형식과 현실 세계의 물리적 현상을 결합하는 데는 회의적이었던 고대 수학의 관점에서 벗어나 자연을 철저하게 수량화하게 된다.

이런 공통점에도 불구하고 그들은 근본적인 면에서 중요한 차이를 가지고 있다. 데카르트는 갈릴레오의 물리적 작업이 철학적 토대를 결여하고 있다는 것을 비판함으로써 형이상학적 사유를 철저히 배제하는 갈릴레오에서 뉴턴으로 이어지는 역학 혁명의 노선과는 다른 길을 걷는다. 데카르트는 자신의 형이상학을 통해 불변의 신을 물질과 운동 법칙들의 궁극적 근거로 제시하고 물질을 연장과 동일시하는 형이상학적 이원론을 전개하는데, 이는 사실 무게를 물체의 내재적 속성으로 간주함으로써 여전히 중세적 관점에서 해방되지 못한 갈릴레오에 비해 더욱 철저한 기계론적 태도를 반영한다. 아리스토텔레스는 자연물을 "자신의 안에 운동 원리를 가진 것"으로 정의한 바 있다. 이처럼 물체의 운동이 자신의 외부에 원리를 가지지 않는 한 운동의 보존은 결국 물체 자체에 본유적인 술어로 기술될 수밖에 없다. 이런 사실은 형이상학적 탐구가 과학에 도입되지 않을 경우 중세적 사유에서 완전히 자유로울 수 없을 것이라는 추측을 가능하게 한다.

더욱이 근대 과학적 사유의 흐름에서 형이상학적 토대를 고집한 데카르트의 독특한 입지는 순수하게 자연과학적인 탐구의 영역이 무엇인지 재고하게 해준다. 그는 형이상학적이거나 순수 수학적인 증명을 물리학에서의 증명과 철저하게 구분함으로써 자연과학의 학적 이상을 아리스토텔레스의 그것과 결별하게 한다. 데카르트는 필연적 참을 목적으로 엄격한 의미의 확실성을 기대할 수 있는 증명의 이상에서 한 걸음 나아가 가정의 필요성을 받아들인다. 그는 자신의 물리학 체계를 뒷받침하는 다양한 미립자들의 수, 크기 또는 속도를 선험적으로 규정할 수 없으며 또한 직접적인 관찰도 불가능하다는 사실을 자각하였다. 따라서 그는 '필연적 참'의 기준이 아니라 '설명 적합성'의 기준을 자연 탐구에 적용한다. 이런 태도는 인간의 지식에 대한 맹목적인 신뢰나 극단의 부정을 모두 물리친다. 자연과학에 대한 데카르트의 입장은 인간의 과학적 탐구가 형이상학적 전제를 배제하고는 성립할 수 없다는 통찰인 동시에 자신의 과학적 체계가 엄격한 논증이 불가능한 가정에 의존하고 있다는 사실을 인정함으로써 한편으로는 과학에 대한 맹신을 견제하는 동시에 그럼에도 불구하고 인간의 지식에 대한 긍정적인 신뢰를 유지할 수 있다는 특별한 관점을 보여준다. 데카르트는 이렇게 근대 과학적 사유 속에서 역학 혁명의 주역들이 버린 길을 우회함으로써 철학적 문제 의식을 선취하고 있으며 그럼으로써 근대 정신의 전형적인 특징을 제시하고 있다.

제 2 장

합리론과 과학 탐구의 방법*

김 국 태

앞서 언급된 것처럼 근대 철학자들의 공통된 관심사의 하나는 지식을 획득하기 위한 올바른 방법을 탐구하는 것이었다. 이러한 방법적 연구는 몇 가지 태도들을 그 배경으로 하고 있다. 첫째는 전통적 신념과 학문에 대한 비판적 태도다. 모든 것을 의심의 대상으로 삼은 데카르트적인 회의는 데카르트뿐만 아니라 새로운 시대를 예감하고 갈망한 철학자들에게 공통된 태도였다. 그리고 비판과 회의는 단순히 아리스토텔레스적인 지식 체계에만 해당하는 것이 아니었다. 그것은 관습과 상식을 떠나 지식의 가능성을 그 토대부터 다시 점검하고자 하는 근본적이고도 철저한 태도였다. 근대를 선도한 학자들은 전통 형이상학에서처럼 원리가 되는 보편적 진리의 발견보다는 인간이 어디까지 알 수 있으

* 이 논문은 2002년도 기초 학문 육성 인문 사회 분야 지원 사업의 일환으로 한국학술진흥재단의 지원(KRF-2002-074-AM1518)에 의해 연구되었음.

며, 어떤 방식으로 지식을 획득하는가 또는 인간의 지식이 어떻게 논리적으로 정당화될 수 있는가 하는 진리 인식의 가능성과 방법의 탐구를 가장 중요한 연구 목적으로 생각했다.

둘째는 이성에 대한 낙관적 태도다. 근대의 학자들은 중세에 그랬던 것처럼 신적 지성이나 신학적 지식에 대한 조회를 통해서가 아니라, 자연적으로 주어진 이성(자연의 빛)을 제대로 사용하기만 한다면 진리를 발견할 수 있으며, 모든 문제를 해결할 수 있다는 이성적 자신감을 가지고 있었다. 이성이 무엇이며, 무엇을, 어떻게, 어디까지 알 수 있느냐 하는 데 대해 생각들은 다양하고 일치하지는 않았지만, 이성에 대한 믿음은 경험론자든 합리론자든 근대를 선도한 과학자나 철학자들에게 공통된 것이었다.

셋째는 철학과 과학의 상호 작용이다. 근대 철학자들에 의해 탐구되고 제안된 자연관이나 방법들은 순수한 철학적 사고의 산물이 아니라, 많은 부분 르네상스 이후 아리스토텔레스적인 지식에 대한 회의가 점증하면서 지속적으로 탐구되고 시도되어온 그리고 지식 현장에서 성공을 이룬 업적들을 그 배경으로 하는 것이었다. 당시 철학자들에 의해 제안된 기계적 자연 사상이나 다양한 수학적 해석 방법들 그리고 경험적 방법론에 관해 말하자면, 갈릴레이는 자연을 "수학의 언어로 쓰인 책"으로 생각했으며, 케플러는 "물질이 있는 곳에 기하학이 있다(Wo die Materie ist, gibt es auch die Geometrie)"고 말할 정도로 기계론적 자연 사상을 신봉하였으며, 다양한 수학적 분석 방법을 개발하고 연구 현장에서 응용하였다. 가상디와 보일은 고대의 원자론을 탐독하였고, 케플러를 비롯한 많은 학자들은 플라톤의 저술과 에우독소스(Eudoxos), 프로클로스(Proklos) 같은 학자들의 기하학적 업적을 학습하면서 새로운 이론을 구상하였다. 그들은 또한 이론적 정합성을 우선시한 중세 학자들의 태도를 비판하고 실험과 관찰을 통한 엄밀한 검증을 중요한 방법으로 생각했다. 말하자면, 근대 철학자들의 연구는 바로 당시의 과학자 사회의 지적 환경을 배경으로 한 것이다. 철학적 사고란 삶의 현실과 지식 활동을 그 토양으로 하는 것이며, 형이상학이란 것이 하늘에서 떨어진 것이거나 철학자의 수도적인 영감에서 나온 것이 아니었다. 플라톤이 그랬고 아리스토텔레스도 그랬던 것처럼 철학은 현실을 근본적이고도 체계적으로 이해하며, 새로운 가치를 추구하는 작업이었다. 바로 중세는 현실을 외면하고 과거의 철학을 교조화하는 가운데, 개혁되어야 할 죽은 철학이 되어버렸던 것이다.

과거에 대한 비판적 태도와 이성에 대한 신뢰는 공통적이었지만, 이성이 어떤 성질의 것인지 또는 지식은 어떤 방법으로 만들어지느냐 하는 문제 그리고 철학의 역할에 관한 합리론자들과 경험론자들의 생각은 달랐다. 경험론자들은 대체로 모든 지식이 경험의 소산이며, 경험에 앞서 주어진 원리나 원칙 같은 것은 존재하지 않는다고 생각했다. 반면 합리론자들은 선험적 원리의 존재를 인정하고, 논리적 원리를 비롯한 다소간의 원칙들이 선험적으로 주어져 있다고 생각했다. 그들은 이런 원리들이 지식을 구성하거나 지식이 성립하기 위한 전제 조건이라고 생각하였다. 지식 추론의 방식과 관련하여 경험론자들은 경험, 즉 실험과 관찰을 통한 귀납(Induction)을 과학의 방법으로 보았다. 반면에 합리론자들은 귀납적 사고가 보편 타당성을 특성으로 하는 과학적 언명의 의미를 정당화하지 못한다고 생각했으며, 연역(Deduction)을 과학적 사고의 기본 논리로 생각했다. 말하자면, 관찰이나 실험이 지식 형성에 필요한 요소이지만 충분 조건은 아니라는 것이다. 경험론자와 합리론자들의 이러한 견해 차이는 문제에 대한 그들의 접근 방법의 차이에 기인하는 것이었다. 전자는 지식의 발생적 근원을 분석하는 데 치중한 데 반해, 후자는 지식의 정당성을 논리적으로 정초하는 데 치중했다.

나아가 경험론자들은 지식의 의미 분석에 치중하였으며, 결과적으로 존재론적 사고를 해체하는 방향으로 나아간 데 반해, 합리론자들은 형이상학을 철학적 연구의 종국적인 목표로 생각했다. 그들은 경험적 사고는 존재론적으로 탐구된 원리에 의해 근거지워질 수 있어야 비로소 올바른 지식이 될 수 있다고 생각했다. 그들은 선험적 원리의 존재를 인정했으며, 철학적 반성을 통해 검증된 원리나 방법에서 개별 과학의 원리나 방법을 추론하고자 했다. 이러한 연구를 통해 그들은 모든 개별 과학적 지식과 실천적 규범을 체계적으로 포괄하는 학문인 형이상학을 만들어 내고자 했다. 그들은 아리스토텔레스의 형이상학은 포기했지만, 모든 지식 활동과 실천적 행위에 보편적 원리를 제공하는 것을 목적으로 한 전통의 형이상학적 이념은 고수하였던 것이다. 아래에서는 데카르트와 라이프니츠 그리고 칸트로 이어지는 합리론자들의 과학적 사유 및 철학적 이념에 대해 살펴보기로 한다.

의심할 수 없는 진리로부터 세계에 대한 지식을 새로이 건설해야 한다고 생각한 데카르트는 내성을 통한 직관적 확인과 확인된 진리로부터의 연역을 철학적 사고의 방법으로 규정하였다. 그는 사고와 연장을 세계를 구성하는 두 가지 실체로 규정하는데, 사고를 정신의 실체로, 연장을 자연의 실체로 규정했다. 데카르트가 자연의 실체를 양적 특성을 본질로 하는 연장으로 규정한 것은 모든 자연의 문제는 양의 학문인 수학과 기하학적 방식으로 해명될 수 있음을 의미하는 것이었다. 그는 또 해석기하학을 창안하여 공간의 문제도 양적으로 이해하는 토대를 마련하였다. 이는 수학사적으로도 중요한 의미를 가지는데, 플라톤 이래 계승되어온 질적 기하학을 양적 기하학으로 전환하는 의미를 가진다. 나아가 그는 인간 이외의 모든 생명체를 정신을 지니지 않는 존재로 규정하였다. 그는 인간 이외의 생명체들은 마치 정신을 가진 것처럼 보이나 사실은 정신을 지니지 않은, 단지 그렇게 작동되도록 만들어진 자동 기계와 같은 존재에 불과하다고 생각했다. 데카르트의 이러한 생각들은 자연은 일종의 기계적 메커니즘에 불과하며, 모든 자연 현상은 양화, 수학화가 가능하다고 생각한 당시 과학자들의 원자론적 사상이나 기계론적 자연관을 형이상학적으로 정당화하는 의미를 가지는 것이다. 그는 기하학적 원리들을 응용하여, 관성의 법칙과 운동(충격)의 법칙을 도출하였으며, 원자론의 일종인 코푸스쿨라(Korpuskular) 가설을 이용하여 소용돌이 우주론 같은 우주생성론을 제시하였으며, 이에 근거하여 뉴턴이 말하는 인력과 조수간만의 차를 비롯한 지구물리적인 현상들을 설명하였다.

라이프니츠도 새로운 사고의 기초를 방법적 혁신에서 찾았다. 특히 그는 과학적 사고의 정당화 및 체계화 그리고 새로운 사고 방법의 개발에 초점을 맞추었다. 그는 사고의 기술을 정당화의 방법(ars judikandi)과 발견의 방법(ars inveniendi)으로 구분하는데, 전자는 기존하는 지식이나 생각을 논리적으로 근거지우고 체계화하는 작업을, 후자는 문제를 해결할 수 있는 새로운 사고 방법을 개발하는 것을 말한다. 정당화 작업의 일환으로 그는 우선 과학적 사고의 토대가 되는 기하학과 대수학을 공리적으로 정초하는 시도를 하였으며, 정의(definition) 개념을 체계화하였다. 이에 따르면 정의는 두 가지로 구분될 수 있는데, 하나는 실재적 정의(Real definition)며 다른 하나는 유명적 정의(Nominaldefinition)다. 실질적 정의란 사물을 그것을 가능하게 하는 (논리적 또는 사실적) 원리에 의거하여 인지하는 것이며, 유명적 정의는 어떤 사물을 다른 사물과 구분되게 하는 사물의 외적 특징들을 들어 인지하는 방법이다. 그는 철학과 과학은 바로 사물을 원리적 근거에 따라 인지하는 실질적 정의에 의해 지식을 확장해나가야 한다고 생각했다. 발견의 방법과 관련하여 그는 모든 사고와 언어 행위는 기호와 논리적 수단을 통해 분석되고 계산될 수 있다고 생각했으며, 사고를 계산하는 적절한 방법을 발견하는 것을 중요한 과제로 보았다. 그 일환으로 그는 현대 컴퓨터의 시원이 되는 계산기를 만들기도 했으며, 미분법을 개발했다. 미분법의 개발은 당시까지 양화 불가능하다고 생각했던 불규칙한 운동인 가속 운동과 물리계의 여타 질적 특성들을 해석하는 전기를 마련한 의미를 가지는 것이었다. 아리스토텔레스의 물리학은 물론 플라톤의 과학에서도 원추 곡선에 해당하는 가속 운동(행성들의 타원 운동이나 자유 낙하 운동)은 연구 대상에서 제외되었다. 그러나 근대 초 과학자들이 발견한 행성들의 타원 운동이나 자유 낙하 운동의 해석은 해결되어야 할 새로운 과제로 등장하였으며, 케플러나 뉴턴을 비롯한 과학자들은 이를 해석하기 위해 임시 방편으로 기하학적 소거법(Exhautionsmethode)과 계산의 옳음을 증명하기 위해 — 간접적인 증명 방법인 — 귀류법(reductio ad absurdum)을 동원해야만 했던 난제였다.

선험적인 진리의 존재를 인정하고, 모든 자연 현상은 수학과 같은 방법으로 합리적으로 이해 가능하다는 점, 그리고 자연은 기계적 구성체라는 것을 확신한 점에서 라이프니츠는 데카르트를 비롯한 여타 기계론자나 원자론자들과 생각을 같이 하였다. 그러나 기계론의 무제한적 응용이나 원자론자들과 같이 유물론의 일반화하는 것을 비판하고, 목적론을 중시했다는 점에서 이들과 구분된다. 목적론을 중시한 그의 생각은 두 가지 측면에서 이해될 수 있는데, 하나는 존재론적 이유며 다른 하나는 방법론적 이유다. 라이프니츠는 데카르트와 달리 정신만이 실체며, 연장은 정신의 수반 현상이라고 생각했으며, 목적 개념을 통해서만 세계는 근본적으로 이해될 수 있다고 생각했다. 라이프니츠에 따르면 정신은 목적인의 법칙에 따라 운동하며, 물질은 운동인의 법칙에 따라 운동한다. 그러나 물질은 또 다른 하나의 실체가 아니라 정신의 수반 현상이다. 그 때문에 물질의 운동은 종국적으로는 목적인에 부합해야 한다. 그는 데카르트와 달리 인간 이외의 생명체에도 정신적 실체를 인정했다. 그리고 자연은 데카르트가 말하는 것처럼 일단 자동 기계라고 할 수 있지만, 인간의 기계적 분석으로는 해명될 수 없는 무한 자동 기계(unendliche Machine der Natur)며, 수학과 기계적 해석만으로는 충분히 이해될 수 없다는 것이 그의 생각이었다. 그는 단순성의 원리, 조화와 최적의 원리 등 전통적으로 통용된 자연 철학적 명제들을 재수용하여 이를 기계론적 사고와 접목시켰으며, 수학적으로 연역된 물리학적 법칙들을 목적론적으로 해석하였다. 그는 에너지와 에너지 보존의 법칙을 비롯한 다양한 법칙들을 발견했는데, 이 법칙들은 모두 목적론을 비롯하여 그가 자연의 원리로 제안한 자연 철학적 원리들에 부합하는 것들이었다.

라이프니츠의 사고와 연구 결과들은 사실 기계론적 사고를 다시금 아리스토텔레스의 질적 사유에 종속시키는 의도적인 행보라 할 수 있다. 그러면 왜 라이프니츠는 근대 모든 철학자들과 과학자들이 거부했던 아리스토텔레스로 회귀하는지를 묻지 않을 수 없다. 그것은 목적론적 사고의 중요성을 인정한 것과는 다른 또 하나의 의도인 라이프니츠의 형이상학적 이념에 있다. 형이상학이라는 용어는 아리스토텔레스에서 "ta meta ta physica" 라는 표현에 함축되어 있는 것처럼 존재에 관한 지식 또는 과학적 탐구를 이차적인 입장에서 논리적으로 재구성하고 의미를 확인하는 작업, 달리 말해 근거지우는 작업을 말한다. 이러한 아리스토텔레스의 의도를 계승하여 라이프니츠는 과학적 지식을 논리적으로 정초하는 것을 철학의 과제로 보았다. 그의 모든 철학은 근거지움의 철학이라 해도 과언이 아닐 정도로 그는 지식의 근거 지움에 치중했다. 정의(Definition)의 문제에서 정의를 유명적 정의와 실재적 정의로 나누었듯 그는 현상적 지식과 존재론적 지식을, 실재적인 것(das Reale)과 관념적인 것(das Ideale)을 나누고, 전자는 후자에 의해 근거지워져야 한다고 생각했다. 이런 면에서 그는 전통의 형이상학의 정신을 답습하고 있다고 말할 수 있다. 그러나 라이프니츠가 전통을 그대로 답습한 것은 아니었다. 라이프니츠는 전통의 형이상학의 정신을 계승하였지만, 형이상학을 당시 지식 사회의 현실을 토양으로 하여, ― 그의 다양한 방법적 연구와 과학적 업적들이 보여주는 것처럼 ― 새로운 논리와 방법을 통해 근대적 형태의 형이상학으로 성립시켰다고 할 수 있다.

근대의 과학적 연구와 이를 체계화하고 정당화한 철학적 사고들은 역사적 시원을 따진다면 일단 전통적인 아리스토텔레스의 과학과 방법에 대한 부정에서 출발하였다고 할 수 있다. 아리스토텔레스의 물리학은 중세를 거치면서 존재론적 원리를 중시하는 질적 물리학으로 정착되었으며, 그 때문에 존재론적 정합성은 중시했으나 경험적 검증이나 정량적 이해에는 큰 관심을 가지지 않았다. 근대 과학을 시작한 케플러나 갈릴레이를 비롯한 많은 학자들은 자연은 수학화가 가능하며, 수학적 인식이 자연의 진리를 밝혀줄 수 있다고 생각했다. 갈릴레이와 케플러는 수학적, 기계적 자연관을 신봉하고 플라톤의 기계론적 자연 철학, 이를테면『티마이오스(*Timaios*)』같은 서적과 플라톤 계열의 학자인 프로클로스(Proklos)의 기하학과 아르키메데스(Archimedes)의 물리학을 다시 연구하고, 이를 과학적 문제에 응용하였다. 반면 아리스토텔레스적 과학에서 핵심적 요소였던 존재론적 원리와 그에 근거한 물리학적 이론들, 원소론과 인과율 그리고 이에 근거한 운동 이론들을 무용한 것으로 판단했다. 갈릴레이나 뉴턴이 형이상학적 가설을 그들의 연구에서 배제하고 측정 가능한 크기들만 관찰하는 것을 과학의 목적으로 규정한 것은 바로 이러한 반아리스토텔레스적 그리고 친플라톤인 태도를 배경으로 하고 있는 것이다. 이렇게 보면 근대 과학의 시작과 전개는 플라톤의 부활과 아리스토텔레스의 부정이라는 사상적 전환에서 출발하였다고 말할 수도 있을 것이다. 그러나 우리가 근대 과학의 사태를 좀더 면밀히 관찰한다면 이런 판단은 지나치게 일반적이라는 것을 알 수 있게 된다. 만일 근대 과학자들이 플라톤을 전적으로 받아들였더라면 결코 근대 과학은 탄생하지 못했을 것이다. 플라톤과 그 제자들은 이데아론적 사고에 근거하여 경험을 등한시했으며, 이론의 물리적 응용을 천박하게 생각했으며, 이런 태도는 중세 전반에 걸쳐 플라톤 계열의 과학자들에게 계승되었다. 케플러는 프로클로스의 원추 곡선에서 타원 운동의 모델을 발견했지만, 사실 타원 운동은 불규칙적인 운동이었기 때문에 플라톤주의자들은 원추 곡선에 대한 연구를 중단했다고 한다. 그리고 당시 많은 과학자들은 아르키메데스의 업적을 계승・응용하였지만, 아르키메데스 자신은 플라톤주의자로서 경험을 등한시했다. 그러나 앞서 언급한 것처럼 경험적 관찰과 검증을 근대 과학자들은 중요한 방법적 요소로 받아들였다. 말하자면 근대 과학이 성립하기 위해서는 존재론적 사고의 배제, 그리고 자연의 수학화와 경험적 방식이 모두 필요하였던 것이다. 이런 사실은 변혁이 요구된 근대의 지식 사회에서는 아리스토텔레스만 비판받고 배척된 것이 아니라 플라톤도 재해석되고 수정되었다는 것을 의미한다.

다른 한편, 존재론적 사고를 과학에서 추방한 갈릴레이와는 달리 케플러를 비롯한 다수의 학자들은 선험적 원리의 존재를 믿었으며, 목적적 사고를 이론을 구성하는 중요한 요소로 받아들였다. 이런 점에서는 아리스토텔레스적인 존재론적 사고도 아직 작동하고 있었다는 것을 알 수 있다. 뿐만 아니라 갈릴레이가 연구 방법으로 제시하고 철학자들이 다시 연구하기 시작한 종합의 방법(memthodo kompositivo)과 분석의 방법(methodo resolutiovo), 그리고 가설연역법(hypothetishc-deduktive Methode) 등은 르네상스 이후 파두아(Paduan)의 아리스토텔레스주의자들에 의해 계발된 것들이었다. 이런 상황을 고려하면 근대 과학의 발생을 역사적 시원에 따라 이해하는 경우 단순히 플라톤적인 사고의 재수용과 아리스토텔레스적인 사고의 폐기라는 식으로 판단하는 것은 정당하지 못하다고 할 수 있다. 근대 과학은 플라톤적 사고와 아리스토텔레스적 사고를 비판 수정하고, 새로운 논리로 종합한 창의적인 작업에 의해 이루어진 것이라고 보는 것이 사태에 부합하는 판단이라 할 수 있다. 근대의 새로운 종합이라는 큰 지도에서 보면, 개별 과학자의 업적이나 철학적 방법론들은 공통된 면과 차이를 동시에 가지는 일종의 가족 유사적인 형태를 띤다고 할 수 있다.

근대 과학에 대한 방법론적 또는 형이상학적 작업은 칸트에게서 합리론자들과 경험론자들의 생각이 절충, 종합되는 형태로 마무리된다. 칸트는 객관적인 지식을 형성하는 데 인식 주관이 아르키메데스적인 지렛대의 역할을 한다고 보고, 선험적 방법(transzendentale Methode)이라는 방법적 전제 아래 지식을 가능하게 하는 인간 이성의 조건을 탐구하는 것을 연구 목표로 하였다. 칸트에 의하면, 과학과 같은 객관적 지식은 주관적 조건인 이성(지성의 논리)이 경험과 만나는 곳에서 이루어진다. 모든 객관적 지식은 감각 기관으로부터 주어지는 경험을 전제로 한다. 그러나 감각적 경험 자체로 객관적 지식이 이루어지는 것은 아니다. 감각적 경험이 그것을 경험하는 주관의 논리에 의해 구성되고 조직됨에 의해 경험은 객관적 지식이 되는 것이다. 즉, 객관적인 지식은 이성이 자신의 논리로 주어진 경험을 능동적으로 구성함에 의해 만들어지는 것이다. 이러한 사태를 칸트는 "개념 없는 직관은 맹목적이며, 직관 없는 개념은 공허하다"는 명제를 통해 압축적으로 표현하고 있다. 이는 경험론자들이 말하는 경험과 합리론자들이 말하는 이성적 원리 모두 자연에 대한 지식이 성립하기 위한 필수 조건이라는 것을 말한다. 나아가 그는 인간이 사용하는 이성적 원리는 인간의 주관적 조건이며, 그 때문에 그것이 존재론적 사태와 일치하는지에 대해서는 아무것도 보장할 수 없다고 말한다. 이와 더불어 칸트는 존재의 진리를 탐구한다고 자부해온 지금까지의 형이상학적 시도나 존재론적 사고, 특히 데카르트로부터 라이프니츠에 이르는 근대의 모든 형이상학적 연구는 이성 능력을 초월한 인간의 월권이었음을 선포한다. 이성의 논리는 경험 가능한 대상에만 해당하는 데 반해, 형이상학적 사고들은 경험 가능하지 않은 대상에 관계하며, 따라서 형이상학적 사고는 검증 불가능할 뿐만 아니라, 객관적인 지식의 영역에 들지 못한다는 것이다. 칸트의 이러한 인식론적 결론은 결국 경험론과 합리론의 비판적 절충으로 표현될 수 있다.

그런데 사실 칸트의 선험적 탐구의 실질적이고도 궁극적인 목적은 그가 『순수이성비판(*Kritik der reinen Vernunft*)』의 서두에서 밝힌 것처럼 자연에 대한 체계적인 철학, 즉 자연 형이상학(Metaphysik der Natur)을 수립하는 것이었다. 그는 형이상학도 경험과학처럼 객관적인 앎을 제공할 수 있는 지식 체계로 성립할 수 있느냐 하는 질문에 대한 답변을 인간의 지식 형성의 과정을 탐구함으로써 밝히고자 했다. 앞서 밝힌 것처럼 칸트의 결론은 부정적이었다. 그러나 칸트는 형이상학에 대한 부정적 판단에도 불구하고 형이상학을 전적으로 무용하다고 생각하지는 않았다. 그는 비록 형이상학이 인식을 구성하는(konstitutiv), 달리 말해 객관적 지식을 만들어내는 역할은 하지 못하지만, 경험과학의 연구를 선도하고 통제(regulativ)하는 역할을 가진다고 생각했다. 이처럼 칸트가 형이상학에 지식 통제적 기능을 인정함으로써 형이상학은 두 가지 측면에서 새로 자리매김된다. 그 하나는 연구 선도 기능이며, 다른 하나는 지식 정당화 기능이다. 연구 선도 기능은 칸트가 판단력(Urteilskraft)에 관한 연구에서 밝히는 것처럼 목적론을 비롯하여 전통적으로 내려오는 자연 철학적 명제에 관한 것인데, 칸트에 의하면 자연 철학적 사고는 연구의 현장에서 경험적 탐구를 창의적으로 선도하는 역할을 한다. 지식 정당화 기능은 경험과학의 논리와 의미를 밝히는 작업, 즉 경험과학을 정초하는 작업을 말한다. 이 둘은 오늘날에는 각각 발견에 논리와 정당화의 논리에 해당한다. 인식론적 탐구에 이어 칸트는 선험철학의 목적이었던 자연 형이상학에 대한 연구를 시작하였으며 그 결과 『자연과학의 형이상학적 기초(*Metaphysische Anfangsgründe der Naturwissenschaft*)』란 책을 출간하였다. 이 책은 어떤 방식으로 경험과학이 선험적 인식론에서 그가 제시한 원리에 근거하여 성립하는가 하는 것을 보여준다. 특히 여기서 그는 존재론적 사고를 배제하고 경험과 수학적 분석을 방법적 준칙으로 하여 이루어진 뉴턴의 물리학, 즉 그가 『자연 철학의 수학적 원리(*principia mathematica philosophiae naturalis*)』에서 제시한 바를 과학의 표본으로 삼아 이를 분석하고 논리적으로 정당화하고 있다. 칸트의 인식론적, 자연 형이상학적 업적은 뉴턴적 패러다임이 통용된 19세기까지, 즉 전자기학이나 양자물리학, 상대성 이론이 등장하여 문제점이 지적되기까지는 자연 철학의 교과서적 표본으로 통용되었다.

칸트의 선험철학적 연구는 과학에 대한 철학적 사고를 형이상학으로부터 인식론으로 전환하는 이정표를 만들었으며, 전통의 형이상학과 자연 철학을 과학의 논리와 의미를 분석하는 학문으로 재편하는 의미를 가진다고 할 수 있다. 칸트의 역사적인 업적에도 불구하고 우리가 근대 철학을 역사적으로 평가하는 입장에서 지적하지 않을 수 없는 것은 라이프니츠가 발견의 기술과 정당화의 기술을 통해 요구한 다양한 방법론적 연구는 선험철학이라는 인식론적 대변혁과 이후 대륙 철학의 한 주류를 형성하며 전개된 관념 철학의 와중에 위축되었다는 것이다. 그것은 이후

바이어슈트라스(Weierstrass), 데데킨트(Dedekind) 그리고 프레게나 비트겐슈타인 같은 학자들에 의해서 계승, 발전되었다.

제 3 장

데카르트 철학에서 자연과학과 형이상학의 관계*

원 석 영

1. 들어가는 말

"근대 과학적 사유의 철학적 기초"라는 주제는 철학에 상당한 지위를 부여하는 것을 당연시하는 표현이다. 이 때문에 이러한 표현은 오늘날 철학에 더 이상 어떠한 심오한 의미도 부여하지 않는 많은 사람들에게 공허한 느낌을 줄 수 있다. 그러나 문제의 심각성은 이러한 현상이 철학과 무관한 사람들에게 국한된 것이 아니라는 데 있다. 과학 철학자인 앨런 차머스는 패러다임의 보수성을 강조하는 쿤의 생각을 철학에 연계시키며, 그러한 속내를 거침없이 드러낸다. "그[과학] 혁명이 성공하게 되면 이러한 변화가 점점 퍼져, 오직 몇몇 과학자들을 제외하고는 관련된 과

* 이 논문은 2002년도 기초 학문 육성 인문 사회 분야 지원 사업의 일환으로 한국학술진흥재단의 지원(KRF-2002-074-AM1518)에 의해 연구되었음.

학자 사회 구성원들의 대부분이 혁명을 받아들이게 된다. 새로운 과학자 사회에 가담하지 않은 과학자들은 아마도 철학으로 몸을 숨기게 될 것이다. 어떠한 경우든 그들은 결국 도태하고 만다."[1] 우연인지는 몰라도, 철학에 대해 해박한 지식을 갖고 있는 과학자 호킹에게서 우리는 위의 인용문에 대한 한층 더 적나라한 설명을 들을 수 있다. 먼저 그는 불확정성 원리에 대해 설명하면서, "불확정성 원리는 우리가 세계를 바라보는 방식과 관련해서 심오한 의미를 함축하고 있다. 그러나 50년 이상이 지난 오늘날까지도 많은 철학자들은 그 의미를 제대로 평가하고 있지 못하고 여전히 논쟁거리로 삼고 있다"[2]고 철학자들의 무지함을 지적하고 있는데, 이는 우연이 아니다. 같은 책의 결론 부분에서, 그는 *지식 일반*을 추구한다고 공언한 철학이 현재에는 비트겐슈타인이 선언하듯 언어 분석만을 자신의 영역으로 가지고 있다는 사실에 놀라움을 금치 못한다. "아리스토텔레스에게서 칸트에 이르는 철학의 위대한 전통에 비한다면 이 얼마나 큰 몰락인가!"(233쪽). 이는, 호킹에 따르면, 19세기 이후부터 기술적으로(technically) 그리고 수학적으로 급속도로 발전하기 시작한 과학에 보조를 맞추어가는 데 실패한 나머지, 그 방도로써 철학의 영역을 제한하기 시작한 결과다.[3] 그런데 그는 철학이 그렇게

---

1) 엘런 차머스, 『현대의 과학철학』, 신일철 · 신중섭 역, 서광사, 163쪽.
2) Stephen Hawking, *The illustrated A Brief History of Time*, Bantam Books, 1988, 72쪽. 번역은 김동광 역, 『그림으로 보는 시간의 역사』, 까치, 1988의 것을 따랐다. 번역과 원문의 쪽수는 동일하다.
3) 고크로저의 설명에 따르면, 데카르트가 '근대 철학의 아버지'라고 불리게 된 것은 19세기 초다. 그렇게 불리게 된 과정에 대한 설명은 다음과 같다. 데카르트가 처음 세상에 내놓은 저작으로서 1637년에 출판된 『이성을 잘 인도하고, 학문에 있어 진리를 탐구하기 위한 방법서설, 그리고 이 방법에 관한 에세이들인 굴절광학, 기상학 및 기하학』은 17세기 중반에 자연과학에서 집중적인 조명

될 수밖에 없었던 이유 또한 설명하고자 한다. 그가 보기에 세계

을 받고 엄청난 영향을 미쳤다. 그러나 17세기 후반부터 그것들은 집중적인 비판의 대상이 되었다. 데카르트 우주론의 근간을 이루는 소용돌이 이론은 뉴턴에 의해(1660년대 초반까지는 그 역시 데카르트주의자였는데) 폐기되었고, 데카르트의 동역학은 운동학에 자리를 내주었다. 그럼에도 그의 생리학은 유물론적 환원주의의 한 형태로서 18~19세기까지 그 영향력을 유지했다. 데카르트가 이러한 과학자에서 철학자, 즉 인식론자로 바뀌기 시작한 것은(데카르트를 '근대 철학의 아버지'라고 생각하기 시작한 것은) 18세기 말에 이르러서다. 이 과정은 몇 단계를 거친다. 그 첫 단계는 말브랑슈(Malebranche)에 의해 이루어졌다. 그는 데카르트의 철학에 데카르트 자신이 한 것보다 훨씬 더 커다란 인식론적 의미를 부여함으로써 17세기 후반부터 18세기에 이르기까지 철학이 인식론적 방향으로 전환되는 데에 결정적 역할을 했다. 왜냐하면 18세기 영국 철학자들은 데카르트를 말브랑슈를 통해 읽었기 때문이다. 그 다음 단계에는 볼테르(Voltaire) 같은 학자들이 있었다. 원래 데카르트와 로크의 대립각은 인식론적-형이상학적인 것이 아니라, 뉴턴과의 양립 가능성 문제와 관련된 것이었음에도 불구하고, 그는 그 둘 간의 대립각을 로크가 *Essay* 1권에서 수행한 데카르트의 본유 관념에 대한 비판을 근간으로 세웠다. 마지막 단계 그리고 결정적인 단계에는 19세기 철학사가인 쿠노 휘셔(Kuno Fischer)가 있었다. 그는 그 이전에는 형이상학이었던 철학을 17세기를 기준으로 인식론으로 규정했으며, 플라톤과 아리스토텔레스의 이분법을 서로 경쟁하고 배척하는 두 개의 인식론, 즉 합리론과 경험론으로 대체시켰다. 이로써 그는 17~18세기 철학 발전에 대한 현대적 설명의 명확한 버전을 제시한 셈이다. 이 설명이 옳다면, '근대 철학의 아버지'라는 칭호가 명예로운 칭호는 아니다. 고크로저, *Descartes, an intellectual biography*, Clarendon Press, Oxford, 1995, 3-6쪽 참조. 이 책은 앞으로 고크로저(1)로 지시됨.

우리가 흔히 「방법서설」이라고 알고 있는 6부로 이루어진 글은, 『이성을 잘 인도하고, 학문에 있어 진리를 탐구하기 위한 방법서설, 그리고 이 방법에 관한 에세이들인 굴절광학, 기상학 및 기하학』의 서문이다. 나는 아래에서 서문으로서의 방법서설은 「방법서설」로 지시할 것이며, 『이성을 잘 인도하고, 학문에 있어 진리를 탐구하기 위한 방법서설, 그리고 이 방법에 관한 에세이들인 굴절광학, 기상학 및 기하학』은 『방법서설』로 지시할 것이다. 데카르트의 저작을 지시할 때, 나는 관례대로 아당 타네리 전집(AT)에 의거하되, 그 저작이 그 전집의 몇 번째 권에 있는지는 한 번만 거론한 뒤 그 다음부터는 저작의 이름과 쪽수만 밝히고자 한다. 내가 사용한 한글 번역본과 영어 번역본은 모두 아당 타네리 전집의 쪽수를 함께 달아놓았기 때문에, 그것만으로도 충분하다고 생각한다. 『방법서설』은 아당 타네리 전집 6권에 들어 있다.

에 대해 우리는 두 가지 질문을 할 수 있는데, 그 하나는 세계가 어떠한지를 묻는 것이고(물리학적인 질문), 다른 하나는 왜 그러한지를 묻는 것(형이상학적인 질문)이다. 과학자들은 앞의 질문에 너무 심취해온 나머지 뒤의 질문을 할 수 없었던 반면에, 철학자들은 오로지 뒤의 질문에만 빠져 있었던 것이 바로 그 이유라고 그는 생각한다.4)

오늘날의 과학이 그 뿌리를 두고 있는 근대 과학의 초기에는 과학이 기술적으로 그리고 수학적으로 급격히 발전했던 시기가 아니라, 기술과 수학이 처음 과학에 적용되기 시작한 시기다. 그렇다고 차머스가 지적한 현상이 존재하지 않았던 것은 아니다. 갈릴레이가 『두 세계 시스템에 관한 대화』(이하 『대화』)에서 아리스토텔레스-스콜라 전통 철학의 추종자들의 대변자 역할을 부여한 심플리쿠스에게서 우리는 새로운 과학을 받아들이기를 거부하며 끝내 전통 철학의 뒤안길로 도태되어 가는 듯한 철학자의 모습을 연상할 수 있기 때문이다.5) 그렇지만 더 중요한 것

---

4) 호킹이 의미하는 바를 좀더 설명하자면 이렇다. 우주와 관련해서 제기할 수 있는 가장 일반적인 질문은 세 개가 있다.

ⓐ 우주는 어디에서 온 것인가?(우주의 기원)
ⓑ 우주는 어디로 가는 것인가?(우주의 종말)
ⓒ 우주는 왜 생겨났는가?

호킹에 따르면 철학자들, 예를 들자면 아리스토텔레스나 아우구스티누스나 칸트 등은 ⓐ와 ⓑ를 순수 형이상학적인 질문으로 간주하고 형이상학적인 답을 제시하고자 한 반면, 물리학자들은 이 문제들을 물리학적인 질문으로 간주하고 물리학에서 그 답을 찾으려고 노력했다. 이것이 호킹이 위에서 진단한 결과를 초래한 원인이다. 당연히 호킹은 ⓒ만이 순수 형이상학적인 문제라고 생각한다. 그리고 과학자들의 태도에 대한 그의 지적에서 볼 수 있듯이, 호킹이 ⓒ에 부정적인 태도를 보이는 것은 아니다. 호킹은 단지 ⓐ와 ⓑ에 대한 물리학적인 답이 나온 후에야 ⓒ를 의미 있게 논의할 수 있다고 생각하고 있을 뿐이다(서론, 8장, 11-12장 참조).

5) Galileo Galilei, *Dialogue concerning the two chief world systems*, translated

은, 갈릴레이가 건전한 판단력을 지니고 있는 사람의 역할을 맡긴 사그레도에게조차 코페르니쿠스의 지동설을 제대로 설득시키는 것이 그렇게 쉬운 일은 아니라는 것을 인정하고 있다는 것이다. 이는 나흘간의 대화를 통해 지동설에 확신을 가지게 됐다고 하는 사그레도가 그것이 항성의 시차를 함축한다는 중요한 사실을 받아들이는 데 어려움을 갖고 있다는 사실을 통해 잘 드러난다.6)

---

and revised by Stillman Drake, The Modern Library, 1953. 참조. 여기에서 갈릴레이는 친구였던, 그러나 병으로 일찍 세상을 떠난 살비아티에게 자신을 대변하는 역을 맡겼다. 심플리쿠스는, 그 이름이 의미하듯, 단순한 그러나 아리스토텔레스-스콜라 전통 철학의 추종자들을 대변하는 가공 인물로서 살비아티의 대화 상대역을 맡고 있다. 갈릴레이의 또 다른 친구인 사그레도는 건전한 판단력을 지닌 자로서 살비아티와 심플리쿠스의 대화를 들으며 때로는 심플리쿠스를 위해 때로는 살비아티를 위해 논리를 펼치는 역을 맡고 있다. 이와 관련하여, 갈릴레이가 『대화』를 라틴어가 아닌 이태리어로 쓴 것은 우연이 아니다. 그가 독자층으로 겨냥한 것은 사그레도 같은 사람들이다. 『대화』의 원래 제목은 『밀물과 썰물에 관하여』였다. 『두 세계 시스템에 관한 대화』라는 제목은, 검열관인 리카르디(Ricardi)에 의해 수정을 요구받은 후 출판을 위해 붙인 제목이다. Heilbron의 Introduction, xiii 참조.

6) 마지막 날 대화의 주제인 밀물과 썰물에 대한 대화가 끝나고 지난 나흘간의 대화를 마무리하는 과정에서, 사그레도는 코페르니쿠스의 지동설을 옳은 견해로 인정한다. 그리고 지난 나흘간의 대화에서 드러난 것으로서, 그 견해를 확신하게 해주는 세 가지 명증성을 제시한다. 그 하나는 그것이 행성들의 시운동과 퇴행 운동(the stopping and retrograde motions of the planets, and their approaches toward and recessions from the earth)으로부터, 다른 하나는 태양이 자전한다는 것과 그 흑점들에서 관찰되는 [운동]들로부터, 마지막 하나는 바닷물의 밀물과 썰물로부터 나온다(536쪽). 이에 살비아티(갈릴레이)는 두 가지 사항을 부연하는데 그 중 하나가 항성들의 시차다(536-537쪽). 문제는 사그레도가 왜 이 중요한 사실을 거론하지 않았을까 하는 점이다. 세 번째 날의 대화에서, 아리스토텔레스와 프톨레마이오스의 천동설을 대변하는 심플리쿠스는 아리스토텔레스의 이름을 거론하며 지동설에 대한 반박 근거를 네 가지(실제로는 두 가지에 불과한데, 그 하나는 자전에 관한 것이고 다른 하나는 공전에 관한 것이다(144-145쪽))를 제시한다. 이 중 공전에 관한 것이 바로 항성

그러나 이 글의 주제 인물은 그러한 아리스토텔레스-스콜라 전통 철학의 추종자도 아니며, 건전한 상식을 가졌기 때문에 코

들의 시차를 볼 수 없다는 것이다. 지구의 공전을 입증하기 위한 첫 번째 단계로서, 갈릴레이는 지구의 공전을 전제로 한 코페르니쿠스의 설명이 행성들의 시운동을 얼마나 간단하고 또 얼마나 조화롭게 설명할 수 있는지를 보여준다(397-400쪽). 그런 다음에 그는 지구의 공전을 전제로 할 때, 항성들의 시차가 존재할 수밖에 없다는 것과 지구의 공전 궤도를 기준으로 해서 항성들의 위치와 거리에 따라 시차가 서로 다를 수밖에 없다는 것을 기하학적으로 설명한다(441-448쪽). 그러나 이를 어떻게 입증할 수 있는가? 웨스트팔의 다음과 같은 설명은 사그레도의 입장과 갈릴레이의 난감함을 잘 보여준다. "코페르니쿠스 우주 구조가 나타난 바로 그 순간부터 별의 시차의 문제가 결정적 중요성을 지닌다는 것은 분명했다. 만약 지구가 거대한 궤도를 따라 태양 주위를 움직인다면 관측자가 궤도의 한쪽 끝으로부터 다른 쪽 끝으로 움직이면 항성의 관측 차이도 변해야 한다. 육안으로는 이러한 별의 시차는 관측되지 않았다. 오늘날 우리는 항성까지의 거리가 워낙 엄청나기 때문에, 19세기 이후에야 나타나게 된 극히 높은 배율의 망원경이 아니고서는 그처럼 극히 작은 각도의 차이를 관찰할 수 없다는 사실을 알고 있다. 따라서 갈릴레이의 망원경은 그러한 각도 차를 관찰해내지 못했는데, 이처럼 별의 시차가 나타나지 않은 것은 금성의 위상이 코페르니쿠스 구조에 제공한 유리한 증거를 적어도 상쇄했다. 결국 코페르니쿠스와 케플러의 우주 구조를 받아들이는 근거는 기하학적 조화와 단순성밖에 없었다. 순전히 그것만을 위해서 사람들은 극도로 포괄적 성격의 물리적, 철학적, 심리적, 종교적 문제들을 포함하는 전통적인 우주의 관념을 포기하도록 요구받았던 것이다. 그리고 이것은 아마도 기하학적 단순성이 혼자 짊어지기에는 너무 무거운 짐이었는지 모른다"(웨스트팔, 『근대 과학의 구조』, 정명식 · 김동원 · 김영식 역, 민음사, 1992, 28쪽). 이는 갈릴레이의 설명을 들은 심플리쿠스가 왜 여전히 항성들의 시차가 보이지 않는다는 것을 근거로 문제시할 수 있는지를 잘 보여준다. 심플리쿠스는 그렇다 치더라도, 그렇게 명민한 사그레도조차 항성의 시차에 관한 갈릴레이의 설명을 지난 나흘간의 대화의 결과로서 거론치 않은 이유 역시 그와 다르지 않다. 이러한 상황은 항성들의 시차를 부연하면서, 살비아티가 덧붙이는 설명을 통해 잘 드러난다. 그는 코페르니쿠스가 그 시차가 너무 작아서 감각할 수 없다고 했지만, 아주 엄격한 관측을 통해서 [현재는 불가능하지만 언젠가는] 관측될 수 있을 것이라고 설명하고 있다. 따라서 이는 건전한 판단력을 지닌 사그레도에게조차도 코페르니쿠스의 지동설이 함축하는 항성들의 시차의 존재를 설득시키기가 녹녹치 않음을 갈릴레이도 잘 알고 있다는 것을 보여준다.

페르니쿠스의 지동설을 받아들이지만 그것이 함축하는 의미를 모두 이해하는 데는 어려움을 가지고 있는 사그레도도 아니다. 주제 인물은 갈릴레이와 마찬가지로 한편으로는 전자들과 맞서 싸우면서, 다른 한편으로는 후자들을 자신의 새로운 철학을 받아들이도록 설득하고자 한 데카르트다.[7] 주의해야 할 점은, 당시에는 과학과 철학이 오늘날처럼 구분되어 있지도 않았고 또 그러한 이름으로 불리지도 않았다는 사실이다. 그런데 "근대 과학적 사유의 철학적 기초"라는 주제는 그런 구분을, 더 정확히 말하자면 오늘날의 의미로서의 구분을 함축하고 있다. 이는 심각한 문제를 일으킬 수 있다. 왜냐하면 근대 과학은 그 역사가 근대 철학보다 앞서 있기 때문이다. 데카르트의 경우도 예외는 아니다. 그렇다면 "근대 과학적 사유의 철학적 기초"보다는, "근대 철학적 사유의 과학적 기초"가 더 사실과 부합되는 표현이 아닐까? 실제로 많은 근대 철학자들의 경우, 형이상학과 자연과학의 관계와 관련해서 "근대 과학적 사유의 철학적 기초"보다는 "근대 철학적 사유의 과학적 기초"라는 이념과 표현이 더 적합할 수 있다. 가쌍디나 라이프니츠 등이 주창한 이신론이 그 좋은 예다. 그러나 로크보다 그 이념에 더 충실했던 철학자는 아마 없을 것이다.[8] 데카르트의 경우는 어떠한가? 앞서 암시했듯이, 데카르트의 자연과학에 대한 관심과 탐구는 그의 형이상학보다 시간적으로 앞선다. 그뿐만 아니라, 오늘날의 기준으로 보자면, 데카르트는 철학자이기보다는 과학자에 더 가깝다. 더욱이, 섣부른

7) 호킹이 일반 대중이나 철학자들을 겨냥해서 *A brief Histoty of Time* 이나 *The Universe in a Nutshell* 같은 책을 쓰는 이유도 이 때문이 아닌가?

8) John Locke, *An Essay Concerning Human Understanding*, ed. by Peter H. Nidditch, Oxford, 1975, 독자에게 보내는 편지, 9-10쪽 참조. 로크는 자신의 철학적 작업을 자연과학적 지식을 위한 청소 작업으로 간주했다.

비교를 하자면, 호킹과 데카르트의 입장은 놀랄 만큼 유사한 점이 있다. 호킹은 우주의 생성 초기 상태를 찾아내는 과제와 관련해서, 카오스적 경계 조건들과 인류 원리를 거부한다.[9] 전자는 신의 선택을 고려한다는 이유로, 후자는 우연에 무게를 둔다는 이유로 말이다. 그 둘은 호킹이 생각하는 과학 정신에 위배된다. 특히 전자는 오늘날에 이르기까지의 과학의 발전이 인간 중심적인 사고 방식을 탈피하고자 한 노력의 산물이라는 점을 고려할 때 더 그러하다. 더 중요한 점은 호킹이 과학을 통해 신의 마음을 알 수 있다고 생각하지 않는다는 것이다. 그는 이렇게 얘기한다. "그러나 만약에 우리가 완전한 이론을 발견한다면, 머지 않아서 소수의 과학자들뿐만 아니라 모든 사람들이 폭넓은 원리로서 그 이론을 이해할 수 있게 될 것이다. 그렇게 되면 철학자, 과학자 그리고 일반인들까지 포함하여 우리들 모두가 우리 자신과 우주가 왜 존재하는가라는 문제를 놓고 함께 토론에 참여할 수 있을 것이다. 만약 우리가 그 물음의 답을 발견한다면, 그것은 인간 이성의 최종적인 승리가 될 것이다 — 그때에야 비로소 우리는 신의 마음을 알게 될 것이다"(233쪽).[10] 데카르트 역시 세계(우

---

9) 호킹, 1988, 157-181쪽 참조.

10) 에드워드 윌슨은 "과학자들 중 가장 수학적인 사람들이 기대하는 최종 이론에 대한 전망은 마치 새로운 종교적 각성의 신호탄처럼 보인다"고 주장하면서, 그런 유혹에 무릎을 꿇은 과학자로 호킹을 든다. 윌슨이 근거로 내세우는 것은, 호킹이 그런 과학적 성취가 인간 이성의 궁극적 승리가 될 것임을 천명했다는 것이다. 이는 윌슨이 호킹의 주장, 즉 "왜냐하면 이때에야 비로소 우리는 신의 마음을 알 것이기 때문이다"라는 주장을 잘못 이해했다는 것을 보여준다. 위의 인용문이 분명하게 보여주듯, 호킹은 최종 이론의 성취가 우리에게 신의 마음을 알려준다고 생각하지 않는다. 그는 그것을 단지 우리가 우리 자신을 포함한 우주가 왜 존재하는가라는 질문에 관한 논의의 필요 조건으로 간주할 뿐이다. 중요한 것은, 호킹이 그 질문을 **형이상학적인 질문**으로 간주한다는 것이다. 그보다 더 중요한 것은 그가 "만일 우리가 그 물음의 답을 발견한다면"이

주)의 현상들을 설명할 수 있는 필연적 법칙들을 알아낼 수 있다고는 확신하지만, 가쌍디나 라이프니츠가 생각하듯, 그럼으로써 신의 마음을 알 수 있다고 생각하지는 않는다.11) 그럼에도 불구하고 데카르트의 입장과 호킹의 입장에는 한 가지 점에서 커다란 차이가 있다. 호킹과는 달리, 데카르트는 자신의 형이상학이 자연과학에 근본적인 토대를 제공한다고 생각한다는 것이 바로 그것이다. 데카르트 철학에 대한 고찰이 "근대 과학적 사유의 철학적 기초"라는 주제와 어울릴 수 있는 이유가 바로 이 때문이다.

따라서 데카르트 철학에서 그의 '자연과학과 형이상학의 관계'라는 주제는 많은 학자들의 관심을 끈 그리고 여전히 끌 수 있는 흥미로운 문제다. 나는 데카르트에게서 자연과학과 형이상학의 관계를 어떻게 정립해야 하는지 또 어떻게 정립하는 것이 옳은지에 대해 아무런 입장도 취하지 못하고 있다. 따라서 나는 이 글에서 이 문제에 접근하는 방식들을 간단히 소개한 후, 그 중 한 가지 방식을 집중해서 조명해보고자 한다. 데카르트에게서 자연과학과 형이상학의 관계에 접근하는 방식에는 세 가지 정도가 있다. 그 하나는, 데카르트의 말을 있는 그대로 받아들이고, 그의 형이상학이 어떤 식으로 자연과학에 토대를 제공하는지를 이해하고 설명하고자 하는 방식이다. 가버(Garber)가 그런 방식을 취하는 학자다.12) 다른 하나는 데카르트의 말을 받아들이지

라는 단서를 달았다는 사실이다. 에드워드 윌슨, 『통섭』, 최재천 · 장대익 역, 사이언스 북스, 2005, 454-455쪽 참조.

11) 데카르트, 『철학의 원리』 1부 28절 참조. 『철학의 원리』는 AT VIII-1이다. Daniel Garber, *Descartes' Metaphysical Physics*, The university of Chicago Press, 1993, 273쪽 참조. 이 책은 앞으로 가버(1)로 지시됨. Stephen Gaukroger, *Descartes' System of Natural Philosophy*, Cambridge University Press, 2003, 61쪽 참조. 이 책은 앞으로 고크로저(2)로 지시됨.

12) Daniel Gaber, *Descartes' Metaphysical Physics,* The University of Chicago

않고, 그의 자연과학을 그의 형이상학과 분리시키고 데카르트 철학에서 형이상학이 차지하는 지위와 가치를 거의 지우면서, 데카르트를 오늘날의 의미로서의 물리적 환원주의자로까지 이해하고자 하는 방식이다. 클라크가 그런 방식을 취하는 학자다.[13] 또 다른 하나는 이 두 가지 접근 방식의 중간 정도에 놓여 있는 방식인데, 윌리엄스[14]와 부크달[15]과 고크로저가 그런 방식을 취하는 학자들이다. 비록 윌리엄스는 데카르트의 형이상학으로부터 자연과학으로 접근하고, 부크달과 고크로저는 그 역방향을 취하지만 말이다. 내가 이 글에서 집중 조명해보고자 하는 것이 바로 이 중간자적인 입장이다. 나는 먼저 '데카르트 철학에서 자연과학과 형이상학의 관계'에 대한 윌리엄스와 고크로저의 입장을 비판적으로 고찰하고, 부크달의 입장을 고크로저의 대안으로 제시할 것이다. 윌리엄스에 대한 고찰은 내가 이 글에서 왜 중간자적인 입장을 집중 조명하고자 하는지를 설명해줄 것이다.

2. 윌리엄스의 접근 방식

형이상학과 자연과학의 관계에 대한 데카르트의 설명은 아주

Press, 1992와 "Does history have a future?", in : *Descartes Embodied*, Cambridge University Press, 2001 참조.

13) 클라크, Desmond M. Clarke, *Descartes' philosophy of science*, Manchester University Press, 1982 와 *Descartes's Theory of Mind*, Clarendon Press, 2002 참조. 앞의 책은 클라크(1)로 뒤의 책은 클라크(2)로 지시될 것이다.

14) 윌리엄스 Williams, *Descartes*, Penguin, 1978 참조.

15) Buchdahl, *Metaphysics and the Philosophy of science*, The MIT Press, 1969 참조.

다양하며 또 경우에 따라서는 서로 상충하기도 한다. 그러나 나는 이 1절에서 그런 문제점들을 무시할 것이다. 그리고 「방법서설」과 『성찰』[16]과 『철학의 원리』에 있는 관련 텍스트들을, 형이상학과 자연과학의 관계에 대한 데카르트의 입장을 일관성 있게 만드는 구체화 과정의 틀에 넣어 인용하고자 한다.

1) "나머지 다른 학문들에 관해 말하자면, 이 **학문들의 원리는**[17] 철학에서 비롯되고 …"(『방법서설』, 8쪽).

2) "'나는 생각한다. 그러므로 나는 존재한다.' 이 진리는 아주 확고하고 확실한 것이고, 회의론자들이 제기하는 가당치 않은 억측으로도 흔들리지 않는 것임을 주목하고서, 이것을 내가 찾고 있던 **철학의 제일원리**로 거리낌없이 받아들일 수 있다고 판단했다"(『방법서설』, 32쪽).

3) "**공통 개념들**은[18] 명석하게 지각된다. 그러나 그렇다고 모든 공통 개념들이 누구에게나 명석 판명하게 지각되는 것은 아닌데, 이는 선입견 때문이다"(『철학의 원리』, 1부 50절).[19]

4) "내 삶의 시간 전체는 무수히 많은 부분으로 나누어질 수 있고, 이 부분 각각은 서로 의존하지 않으며, 그래서 내가 방금 전에 현존했다고 해서 지금 내가 현존해야 한다고는 말할 수 없고, 이를 위해

16) 『성찰』은 AT VII에 수록되어 있다.

17) 제1성찰에서 데카르트는 이를 "학문에서 확고하고 불변하는 것을 세우려 한다면 일생에 한 번은 이 모든 것을 철저하게 전복시켜 최초의 토대에서 다시 시작해야 한다"는 말로 표현하고 있다.

18) 이는 공리라고도 불리는 영원한 진리로서, 예를 들자면 '무로부터는 어떤 것도 나올 수 없다', '어떤 것이 존재하면서 동시에 존재하지 않는 것은 불가능하다' 등이다. 데카르트에 따르면 이런 것들은 헤아릴 수 없을 만큼 많아서 모두 나열할 수 없다. 『철학의 원리』 1부, 49절 참조.

19) 이로써 공통 개념들을 근거로 증명들이 구성되는 수학적 명제들의 진리성도 보장된다. 『철학의 원리』 1부, 13절 참조.

서는 어떤 원인이 지금 이 순간 나를 새롭게 창조해야, 즉 나를 보존해야 하기 때문이다. … 어떤 사물을 매 순간 보존하기 위해 필요한 힘과 작용은 아직 현존하지 않는 사물을 새롭게 창조하는 데 들어가는 것과 똑 같다는 것은 분명하다. 따라서 보존은 단지 생각의 차원에서만 창조와 구별될 뿐임은 자연의 빛에 의해 명백하게 알려지는 것들 가운데 하나다"(『성찰』, 48-49쪽).

5) "따라서 나는 이 완전한 존재인 신이 있다는 것 혹은 현존한다는 사실은 적어도 그 어떤 기하학적 논증 못지 않게 확실하다는 것을 발견했던 것이다"(『방법서설』, 36쪽).

6) "자연의 빛, 다시 말해 신이 부여한 인식 능력(cognoscendi facultatem, cognoscendi facultas)이 관여하는 한, 즉 명석 판명하게 지각하는 한, 그 인식 능력은 단지 참인 대상에만 관여한다는 결론이 나온다. 왜냐하면 만일 신이 우리에게 잘못된 능력, 즉 거짓을 참으로 간주하게 하는 능력을 부여했다면 신을 사기꾼이라고 하는 것이 옳기 때문이다"(『철학의 원리』, 1부 30절).[20]

7) "사유의 모든 속성들을 연장의 모든 속성들과 정확하게 구별한다면, 우리는 쉽게 두 개의 명석 판명한 개념을 혹은 관념을, 즉 피조된 사유 실체의 관념과 물체의 관념을 가질 수 있다"(『철학의 원리』, 1부 54절).[21]

---

20) 4부 206절에 따르면, 이것이 데카르트가 의미하는 형이상학적인 토대다. 그는 이렇게 얘기한다. "신은 최고의 선이며 실수를 하지 않기 때문에 우리가 그가 우리로 하여금 참과 거짓을 구별할 수 있도록 우리에게 부여한 능력을 올바르게 사용하는 한 이 능력을 통해 판명하게 지각한 것에서는 오류를 범할 수가 없다는 형이상학적 토대 말이다." 『방법서설』에서의 표현은 이렇다. "우리가 아주 명석 판명하게 인식하는 것은 모두 참이라는 명제의 진리성조차도, 신이 존재 혹은 현존한다는 것, 그가 완전한 존재라는 것, 또 우리 속에 있는 것은 모두 신으로부터 나온다는 것을 근거로 해서만 보장되기 때문이다"(38쪽).

21) 제2성찰에서의 밀랍의 예와 관련해서 나는 윌리엄스의 해석을 받아들인다. 그의 해석을 간략하게 설명하자면 다음과 같다. 밀랍의 예는 직접적으로 물질 대상의 본성과 관련된 것이 아니라, 물질 대상의 본성에 대한 우리의 지식과

8) "이제 신은 기만자가 아니므로, 신이 이런 감각 관념을 스스로 직접 내 속에 집어넣지 않았다는 것은 분명하고, 또한 … 어떤 다른 창조물을 통해 [예를 들자면 천사와 같이 인간과 신 사이에 위치한 존재들을 통해] 나에게 보내지 않았음도 아주 분명하다. 왜냐하면 신은 이런 것을 인지할 수 있는 그 어떤 능력도 나에게 주지 않았으며, 오히려 반대로 감각 관념이 물질적 사물로부터 유래한다고 믿는 커다란 경향성을 주었기 때문에, 감각 관념이 만일 물질적 사물이 아닌 다른 것에서 유래한다면, 신이 기만자가 아니라고 이해될 수 있는 까닭을 알 수 없기 때문이다. 그러므로 물질적 사물은 현존하는 것이다"(『성찰』, 79-80쪽).

9) "물체의 본성은 무게나 딱딱함이나 색 등과 같은 것에 있지 않고 오로지 연장에 있을 뿐이다"(『철학의 원리』, 2부 4절).

10) "아무것도 존재하지 않는 진공을 인정하는 것은 모순이다"(『철학의 원리』, 2부 16절).

11) "하늘 물질과 지구 물질은 서로 다르지 않다. 만일 세계들이 무한하다면, 그 세계들은 모두 동일한 하나의 물질로 이루어진 것이 아닐 수가 없다. 따라서 다수의 세계가 아니라 오직 하나의 세계만이 존재할 수 있을 뿐이다"(『철학의 원리』, 2부 22절).

관념에 관련된 것이다. 그 예는 우리가 어떤 물체를(밀랍을) 그것이(밀랍이) 다양하게 변화하는 동안에도 동일한 물체로(밀랍으로) 인식할 수 있다는 것을 전제로 하고 있다. 이것이 어떻게 가능한가? 그것이 가능하다는 사실은 우리가 연장되고 변화할 수 있는 것으로서의 물체에(밀랍에) 대한 관념을 가지고 있다는 것을 의미한다. 그런데 그 관념은 우리가 감각이나 상상력으로부터 얻을 수 있는 관념이 아니다. 따라서 그 관념은 우리가 원래 타고난 관념으로서 순수 지성에 속하는 관념이어야 한다. 이런 형이상학적인 의미를 함축하고 있는 인식론적 논증에 의해 제시된 결론, 즉 연장 개념은 본유 관념으로서 우리 지성에 주어져 있는 것으로서 명석 판명한 관념이라는 결론은 선한 신이 '우리가 명석 판명하게 지각하는 것은 참이다'라는 규칙의 타당성을 보장해준다는 또 다른 형이상학적인 논증에 의해 연장이 물체의 본성이라는 결론으로 귀결된다. 윌리엄스, 213-223쪽과 227쪽 참조.

12) "나는 사람들이 기하학에서 크기(quantitatem, quantitas)라고 부르며 기하학적 증명의 대상으로 간주하는 것, 즉 모든 방식으로 나눠질 수 있고 모양을 지닐 수 있고 운동할 수 있는 것 이외의 어떤 것도 물질(rerum corporearum materiam, rerum corporearum materia)로 인정하지 않는다는 것을 밝힌다. 그런 물질과 관련해서 분할과 모양과 운동 이외의 어떤 것도 고려의 대상으로 삼지 않는다는 것을 또한 밝힌다. 더불어 참임을 의심할 수 없는 공통 개념들로부터 수학적인 증명으로 간주해야만 할 정도로 명백하게 연역된 것 이외의 어떤 것도 분할과 모양과 운동과 관련해서 진리로 인정하지 않는다는 것을 밝힌다. 그리고 나중에 설명하게 되듯이, 모든 자연 현상들이 그로써 설명될 수 있기 때문에 나는 어떤 다른 것을 물리학의 원리로 인정하거나 요구해서는 안 된다고 믿는다"(『철학의 원리』, 2부 64절).[22]

13) "내가 저 제일원리들로부터 연역한 다른 모든 진리의 연쇄를 계속 추구해서 그것을 지금 보여줄 수만 있다면 얼마나 좋겠는가. … 내가 감히 말할 수 있는 것은, 사람들이 보통 철학에서[자연 철학을 의미] 다루고 있는 모든 주요 난제와 연관해서 나를 만족시킬 만한 수단을 짧은 시간에 발견했을 뿐만 아니라, 몇몇 법칙들도 알게 되었다는 것이다. 이 법칙들은 신이 자연 속에 확립시켜놓은 것이고, 또 그 개념을 우리 영혼 속에 각인시켜놓았기 때문에, 우리가 그것을 충분히 반성만 한다면 세계에 있는, 또 세계 속에서 일어나는 모든 것에서 그 법칙이 정확하게 지켜지고 있음은 의심할 수 없는 것이다. … 이 법칙들은 설령 신이 다수의 세계를 창조했다고 하더라도 그

22) 『철학의 원리』 3부 43장 참조. "만일 우리가 가장 분명하게 지각된 원리들만을 사용하고 그 원리들로부터 오로지 수학적인 추론을 통해서 어떤 것들을 연역해낸다면, 그리고 이때 우리가 그렇게 연역해낸 것들이 모든 자연 현상과 정확하게 맞아떨어지는데도 불구하고 우리가 그런 식으로 찾아낸 원인들을 틀린 것으로 의심한다면, 이는 마치 우리가 우리의 이성을 올바르게 사용함에도 불구하고 마치 이성이 오류를 범하도록 불완전하게 만들어진 것처럼 의심하는 것과 같으며, 이는 신에게 부당한 짓을 저지르는 것과 같은 것이다."

어느 곳에서나 예외 없이 지켜지는 것임을 보여주려고 애썼다”(『방법서설』, 40-43쪽).

14) “신은 운동의 제1원인이며(primariam motus causam, primaria motus causa), 우주에 항상 동일한 운동량(motus quantitatem, motus quantitas)을 보존한다. … [신은] 보편적이고 근원적인 원인, 즉 세상에 있는 모든 운동의 일반 원인(causa generalis)[이다.] … 신이 불안정성(inconstantia)을 가지고 있다고 하지 않으려면 … 신은 물질을 창조하자마자 물질의 부분들을 다양한 방식으로 운동하도록 했으며 물질을 창조할 때의 바로 그 방식과 방법(eadem ratione, eadem ratio)에 따라 물질을 보존하기 때문에 그가 항상 동일한 양의 운동을 물질 속에 보존한다고 믿는 것이 가장 합리적이라는 결론이 나온다”(『철학의 원리』, 2부 36절).

15) “각각의 물체들에서 나타나는 다양한 운동들의 이차적이며 특수한 원인들인 자연의 규칙과 법칙을 우리는 신의 불변성으로부터 인식할 수가 있다(cognosci possunt).

자연의 제1법칙. 각각의 것은 자신에게 달려 있는 한 항상 동일한 상태를 유지하고자 한다. 따라서 일단 움직여진 것은 항상 운동을 유지하고자 한다”(『철학의 원리』, 2부 37절).

“자연의 제2법칙. 모든 운동은 그 자체로서는 직선 운동이다. 그 때문에 원 운동을 하는 것은 항상 자신이 그리는 원의 중심으로부터 멀어지고자 한다”(『철학의 원리』, 2부 39절).

“자연의 제3법칙. 물체가 자신보다 더 강한 물체와 부딪히면 운동량을 조금도 잃지 않지만, 더 약한 물체와 부딪히면 그것은 이 물체에 전달하는 양만큼의 운동량을 잃는다”(『철학의 원리』, 2부 40절).

16) “그러나 물질의 부분들이 얼마나 큰지 얼마나 빨리 운동하는지 또 어떠한 원을 그리는지는 이성만으로 규정할 수가 없다. 왜냐하면 신은 그것을 셀 수 없을 정도의 다양한 방식으로 일어날 수 있었기 때문에, 그가 어떤 방식을 선택했는가는 단지 경험만이 가르쳐줄 수

있기 때문이다. … 이렇게 가정하도록 하자. 신은 처음에 이 가시 세계를 구성하는 물질은 모두 최대한 같게, 그리고 중간 크기로, 다시 말해서 현재 하늘과 별[행성]들을 구성하고 있는 것들의 평균 크기의 작은 부분들로 나누었다. 이 작은 부분들의 운동량을 모두 합친 것은 지금 세계에 있는 운동량과 동일했다(『철학의 원리』, 3부 46절). … 마치 원인으로부터인 것처럼, 위의 가정들로부터 이 세계에 나타나는 현상들은 모두 앞에서 제시된 자연의 법칙들에 따라 그 결과로서 충분히 생성될 수 있는 것으로 보인다"(『철학의 원리』, 3부 47절).

17) "그렇지만 다음의 것을 인정하지 않을 수 없다. 즉, 자연의 힘은 아주 풍부하고 광대하며, 그 원리들은 아주 단순하고 일반적인 것이기 때문에, 나는 먼저 거의 모든 특수한 결과가 여러 다양한 방식으로 원리에서 연역될 수 있음을 알게 되며, 따라서 내가 직면한 최대의 난점은 일반적으로 이 방식들 가운데 어떤 방식으로 결과가 원리에 의존되어 있는지를 발견하는 것이었다. 왜냐하면 이때 나는 설명 방식에 따라 결과가 다르게 되는 몇 가지 실험을 다시 찾아내는 것 외에 다른 방책을 알지 못했기 때문이다"[23](『방법서설』, 65-66쪽) (모든 강조는 나의 것임).

앞서 말했듯이 우리가 이 인용문들을 데카르트가 형이상학과 자연과학의 관계를 구체화시켜나가는 과정으로 이해하면, 그 과정은 간단히 다음과 같다. 형이상학은 자연과학의 형이상학적인 토대를 제공한다. 이때 '토대'의 의미는 신이 우리에게 부여한 인식 능력을 우리가 올바르게 사용하는 경우 진리를 인식할 수 있다는 것을 보장해준다는 것이다. 그런데 인식 능력을 올바르게

23) (16)과 (17)의 본질적인 차이는 없다. 그럼에도 내가 그 둘을 인용한 까닭은, (16)은 세계 발전 과정에 대한 설명과 관련된 것이고, (17)은 구체적인 현상들을 설명하기 위한 의도와 관련 된 것으로 나누어볼 수 있기 때문이다.

사용한다는 것은 명석 판명한 지각을 한다는 것이다. 그러한 명석 판명한 지각을 통해 우리가 참임을 인식하는 것은, 첫째로 '나는 생각한다. 그러므로 나는 존재한다'는 것이며, 둘째로 나의 정신 안에 들어 있는 공통 개념들이며(이는 영원한 진리로서 우리의 모든 이성적 사유에 논리적으로 앞서는 것인데), 셋째로 선한 신이 존재한다는 것과 그 신이 내 존재의 창조자인 동시에 보존자라는 것이며, 넷째로 수학적 증명들이며, 다섯째로 사유 실체와 연장 실체에 대한 관념이다. 그러나 3차원으로 무한하게 연장되어 있는 동일한 하나의 물질로서의 물질 세계가 존재한다는 것에 대한 인식은, 그것의 존재에 대한 명석 판명한 지각을 통해서가 아니다. 그리고 운동량 보존 법칙과 여타의 세 법칙들을 어떻게 인식하는가와 관련해서, 데카르트의 표현은 위에서((12)~(15)) 볼 수 있듯이 다양하다. 그렇지만 적어도 그 법칙들이 귀납을 통해서 인식되는 것은 아니라는 점만은 분명해보인다.

자, 이제 윌리엄스의 고민을 살펴보자. 윌리엄스는 데카르트가 진심으로 운동량 보존 법칙과 여타의 세 법칙들을 모두 자명한 것으로 혹은 자명한 형이상학적 전제들로부터 단순히 논리적인 추론을 통해 도출할 수 있는 것으로 여기고 있는지에 관해 의문의 여지가 있다고 생각한다. 비록 그가 자신의 의문에 반하는 텍스트들, 예를 들자면 (12)나 (13)과 같은 텍스트들이 있다는 것을 인정함에도 불구하고 말이다. 그가 그런 의문을 가지는 이유가 무엇일까? 그는 두 가지 근거를 든다. 그 하나는 데카르트가 신의 불변성에 대한 고찰로부터 자연 법칙을 '연역'한다고 할 때, 그 '연역'이라는 표현을 오늘날 우리가 사용하는 의미로서의 '연역'으로 강하게 이해해서는 안 된다는 것이다(268쪽).[24] 다른 하나는 특히 세 법칙들을 신의 본성과 관련시키기 위해 사용하는 데카르트의 논증이 너무 일반적이라는 것이다(269쪽). (14)와 (15)는 분명히 그런 점을 지니고 있다. 더 나아가 (12)와 (13)도, 비록 '연역'이라는 표현이 들어 있지만, 그 '연역 과정'이 구체적으로 어떤 식으로 이루어지는지는 불투명하다.[25] 이런 점에서, 왜 다른 법칙들이 아니라 하필이면 그 법칙들이어야 할까라는 생각을 좀처럼 지우기 쉽지 않다는 윌리엄스의 고민은 충분히 납득할 만하다. 그래서 윌리엄스는 다음과 같은 추측을 내놓는다.

> "그[데카르트]의 생각은 아마도 유일하게 신의 본성이 [그가 제시한] 자연 법칙들, 혹은 그 법칙들 모두를 결정한다는 것이 아니라, (주어진 현상에 대한 대안적인 메커니즘들의 '연역'과 같은 식으로) 신의 본성이 자연 법칙들이란 어떠해야 하는지를, 특히 보존 법칙이 존재해야 한다는 것을 요구하면서 제한한다는 것일 것이다"(269쪽).

내가 이 인용문에서 주목하고 싶은 것은 괄호 안의 이야기다.

---

24) 우리는 조금 뒤에 왜 윌리엄스가 이런 주장을 하는지 보게 될 것이다.
25) 윌리엄스가 직접 이 논의와 관련해서 도입하지는 않았지만, 우리가 다음과 같은 것을 고려한다면, 그의 입장은 더욱 힘을 얻을 수 있다. 우리가 (6)에서 볼 수 있듯이, 선한 신의 보증은 무조건적인 보증이 아니다. 신의 선함에 호소하기 위해서는, 우리는 먼저 신이 우리에게 준 능력을 우리가 할 수 있는 한 최선을 다하여 올바르게 사용하여야 한다. 즉, 올바르게 사용하여 명석 판명한 지각을 획득해야 한다. 직접적으로든 추론을 통해서든 말이다. 그런데 이때 문제는 데카르트가 명석 판명함의 기준을 전혀 제시하지 않는다는 것이다. 물론 그가 명석 판명한 지각을 통해 얻었다고 주장하는 인식들 가운데 우리가 의문을 제기할 수 없는 것들이 있다. 하지만 문제는 그가 우리가 공감할 수 있는 기준을 제시하지 않는 한(이것이 가능한지 아닌지는 의문이지만), 그가 명석 판명하다고 주장하는 인식들 가운데 어떤 것들은 논란의 불씨를 담고 있을 수 있다.

먼저 그 이야기가 무엇인지 좀더 구체적으로 알아보자(256-268쪽 참조). 우리가 (17)에서 보듯이, 데카르트는 두 가지 작업을 구분한다. 즉, 그것은 그의 운동 법칙들을 신의 불변성으로부터 이끌어내는 작업과 구체적인 자연 현상들을 그 법칙들로부터 연역을 통해 설명하는 작업이다. 윌리엄스에 따르면, 이 구분은 두 가지 이유에서 매우 중요하다. 그 한 가지 이유는 비록 첫 번째 작업이 완수되었다 하더라도, 이 작업의 결과는 그 법칙들이 세계에서 일어나는 것들에 대해 일반적인 구속력을 지닌다는 것을 보여줄 뿐, 세계에 현존하는 개별 현상들에 대한 구체적인 메커니즘들을 규정할 수 없다는 것이다. 다른 한 이유는 데카르트가 두 번째 작업과 관련해서, "거의 모든 특수한 결과가 여러 다양한 방식으로 원리에서 연역될 수 있음"이라고 할 때, 이 '연역'이라는 표현을 오늘날의 의미로서의 '연역'으로 이해해서는 안 된다는 것이다. 왜냐하면 그 법칙들로부터 순수하게 연역을 통해 도출한 다양한 결과들은 모두 타당하기 때문이다. 그것들의 차이는 단순히 연역 과정의 길이와 간결함의 차이에 불과할 것이다. 이 경우 결정적 실험에 대한 데카르트의 호소는 이해하기 어렵다는 것이 윌리엄스의 입장이다. 따라서 윌리엄스는 두 번째 작업의 의미를, 설혹 위의 법칙들을 기반으로 하여 어떤 특정한 현상을 설명하고자 할 때 다양한 설명 가능성이 있을 수 있다는 것으로 이해하는 것이 올바른 해석이라고 생각한다. 문제는 그 중 어떤 것을 선택하느냐다. 이에 대한 데카르트의 답은 새로운 실험과 관찰을 통한 반증과 입증 과정을 통해서라는 것이다.[26] 그렇다

---

26) 물론 이때 경제성 혹은 단순성 역시 중요한 요소로 작용한다. 『세계』, 7쪽과 『철학의 원리』 3부 47장 참조. 『세계』는 AT IX에 들어 있으며, 나는 고크로저의 영어 번역을 사용했다. 데카르트의 「방법서설」 5부의 설명에 따르면, 데카

면 데카르트의 입장에서 볼 때, 이것이 우리가 구체적인 자연 현상들을 그리고 더 나아가 세계를 설명하고자 할 때 우리가 할 수 있는 최선의 작업이다. 이를 선한 신의 보증 조건과 관련시켜 생각하자면, 신이 우리에게 해주는 보증은 우리가 그런 작업을 계속 수행해나간다면 세계에 대한 인식에 점진적으로 다가갈 수 있다는 가능성에 대한 보증이다. 이는 오늘날 과학자들이 수행해나가는 작업이기도 하다. 이런 작업을 통해 걸러내진 설명에 수학적 확실성을 부여하지 않는 이유도 바로 그 때문이다. 그리고 이는 데카르트에게서도 마찬가지다. 그는 그런 설명이 도덕적 확실성보다는 높지만 수학적 확실성보다는 낮은 확실성을 부여한다(『철학의 원리』, 4부 205-206장 참조). 그렇다면 이로부터, 데카르트가 신의 본성으로부터 연역했다고 말은 하지만, 실제로는 그가 그 법칙들을 세계의 현상들을 설명하기 위해 앞서 가정적으로 도입하거나 설명해나가는 가운데 가정적으로 도입한 법칙들로 생각하는 것이 아닐까 하는 의아심이 일어날 수 있다. 그런데 내가 여기서 주목하고 싶은 점은 이러한 의아심이나 추측이 근본적으로 무엇에 기반을 두고 있느냐 하는 것이다. 그것은 다름아닌 자연과학자가 자연과학을 수행해나가는 일반적인 방식에 대한 반성적인 고찰에 기반을 두고 있다. 나는 바로

르트 사후에 분리되어 출판된 「빛에 관하여」(『세계』라는 제목으로 출판됨)와 「인간론」은 원래 『세계』라는 작품을 구성하는 세 부분 중 첫 두 부분이다. 세 번째 부분이어야 하는 「이성적 영혼에 관하여」는 존재하지 않는다. 따라서 고크로저는 『세계』로써 앞의 두 부분을 총체적으로 지시한다. 이 글에서 『세계』에 관한 나의 논의는 「빛에 관하여」에 한정되어 있지만, 그 논의가 고크로저를 중심으로 이루어지기 때문에, 「빛에 관하여」만을 지시함에도 불구하고 고크로저에 따라 그 지시어를 『세계』로 했다. *Descartes, The World and Other Writings*, trans. and ed. by Stephen Gaukroger, Cambridge, 1998. 고크로저가 쓴 '서문'을 지시할 경우, 나는 그것을 고크로저(3)이라고 하겠다.

이러한 고찰이 윌리엄스를 — 그가 제시한 두 개의 근거들 때문이 아니라 — 데카르트가 진심으로 운동량 보존 법칙과 여타의 세 법칙들을 모두 자명한 것으로 혹은 자명한 형이상학적 전제들로부터 단순히 논리적인 추론을 통해 도출할 수 있는 것으로 여기고 있는지에 관해 의문을 품도록 한 것이라고 생각한다. 그러나 윌리엄스는 공정하게도 이러한 자신의 생각이 추측이나 암시 이상일 수는 없다는 점을 강조한다.[27] 그 이유는 무엇일까? 내가 보기에 두 가지 이유가 있을 수 있다. 그 하나는 어찌됐든 데카르트가 자신의 법칙들을 신의 본성으로부터 연역했다고 하는 텍스트들이 분명히 있기 때문이다. 다른 하나는, 데카르트가 두 가지 작업을 구분하면서, 법칙들과 그 법칙들을 근거로 해서 가정과 경험과 실험을 통해 구성된 설명 사이에 확실성과 관련한 위상적 차이를 분명히 두기 때문이다((16)과 (17) 그리고 『철학의 원리』 4부 205절과 206절). 윌리엄스보다 더 나아갈 수 있을까?

클라크는 그럴 수 있고 또 그래야 한다고 생각한다.[28] 그는

27) 이에 대한 그의 표현은 "There is room for suggestion(it cannot be stronger than that) … "이다. 268쪽 참조. 부크달도 이와 같은 입장이다. 그는 다음과 같이 얘기한다. "We may therefore look at this law[운동량 보존 법칙], and others like it, as forming part of a theoretical framework in terms of which to interpret the phenomena and test and adjust other empirical laws of theory. So if this is the true state of affairs, we may say that the core of Descartes's procedure is equivalent to an attempt to chart out the conceptual foundations of dynamics.

Unfortunately, such a charitable interpretation of Descartes' intention is only possible by relaxing the strictness of a number of definitions and making due allowance for empirical features not expressly mentioned by him." 부크달, 154쪽.

28) 클라크(1), 105쪽, 주 1 참조.

데카르트가 자신의 법칙들을 신의 본성으로부터 '연역'한 것으로 간주하지 않고 단지 가설로 여긴다는 것을 입증하는 근거로서 세 가지를 제시한다(1-6쪽). 그 하나는 데카르트는 철학자라기보다는 과학자이기 때문에 데카르트의 자연과학과 그 방법을 그의 형이상학을 통해 이해해서는 안 된다는 것이다. 그에 따르면, 데카르트는 엘리자베스 공주(1643년 6월 28일에 쓴 편지 AT III, 695쪽)와 버먼(AT V, 165쪽)에게 『성찰』에 나오는 형이상학적인 문제들에 너무 심취하지 말 것을 권유하는데, 이는 만일 데카르트가 자신의 자연과학을 형이상학을 기반으로 이해해야 한다고 생각했다면 할 수 없는 이야기라는 것이다. 다른 하나는 데카르트 텍스트들에서 '연역'이라는 말이 다양한 의미를 가지고 있다는 것이다. 그것은 문맥에 따라 설명, 증명, 귀납, 정당화 등으로 이해될 수 있다(63-74쪽과 207-210쪽). 마지막 하나는 데카르트가 법칙들을 도입한 후, 그것들이 경험에 의해 검증된다는 표현을 빼놓지 않는다는 것이다(87-104쪽). 이러한 근거들에도 불구하고 나는 클라크가 윌리엄스보다 더 나아갈 수 있다고 생각하지 않는다. 그 이유는 간단하다. 첫 번째 근거의 문제점은 클라크가 데카르트를 '과학자'라고 할 때 그 의미는 오늘날의 의미라는 것이다.[29] 만일 데카르트가 사용하는 '연역'이라는 말을 오늘날의 의미로 해석해서는 안 된다고 주장한다면, 데카르트가

---

29) 나는 오늘날 우리가 과학자라는 말로 무엇을 의미하는지에 대한 명확한 이해를 가지고 있지 못하는데, 불행하게도 나는 그 말의 의미를 그의 책(클라크(1))에서 전혀 배울 수가 없다. 내가 배울 수 있었던 것은 단지 가설 연역적 방법을 사용하는 사람이라는 정도뿐이다. 그러나 다행히 클라크(2)에서 그가 의미하는 과학자가 무엇인지를 우리는 알 수 있다. 그가 과학자라 함은 물리적 환원주의자다(255-258쪽 참조). 이 점을 염두에 두면, 그가 그 책에서 데카르트가 물리적 환원주의자임을 입증하고자 한다는 것은 놀랄 일이 아니다.

아무리 많은 자연과학적 작업을 수행했다고 해도, 그를 단순히 오늘날 우리가 의미하는 과학자로 이해해서는 안 된다는 것은 분석적으로 참이다.[30] 이제 두 번째 근거에 대해 생각해보자. '연역'이라는 말이 다양한 의미를 가지고 있기 때문에, 어떤 텍스트에서 그 말이 사용될 때 문맥을 고려해야 한다는 것에 나 역시 동의한다. 그러나 문제는 이렇다. 데카르트가 법칙들과 신의 불변성의 연관 관계를 표현할 때 '연역'이라는 말을 사용하는데, 이때 그것을 오늘날의 의미로 이해해서는 안 된다는 것을 입증하려면 '연역'이라는 말이 다양한 의미를 가지고 있다는 것만으로는 부족하다. 클라크가 세 번째 근거를 제시한 이유가 바로 그 때문이다. 클라크가 옳다고 해보자. 그래서 그가 제시한 문맥들이 데카르트가 법칙들을 신의 불변성으로부터 선험적으로 인식하거나 연역했다는 표현들을 상쇄할 수 있다고 하자. 그럼에도, 클라크가 간과한 결정적인 문제가 하나 있다. 그것은 데카르트가 자신의 법칙들에 관해 이야기할 때 **'양상적인 표현(cannot, would not)'**과 **'따른다(follow나 obey)'**와 같은 강제적인 표현을 사용한다는 것이다(『세계』,12, 38, 41, 43쪽 등 참조). 클라크가 옳다면, 다시 말해서 데카르트가 그의 법칙들을 단순히 가설로 여긴다면, 데카르트는 그런 표현을 사용해서는 안 된다. 이 때문에 나는 클라크가 윌리엄스보다 더 나아가지 못한다고 생각하며, 윌리엄스의 입장이 더 공정하다고 생각한다. 그렇다면 신과 자연 법칙들의 관계가 '연역'으로 표현된 텍스트를 진지하게 받아

---

30) 가버 Daniel Garber, "Does history have a future?", in : Descartes Embodied, Cambridge University Press, 2001, 25-26쪽 참조. 가버는 우리가 데카르트나 당시의 철학자들을 제대로 이해하고자 한다면 이 점에 주의해야 함을 강조한다. 가버가 클라크를 거론하는 것은 아니다.

들이고, 그 관계를 명확하게 설명하고자 하는 학자들의 노력은 나름대로의 정당성과 가치를 가지고 있다고 생각한다.[31)]

데카르트의 자연과학과 형이상학의 관계와 관련해서 우리는 두 가지 문제를 구분할 수 있다. 그 하나는 사실 관계에 관한 문제다. 이 문제는 그 둘 사이에 관계가 있는지 없는지, 관계가 있다면 어떤 관계인지 하는 등의 문제다. 이는 앞서 고찰한 학자들이 다룬 문제다. 다른 하나는 동기에 관한 문제다. 클라크가 올바르게 주장하듯, 데카르트가 처음부터 형이상학에 관심을 가지고 있었던 것은 아니다. 예를 들어 『정신 지도를 위한 규칙들』[32)] 같은 그의 초기 작품은 그의 주관심사가 수학과 자연과학에 놓여 있었다는 것을 잘 보여준다. 그렇다면 그는 왜 나중에 형이상학에 관심을 가지게 되었는가? 나는 첫 번째 문제보다 이 문제에 대한 고찰이 데카르트 철학에서 형이상학과 자연과학의 관계를 한층 더 잘 이해할 수 있게 해준다고 믿고 있다. 다시 말해서, 데카르트의 자연과학에 대한 초기 작품들에 관한 고찰과 더불어 그가 그 후에 형이상학에 관심을 가지게 된 동기와 그 과정에 대한 고찰을 하지 않고서는 데카르트 철학에서 자연과학과 형이

---

31) 이때 결정적인 역할을 하는 것이 (4)다. 서론에서 말했듯 가버가 그런 학자다. 그는 다음과 같이 얘기한다. "We have been exploring how God, for Descartes, sustains the world, and in sustaining the world, how he causes bodies to move. Now we can turn to the main question at hand. The conservation principle and the three laws of motion Descartes proposes are supposed to follow out of the fact that God is immutable and operates in a constant way in sustaining his creation and the motion that he put in to it. In this section we shall explore just how these arguments are supposed to work." 가버(1), 263쪽.

32) 『정신 지도를 위한 규칙들』은 AT X에 들어 있다. 이하 『규칙들』로 지시됨.

상학의 관계를 올바르게 이해할 수 없다는 고크로저의 입장에 전적으로 동의한다. 따라서 들어가는 말에서 이야기했듯이, 나는 2절과 3절에서 데카르트의 자연과학을 그 중심에 놓고서 동기 문제에 중점을 두고 그의 자연과학과 형이상학의 관계를 이해하고자 하는 두 가지 입장을 고찰하고자 한다. 그 하나는 고크로저의 입장이며, 다른 하나는 부크달의 입장이다. 내가 이 두 학자의 입장을 살펴보고자 하는 이유는, 그 둘의 입장이 같은 관점에서 그리고 같은 관심에서 출발하지만, 양극으로 치닫기 때문이다. 고크로저는 데카르트의 형이상학이 그의 자연과학에 내재하고 있는 문제들을 정당화하기 위한 목적으로 수행된 것이 아니라, 그의 자연과학이 처해 있는 외적인 위협에 대처하기 위한 것이라는 입장이다. 이에 반해 부크달의 입장은, 내가 이해하는 바로는, 데카르트의 형이상학이 그의 자연과학이 도발한 내적인 문제들에 대처하기 위해 도입된 것이라고 생각한다. 나는 고크로저의 입장을 비판적으로 고찰하겠지만, 부크달의 입장은 단순히 재구성하여 제시할 것이다. 그 이유는 부크달의 입장이 생산적인 설명을 해준다고 생각하기 때문이다.

3. 고크로저의 입장에 대한 비판적 고찰

고크로저는 자연 철학이 데카르트 철학의 핵심이라고 생각한다.[33] 형이상학과 자연 철학의 관계와 관련해서, 그의 요지인 동

33) 고크로저는 자연과학이라는 용어를 쓰지 않고 자연 철학이라는 용어를 쓴다. 그러나 그 의미는 오늘날의 자연과학이라는 용어와 같은 의미라고 생각된다. 고크로저, Stephen Gaukroger, *Descartes' system of Natural Philosophy*,

시에 출발점은 세 가지로 설명될 수 있다. 그 하나는 데카르트의 자연 철학 프로젝트가 내부적으로 형이상학적인 토대를 필요로 하지 않는다는 것이다. 그리고 또한 그의 자연 철학에서 어떠한 것도 형이상학적인 토대로부터 산출되지[34] 않았다는 것이다. 다른 하나는 첫 번째 주장으로부터 귀결되는 것인데, 그의 토대주의적 형이상학이 자연과학 외적인 문제로 인해 도입된 것이라는 것이다. 마지막 하나는, 그럼에도 데카르트의 토대주의적 형이상학이 자신의 자연 철학으로부터 간단히 벗겨낼 수 있는 껍데기에 불과한 것은 아니라는 것이다. 왜냐하면 데카르트의 토대주의적 형이상학은 자신의 자연 철학이 우주의 궁극적인 구성물과 구조를 드러내는 데 유일하게 적합한 것임을 보여주는 역할을 하는 것이기 때문이다. 고크로저가 데카르트의 토대주의가 수행하는 이러한 역할을 '특정한 종류의 정당화'라고 칭하는 이유는 바로 이 때문일 것이다(1쪽). 이 세 가지 주장이 과연 서로 조화될 수 있을까? 그것은 가능하며, 그 이유는 간단하다. 고크로저의 주장대로, 한편으로 데카르트의 자연 철학이 그의 토대주의적 형이상학의 과제를 지정하는 것이라면(dictate)(5쪽), 그의 토대주의적 형이상학은 그의 자연 철학에 의존하는 것이며, 다른 한편으로 그의 토대주의적 형이상학이 자연과학 외적인 요인에 의해 도입된 것이라면, 그의 토대주의적 형이상학은 그의 자연 철학만이 유일하게 정당한 자연 철학임을 보여야만 한다. 그렇지 않으면, 외적인 요인을 제거하기 위해 도입된 토대주의적 형이상학이 그 구실을 제대로 하지 못하기 때문이다.

Cambridge University Press, 2002, 1쪽 참조. 이후 이 책은 '고크로저(2)'로 지시될 것이다.

34) 이를 위한 그의 표현은 'not generated by inference', 'not discovered' 등이다.

고크로저와의 논의에 앞서, 불필요하게 데카르트의 자연 철학에 깊이 들어가는 것을 방지하기 위해, 나는 먼저 데카르트의 역학과 관련된 문제를 간단히 정리하고자 한다. 이 작업은 우리가 고크로저와의 논의의 초점을 잡는 데 도움이 될 것이다.

데카르트의 역학을 그의 형이상학으로부터 이해하는 한, 그의 역학을 운동학으로 이해하는 것은 필연적이다. 왜냐하면 데카르트가 그의 형이상학에서 규정하는 물체는, 물체의 양태로 간주되는 운동을 야기하는 원인으로서의 힘(vis)을 자신의 성질로 가질 수 없기 때문이다. 신이 운동의 원인으로 등장하게 되는 것도 바로 이 때문이다. 따라서 데카르트의 자연 철학을 그의 형이상학으로부터 이해하고자 하는 학자들, 예를 들자면 윌리엄스[35]나 가버[36]와 같은 학자들이 데카르트의 역학을 운동학으로 이해하는 것은 당연하다. 이에 반해 고크로저는 데카르트의 역학을 운동학으로 해석하는 전통은 호이겐스에서 비롯된 잘못된 전통이라고 주장하는데(고크로저(1), 12-13쪽), 나는 이를 지나친 주장이라고 생각한다. 왜냐하면 『철학의 원리』에서 데카르트는 운동의 원인과 운동을 명백히 구분하고, 신을 운동의 원인으로 설명하기 때문이다(2부 25절과 36절 참조).[37] 당연히 고크로저는 이

---

35) 윌리엄스, 238-239쪽과 254쪽과 261쪽 참조.

36) 가버(1), 9장 참조. 특히 292-293쪽 참조.

37) 『철학의 원리』에 대한 고크로저의 평가는 고크로저(1)과 고크로저(2)에서 차이가 있다. 물론 그것이 외적인 문제로 인해 쓰여진 것이라는 생각에는 변함이 없지만, 후자에서 그는 『철학의 원리』를 전자에서보다는 긍정적인 방향으로 해석하는 면이 있다.

고크로저(1)에서, 그는 『철학의 원리』가 외재적인 문제로 인해 쓰여진 것이기 때문에, 그에 걸맞게 때에 따라서는 의도적으로 설명을 흐릿하게 하고 자신의 원래 입장과는 다른 완전히 거짓된 이론을 자신의 것으로 제시하기도 한다고 주장한다. 그 예로 드는 것이 '운동의 상대성'이다(12쪽). 이 점에서 고크로저

에 대해 할 말이 많다. 예를 들자면, 『철학의 원리』에도 동역학적인 개념인 힘(vis)이라는 용어가 수없이 많이 등장하며, 운동학적 형태를 띤 설명들 기저에 동역학적인 층이 깔려 있다는 등의 표현이 등장한다(고크로저(2), 107-108쪽). 그러나 문제는 고크

는 전통적인 입장을 따르는 것이다. 즉, 데카르트가 그것을 『철학의 원리』에서 끌어들인 이유는 지구를 운동하지 않는 것으로 제시하기 위해서라는 전통적인 입장 말이다. 그러나 가버는 이런 입장에 대해 맹렬한 비판을 가하는데, 그 이유는 다음과 같다. 데카르트는 『철학의 원리』에서 '운동의 상대성'을 자신의 입장으로 제시하는 것이 아니다. 오히려 데카르트는 그것을 거부한다. 데카르트는 자신이 『세계』에서 취했던 일상적인 의미로서의 운동 개념, 즉 장소 운동이 '운동의 상대성'을 함축한다는 것을, 그리고 그 사실이 자신의 물리학에 내적으로 결정적인 위협이 된다는 것을 깨달았다. 가버는 언제 그가 그것을 깨닫게 됐는지 확실히 규정할 수는 없지만, 『철학의 원리』를 준비하던 시기인 1640년대 초반쯤일 것으로 추측한다. 위협이 되는 이유는 이렇다. 만일 운동을 장소 이동으로 이해하여 '운동의 상대성'을 인정하게 되면, 어떤 물체의 운동 여부는 기준점을 무엇으로 잡는가에 대한 임의적인 결정에 의존해서 결정된다. 그렇다면 운동이나 정지는 물체가 가지고 있는 성질로 간주될 수 없다. 그리고 이는 데카르트의 물리학을 파탄으로 몰고 간다. 데카르트는 물질의 다양함과 형상적 차이가[아리스토텔레스적인 의미] 모두 물질의 부분들의 운동에 의존해 있기 때문에, 물체의 모든 변화는 물질의 부분들의 운동을 통해 설명될 수 있다고 생각한다. 이는 운동이 물체가 내적으로 고유하게 가질 수 있는 성질이라는 것을 전제로 해야 취할 수 있는 입장이다. 따라서 '운동의 상대성'(『철학의 원리』 2부 23절)은 데카르트가 운동과 정지를 물체의 양태로 간주하는 입장(『철학의 원리』 2부, 27, 32, 44절)에 정면으로 위배된다(이상 가버(1), 156-163쪽 참조). 데카르트가 『세계』에서 가지고 있었던 장소 운동으로서의 운동 개념을 대체하기 위해 끌어들인 새로운 운동 개념이 '운동의 상호성' 개념이다. 데카르트의 '운동의 상호성' 개념이 운동과 정지의 실제적 구분을 어떻게 가능하게 하는지, 하지만 그것이 어떤 문제를 일으키는지에 관해서는 가버(1), 164쪽 이하 참조. 고크로저가 가버를 언급하지는 않았지만, 고르크저(2)의 변화는 가버로부터 기인하는 것이라고 생각된다. 고크로저는 『철학의 원리』가 『세계』에 없는 것을 새로운 내용으로 담고 있다는 점을 인정한다. 더 중요한 것은, 고크로저가 『철학의 원리』가 거짓된 것으로서의 운동 개념인 '운동의 상대성'을 주창한다는 주장을 철회하고, 『세계』에서 제시된 운동 개념을 수정한 것으로서 '운동의 상호성' 개념이 제시되었다는 것을 인정한다는 것이다(6쪽).

로저가 생각하는 것처럼 그렇게 간단하지가 않다. 왜냐하면 데카르트는 『세계』에서도 힘 개념과 운동 개념을 정확한 구분 없이 혼용하고 있기 때문이다. 이는 첫 번째 법칙과 두 번째 법칙에 대한 설명을 비교해보면 알 수 있다(39쪽과 41쪽). 그렇다면 우리가 부정할 수 없는 사실은, 데카르트가 그의 자연 철학에서 운동학적 개념과 동역학적 개념을 구분 없이 혼용하고 있다는 것이다. 나는 여기서 데카르트의 역학이 그 둘 중 어디에 더 가까운지에 대해 논하고 싶지도 않고, 논할 수 있는 처지도 아니다. 그러나 내가 지적하고 싶은 것이 하나 있다. 데카르트의 입장이 애매하다는 사실은, 즉 데카르트가 운동학적 개념과 동역학적 개념을 구분 없이 혼용하고 있다는 사실은 고크로저의 기본 입장을 뒷받침해줄 수 있다. 그 이유는 간단하다. 앞서 말했듯이, 데카르트의 형이상학으로부터 그의 역학을 이해하려 한다면, 우리는 그의 역학을 무조건 운동학으로 이해해야만 한다. 그러나 형이상학적인 텍스트를 배제하고, 데카르트의 역학에 관한 텍스트만을 보면, 우리는 그것을 동역학으로도 해석할 수 있고 운동학으로도 해석할 수 있다. 이 경우 선택지는 셋이다. 그 하나는 결정하지 않는 것이고, 다른 하나는 동역학으로 해석하는 것이고, 마지막 하나는 운동학으로 해석하는 것이다. 우리가 첫 번째 선택지를 배제할 경우, 나머지 두 개 중 하나를 선택해야 하는데, 그 중 어느 것을 선택하느냐에 따라 신의 역할에 대한 해석이 달라진다. 그렇다면, 데카르트 철학에서 자연 철학과 형이상학의 관계와 관련해서, 우리가 그의 자연 철학을 어떻게 이해하느냐에 따라 그의 형이상학에 대한 이해가 달라진다는 결론이 나온다. 이것이 가벼운 논리이긴 하지만, "데카르트의 형이상학은 그의 자연과학에 의해 지시된 것이다"라는 주장을 가지고 고크로저가 이 이상을 의미한다고 나는 생각하지 않는다.

고크로저의 입장의 요지는 데카르트의 자연 철학을 그의 형이상학으로부터 이해해서는 안 된다는 것이다. 그에게 이보다 더 중요한 것은 데카르트 철학에서 자연 철학과 형이상학의 관계를 어떻게 이해해야 하는지의 문제는 *상이한 접근 방식의 문제가 아니라 증거(evidence)에 의해 결정되어야 하는 문제라는 것이다*(고크로저(1), 13쪽). 다시 말해, 데카르트 자연 철학의 발전 과정에 대한 탐구와 형이상학을 도입하게 된 동기에 대한 탐구를 통해 결정되어야 하는 문제라는 것이다. 따라서 우리의 과제는 고크로저가 다음의 주장들을 뒷받침하기 위해 무엇을 증거로서 제시하며 또 그것이 증거로서 충분한 효력을 발휘할 수 있는지를 검토하는 것이다. 즉, 데카르트 자연 철학의 근본적인 개념 토대와 법칙들이 이미 거의 완전한 형태로 『세계』에 담겨 있다는 주장. 『세계』는 데카르트가 토대주의적 형이상학에 관심을 갖기 이전에 쓰여진 저술이라는 주장. 그리고 이로부터 데카르트의 자연 철학이 그의 형이상학과는 **완전히 독립적으로 확립된 것이 도출된다는 주장**. 이를 위해 먼저 고크로저가 증거로 제시하는 것이 무엇인지 알아보고, 그 증거들의 효력을 따져보도록 하자.

고크로저가 데카르트의 자연 철학이 데카르트가 형이상학에 대해 관심을 갖기 전에 그리고 그것과는 독립적으로 발전된 것임을 보여주는 증거로서 제시하는 것을 간단히 요약하자면 다음과 같다.

(1) 1618~1619년에 베크만과 서신을 교환했을 때 두 가지 중요한 문

제가 논의되었다(고크로저(2), 6-7쪽).

ⓐ 자유 낙하 문제 : 데카르트는 자유 낙하하는 물체의 속도가 증가하는 원인을 힘으로 보고, 그것의 본성을 찾으려고 노력했다. 이는 그가 그 문제를 동역학적인 방향으로 이해하려고 했다는 것을 보여준다.

ⓑ 사이몬 스티븐(Simon Stevin)은 유체 정역학에서 유동체가 그것을 담고 있는 용기 바닥에 가하는 힘은 유동체의 무게와는 상관이 없고 그 용기의 모양에 의존하기 때문에, 유동체가 용기 바닥에 가하는 힘은 용기의 모양에 따라 유동체의 무게의 몇 배가 될 수도 있다는 것을 증명했다. 데카르트는 이러한 현상의 기저에 놓여 있는 물리적 원리들을 설명하고자 노력했는데, 그는 유동체들의 작용에 대해 동역학적으로 묘사된 미시적인 입자론적 설명을 제시하려고 시도했다.[38] 그 과정에서 데카르트는 일군의 기초적인 동역학적 개념들을 발전시켰다. 특히 행위(actio) 개념은 그가 1620년대 중반에 물리적 광학 문제들을 다룰 때, 그리고 1629년에 우주론적 문제들을 다룰 때 사용하는 개념이다.

(2) 『규칙들』의 12 규칙에서 데카르트는 지각에 대한 설명을 제시하는데, 이는 회의론이나 형이상학과 전혀 관계가 없는 순수한 역학적인 기술적(descriptive) 설명이다(고크로저(1), 146쪽).

(3) 『세계』에서 데카르트는 세계가 3차원으로 연장된 하나의 동질적인 물질로서, 크기에 의해서만 구분되는 세 가지 종류의 물질 부분들로 이루어 있다는 이론을 제시한다. 이 물질 부분들의 운동을 기술하는[39] 법칙들을 기반으로 해서, 데카르트는 천체 물리학과 빛의 속성

38) 고크로저가 7쪽 주 5에서 지시하듯, ⓐ와 ⓑ에 대한 자세한 설명은 고크로저(1)의 3장에 들어 있다. 그의 설명 중 내가 주목하고 싶은 것은, ⓑ에서 거론된 문제에 대한 데카르트의 설명(AT X. 70쪽, 고크로저는 이를 고크로저(1)의 88쪽에 인용해놓았는데)에서 데카르트가 유동체의 압력을 용기 바닥에 가해지는 압력과 용기 바닥과 평행하는 방향, 즉 벽 방향으로 가해지는 압력으로 분해한 후, 용기 바닥에 가해지는 압력만 고려한다는 점이다.

과 본성에 대한 설명을 담고 있는 [동]역학적 우주론을 펼친다(고크로저(2), 11쪽). 따라서 데카르트가 세계에서 이룬 것은 두 가지다. 그 하나는 태양 중심 이론이 아주 간단한 물질 이론과 세 법칙들과 원심력에 의해 설명될 수 있다는 것을 보인 것이고, 다른 하나는 빛에 관해 알려진 근본 성질들을 설명할 수 있는 기반을 마련해주었으며, 그가 1620년대에 성과를 거둔 기하학적 광학의 물리학적 기반을 제공해준 것이다(고크로저(2), 19쪽).

이러한 사실들을 증거로 제시하면서, 고크로저는 데카르트가 『세계』를 완성하고 출판을 준비할 때까지, 토대주의적 형이상학에 관심을 표한 증거가 없다고 주장한다. 그렇다면 데카르트가 그 후 토대주의적 형이상학에 관심을 갖게 된 이유는 무엇일까? 고크로저는 갈릴레이에 대한 종교 재판의 유죄 결정이 그 계기가 된 것이라고 주장한다. 데카르트가 『세계』에 대한 출판을 포기한 이유가 갈릴레이에 대한 종교 재판의 유죄 결정 때문임은 사실이다. 그렇다면 그 이후에 데카르트가 도입한 토대주의적 형이상학은 어떤 역할을 하는 것인가? 그것은 앞서 말했듯이, 그의 자연 철학이 우주의 궁극적인 구성물과 구조를 드러내는 유일한 자연 철학임을 보이는 것이다. 『성찰』이 어떻게 그 역할을 하는지에 대한 고크로저의 설명을 요약하자면 다음과 같다.

(4) 『성찰』[40]에서 제시된 논증들이 타당하다면, 자연과학에서 우리

---

39) 내가 1장에서 클라크와의 논의에서 지적했듯이, 데카르트는 그의 법칙들이 물질 부분들의 운동을 기술한다는 표현을 쓰지 않고, 양상적 표현이나 강제적 표현을 쓴다. 나는 고크로저가 여기서 기술(describe)이라는 표현을 의도적으로 쓰는 것이라고 생각한다.

40) 데카르트가 메르센에게 1641년 1월 28일에 쓴 편지에는 다음과 같은 내용이 들어 있다. “우리끼리 이야기인데, 그 여섯 성찰들은 나의 물리학의 모든

가 출발점으로 삼아야 하는 것은 아리스토텔레스의 형상이 제외된, 기하학적으로 양화 가능한 것으로만 이루어진 세계다. 그런 자연 철학과 양립할 수 있는 것은 오직 역학뿐이며, 특히 데카르트가『세계』에서 제시한 물질이론과 역학이다. 따라서 만일 우리가 데카르트에게 그의 물질 이론과, 그의 역학에서 중요한 두 가지 원리, 즉 직선 관성 운동과 원심력을 준다면, 그리고『세계』에서 데카르트가 제시하는 논증이 옳다면, 우리는 태양중심설을 얻게 된다. 왜냐하면 이것이 그가 필요로 하는 모든 것이기 때문이다. 이런 식으로『성찰』은『세계』와 직접 연관되어 있다.『세계』의 자연 철학에 형이상학적인 루트를 제공하며 또한 정당성을 제공해주기 때문에 말이다(고크로저(2), 29쪽).

주목해야 할 점은 여기서 고크로저가 이야기하는 '정당성'이라는 말이 우리가 일반적으로 사용하는 고유하고 중요한 의미로서의 '정당성'으로 이해돼서는 안 된다는 것이다. 그것은 '특정한 정당성'이다. '특정한 정당성'의 의미는 고크로저(1) 352쪽에 있는『성찰』의 역할에 대한 설명에 잘 나타나 있다. 그의 설명을 간추리면 다음과 같다. 물질 세계에 대한 순수하게 명석 판명한 관념으로부터 출발해서, 데카르트는 아주 근본적인 수준에서 세계가 어떻게 기술될 수 있는지에 대한 역학적인 그림에 도달했다. 그는 그곳에 자연 철학적인 또는 경험적인 수단을 통해서가 아니라 순전히 형이상학적인 수단을 통해 도달했다. 그런데 순전

토대들을 담고 있다네. 그러나 이를 다른 사람들에게 알리지는 말게나. 왜냐하면 그럴 경우 아리스토텔레스를 추종하는 이들이 그것들에 동의하기가 더 어려워질 수 있을 것 같으니까 말일세. 나는 독자들이 나의 원리들이 아리스토텔레스의 원리들을 폐기한다는 것을 알아채기 전에, 서서히 나의 원리들에 익숙해지기를 그리고 그 원리들이 참이라는 사실을 알게 되기를 바란다네"(AT III. 297-298쪽, CMSK 173쪽).

히 형이상학적인 수단을 통해 그곳에 도달했다는 것은 **주목할 만한 성과이기는 하지만 주목할 만한 발견은 아니다.** 왜냐하면 그러한 연습(excercise)의 요점은 역학이 자연 철학에게 유일하고 참된 기반을 제공한다는 것을 형이상학적으로 **발견하는 데 놓여 있는 것이 아니라,** 형이상학적인 정당화의 필요성에 대한 생각이 일어나기 훨씬 이전부터 데카르트의 자연 철학적인 작업을 독려한 역학을 **정당화하는 데 놓여 있는 것**이기 때문이다(나의 강조).

고크로저가 위에서 말하는 정당화가 실제적으로 어떤 의미를 가질 수 있든 없든, 적어도 (1), (2), (3), (4)가 고크로저의 주장, 즉 데카르트가 토대주의적 형이상학에 관심을 갖게 된 직접적인 동기가 갈릴레이에 대한 종교 재판의 유죄 결정이라는 주장에 대한 증거로서 효력을 발휘하기 위해서는, 고크로저가 해결해야만 하는 문제가 있다. 말하자면, 그의 주장에 대한 반증들의 효력을 제거해야 한다는 것이다. 고크로저 역시 그것들이 어떠한 것들인지 잘 알고 있다. 그리고 그것들이 접근 방식의 차이에 의해 발생되는 것이 아니라 독립적인 반증이라는 점도 잘 알고 있다. 이를 살펴보도록 하자.

데카르트가 형이상학에 대한 관심을 가진 시기는, 『세계』를 구상하기 이전부터다. 기비에프(Gibieuf)에게 1629년 7월 17일에 쓴 편지(AT I. 17쪽)에서, 데카르트는 자신이 소논문을 쓰고 있다고 밝히는데, 데카르트가 메르센에게 쓴 1630년 11월 25일자 편지는(AT I. 182쪽) 그것이 신의 존재 증명과 육체로부터 독립된 정신의 존재 증명을 담고 있는 형이상학에 관한 논문임을 알려준다. 그러나 그때는 이미 그 논문은 중단된 상태였다. 그 논문이 중단된 이유는 데카르트가 메르센에게 쓴 1629년 10월 8일자 편지를(AT I. 22-23쪽) 보면 알 수 있는데, 그 내용은 다음과 같다. 두 달 전에 어떤 친구가 데카르트에게 햇무리(parhelia)에 대한 자세한 기록을 보내면서 이에 대한 그의 견해를 물었다. 데카르트는 이에 답하기 위해서는 기상학 일반에 대한 체계적인 연구가 필요했다고 생각했고, 그 때문에 그는 형이상학에 관한 소논문을 중단해야 했다.[41] 그는 그 편지에서 이제 자신이 그 현상을 설명할 수 있기 때문에, 그 현상에 관한 소논문을 쓰기로 했다고 하며, 이 논문이 무지개에 대한 설명도 담게 될 것이라고 한다. 그런데 놀라운 사실은, 고크로저가 올바르게 강조하듯, 데카르트가 이 편지에서 밝힌 햇무리 현상에 대한 관심에서 기상학 일반에 대한 관심으로 그리고 다시 전체 물리 세계에 대한 관심으로의 이동하는 데 4개월도 걸리지 않았다는 점이다.[42] 메르센에게 쓴 1629년 11월 13일자 편지에서, 데카르트는 그 소논문을 출판할 마음을 바꾸었다고 설명한다. 그 이유는 단지 한 현상을 설명하기보다는 자연의 모든 현상들, 다시 말해서 물리학 일반에 관한 글[『세계』]을 쓰기로 결정했기 때문이다. 이 작업은 1633년 말에 완수되었지만, 앞에서 거론한 이유 때문에 출판되지 않았다. 이 사실들만 놓고 보면, 『세계』는 그의 형이상학과 무관하게 독립적으로 완수된 작품이라고 생각할 수 있다. 왜냐하면 신의 존재 증명과 육체로부터 독립된 정신의 존재 증명을 담고 있는 형이상학적 논문이 그의 자연 철학과 관련이 있다고 할 수는 없어보이기 때문이다. 그러나 문제는 이보다 훨씬 더 복

41) 클라크는 이 사실을 데카르트에게서 자연과학이 형이상학보다 중요하다는 것을 입증해주는 근거 중 하나로 내세우는데, 나는 이를 억측이라고 생각한다. 클라크(1), 4쪽 참조.
42) 고크로저(3), xi 참조.

잡하다. 문제를 그렇게 복잡하게 하는 증거들을 살펴보자.

A) 데카르트가 그의 세 법칙들을[『철학의 원리』에서의 특수한 세 법칙들을] 신의 불변성으로부터 도출하는 작업을 수행한 최초의 장소는 『철학의 원리』가 아니라 『세계』다.

B) 데카르트가 메르센에게 쓴 1630년 4월 15일자 편지에는 다음과 같은 세 가지 중요한 사항이 담겨 있다.

ⓐ 비록 『세계』의 작업이 이런저런 이유로 인해 매우 천천히 진행되고 있지만, 그는 그것을 1633년 초까지는 완성할 수 있을 것 같다고 한다.

ⓑ 그는 파리에서 쓰던 소논문들을[43] 중단하게 된 것은, 그것들에 관해 연구를 하는 도중 더 많은 지식이 필요하다는 것을 느꼈기 때문이라고 설명한다. 그래서 새로운 지식을 더 얻기 위해 노력했는데, 이는 그로 하여금 이전의 연구보다 더 큰 새로운 프로젝트를 추진하도록 강제했다.[44] 그는 자신의 이런 상황을 다음의 비유를 들어 정당화한다. 만일 어떤 사람이 집을 짓기 시작했는데, 그 후 기대하지 않은 부를 획득하게 되어 그가 짓고 있던 집이 그의 위상에 걸맞지 않게 됐다면, 그는 그에 걸맞은 새로운 집을 짓게 될 경우에, 아무도 그를 비난하지 않을 것이다.

ⓒ 그는 자신의 마음이 더 이상은 변하지 않을 것이라고 확신한다. 다시 말해서 그 새로운 프로젝트를 나중에 또다시 새로운 프로젝트로 대체할 가능성은 없다고 확신한다.

ⓓ 신과 인간의 마음에 관한 형이상학적인 문제는[신의 필연적 존재 증명과 육체로부터 독립된 정신의 존재 증명 문제는] 신이 인간에게

43) 이것들이 어떤 것들인지 정확하게 알 수는 없지만, 적어도 『규칙들』이 그것들에 포함된다는 것은 분명하다.

44) 이 새로운 프로젝트란 무엇일까? 그것에 대한 확답을 내린다는 것은 불가능하다. 역자들은 아마도 그것이 『세계』가 아닐까 추측한다. CSMK, 21쪽 두 번째 주 참조.

부여한 능력인 이성에 의해 검토될 수 있는 문제라고 생각한다.
ⓔ 그는 인간이 그 능력으로 가장 먼저 해야 할 것은 신과 자신을 알고자 노력하는 것이라고 주장한다. 그에 따라 그는 자신에 대한 탐구를 시작했다고 한다.
ⓕ 데카르트는 만일 그가 그 길을 따르지 않았다면 물리학의 토대를 발견할 수 없었다고 생각한다. 그리고 그는 자신이 형이상학적인 진리들을 기하학적인 증명들보다 더 명백하게 증명할 수 있는 방법을 발견했다고 한다.
ⓖ 그렇지만 그는 자신이 그것을 다른 사람들에게 확신시킬 수 있을지 모르겠다고 한다. 그리고 물리학에 관한 글[『세계』]이 어떻게 받아들여지는지를 보기 전에는, 형이상학을 제시하지 않겠다고 한다.
ⓗ 그럼에도 그는 그 글에서 일군의 형이상학적인 주제들에 관해 논하게 될 것이라고 한다. 그 중에서도 특히 우리가 영원한 진리라고 부르는 수학적 진리들 역시 다른 피조물들과 마찬가지로 신에 의해 규정된 것이며, 따라서 신에 의존해 있다는 것을 논하게 될 것이라고 한다.
C) 데카르트가 메르센에게 쓴 1637년 2월 27일자 편지(AT I. 350)에는 이런 내용이 들어 있다. 정신이 육체와 상이한 실체며 그것의 본성은 유일하게 사유한다는 것이라는 「방법서설」 4부에 있는 데카르트의 설명은 충분치 않으며, 이 점이 신 존재 증명을 불명확하게 만든다는 메르센의 반론을 데카르트는 정당한 것이라고 평가한다. 그리고는 메르센의 요구를 충족시키려면 방법적 회의를 한층 더 자세히 그리고 완전하게 발전시켜야 하는데, 그렇게 하지 못한 까닭은 그럴 경우 심약한 사람들이 그것에 얽매이고 사로잡혀버려, 자신이 나중에 그 의심들을 제거하기 위해 제시하는 논증을 충분히 따라올 수 없을지도 모른다는 염려 때문이었다고 설명한다. 그리곤 자신이 8년 전에 형이상학의 시작 부분을 라틴어로 썼는데, 그곳에서 그 논증[방법적 회의]은 상당히 자세하게 전재됐다는 말을 덧붙이며, 만

일 자신이 지금 그 책[「방법서설」 4부, 『방법서설』은 프랑스어로 쓰여졌음]을 라틴어 버전[『성찰』]으로 만들 경우, 그것을 그 안에 포함시킬 것이라고 한다.

(A)와 관련해서, 고크로저는 이런 주장을 펼친다. 『세계』에서 신의 불변성 문제가 제기되는 것은 사실이지만, 그것이 하는 역할은 형이상학적 고찰을 도입하기 위한 것과는 동떨어진 것이다. 그것은 오히려 신학적인 그리고 형이상학적인 문제들이 자연 철학과 관련이 없는(not relevant) 이유를 보여주려는 것이다. 왜냐하면 신의 행위의 항구성이 의미하는 것은 그 항구성의 근원에 대한 논의가 자연 철학적인 프로젝트를 더 진전시키지 않을 정도로 수월하게 진행된다는 것이기 때문이다(고크로저 (2), 66-67쪽). 나는 고크로저가 무슨 근거로 "그것이 하는 역할은 형이상학적 고찰을 도입하기 위한 것과는 동떨어진 것이며, 오히려 신학적인 그리고 형이상학적인 문제들이 자연 철학과 관련이 없는(not relevant) 이유를 보여주는 것이다"라고 주장하는지 모르겠다. 불행하게도 나는 고크로저(1)에서도 그 근거를 발견할 수 없다(195-210, 225-248쪽). 만일 고크로저의 주장이 (Bg)에 근거하는 것이라면, 그것은 잘못된 해석이다. 왜냐하면 데카르트가 (Bg)로 의미하는 것은, 글자 그대로, 물리학에 관한 글[『세계』]이 어떻게 받아들여지는지를 보기 전에는 자신의 형이상학을 제시하지 않겠다는 것일 뿐이기 때문이다. 더욱이 (Bh)가 보여주듯, 데카르트는 자신이 『세계』에서 일군의 형이상학적인 문제들을 고찰하게 될 것이라고 한다. 그런데 문제는 (Bh)가 그 문제들이 '신의 불변성으로부터 세 법칙들을 도출하는 문제' 임을 직접적으로 지시하지는 않는다는 점이다. 고크로저가 (Bf)를

형이상학으로부터 물리이론[법칙들]을 도출했다는 말로 이해해서는 안 되며, 물리적인 진리와 거짓을 판단할 수 있게 해주는 형이상학적 원리를[45] 발견했다는 말로 이해해야 한다고 주장할

---

45) 이로써 고크로저가 의미하는 것은 명석 판명한 관념들에 대한 '형이상학적인 기준'이다. 나는 이와 관련해 고크로저와 논하고 싶지 않다. 다만, 데카르트의 형이상학에 대한 관심과 그와 관련된 메르센의 역할에 대한 그의 설명과 연관하여 한 가지 점을 지적하고 싶을 뿐이다.

고크로저에 따르면, 16~17세기 철학적 논의의 중요한 이슈는 신의 초월성(transcendence) 문제였다. 이 시기에 신 플라톤주의자들이나 자연주의로 편향된 아리스토텔레스주의자들 사이에, 정도의 차이는 있지만, 신을 자연으로 형체화할 정도로 자연에 커다란 힘을 주고자 하는 운동이 일어났다. 메르센은 그런 운동이 범신론이나 다른 이교도적인 독트린으로 발전할 수 있는 가능성을 보고 이를 염려했다. 다른 한편으로, 그는 아리스토텔레스-스콜라주의가 그런 위협에 단호히 대처할 수 없음을 깨달았다. 왜냐하면 아리스토텔레스의 형상이론이 어떤 의미에서는 그런 운동의 근원이기 때문이다. 이에 대항하기 위해, 메르센은 1620년대 중반에 자연에서 아리스토텔레스의 형상과 가능태(potentialities)를 제거하고, 역학을 일반적인 자연 철학적 입장으로 세웠다. 이로써 그는 신의 초자연적 행위와 자연 영역의 불활성 사이에 엄격한 선을 그었고, 신의 초월성을 부활시켰다(고크로저(2), 77쪽과 고크로저(1), 146-152쪽). 고크로저는 데카르트의 신 존재 증명 시도가 메르센의 이러한 반자연주의적인 형이상학적 프로그램과 밀접한 연관이 있다고 생각한다(고크로저(1), 198쪽). 따라서 고크로저는 데카르트의 신 존재 증명에서 진정으로 이슈가 되는 것은 신의 존재가 아니라, 어떤 종류의 신이 존재하는가라고 주장한다(고크로저(2), 76쪽). 왜냐하면 메르센이 무신론으로 지시하는 것은 진정한 의미로서의 무신론이 아니라, 로마 가톨릭교 내부에 존재하는 다양한 형태의 이교도를 의미하는 것이기 때문이다(고크로저(1), 196쪽). 그런데 데카르트의 신은 메르센의 신과 마찬가지로 초월적인 신이다. 이로써 고르코저가 얻고자 하는 것은 두 가지다. 그 하나는 데카르트의 형이상학에 대한 관심은 회의론의 도전으로부터 나온 것이 아니라는 것이다. 다른 하나는, 메르센의 경우와 마찬가지로 그의 형이상학에 대한 관심은, 자연주의의 도전에 대한 염려에서 나온 것이라는 사실이다(고크로저(1), 195-196쪽). 이로부터 고크로저는 데카르트의 형이상학이 역학에 의해 지시된 것이라는 것을 시사해준다고 주장한다(고크로저 (1), 199-200쪽).

이 설명은 데카르트가 1629년의 형이상학에 관한 소논문에서 이미 신을 초월적인 존재로 간주하고 있었다는 것을 뒷받침해줄 수 있다. 그리고 만일 고크로저가 옳다면, 즉 (Bg)의 '물리학의 토대'를 명석 판명한 관념들에 대한 '형이상

수 있는 것도 바로 그 때문일 것이다(고크로저(1), 202). 우리가 이 문제를 증거를 통해 결정할 수 있는 방법이 있을까? 나는 그것이 가능하다고 생각한다. 먼저 간접적인 증거부터 찾아보도록 하자. (Bh)의 마지막 문장은 고크로저의 주장을 간접적으로 반증할 수 있다. 왜냐하면 그곳에서 데카르트는 명제들의 진위를 판단할 수 있는 원리들을 거론하는 것이 아니라 수학적 진리들, 즉 수학적 명제들에 관해서 이야기하기 때문이다. 『세계』의 다음 구절은 이를 잘 보여준다.

> “이미 설명한 세 법칙[『철학의 원리』에서의 특수한 세 법칙] 이외에, 영원한 진리들로부터 아주 확실하게 귀결되지 않는 어떤 다른 것도 나는 가정하고 싶지 않다.[46] 즉, 수학자들이 일반적으로 그들의 가장 확실하고 명백한 증명들을 기초 짓는 데 사용하는 영원한 진리들 말이다”(47쪽).

이 인용문은 ‘세 법칙’이 영원한 진리들과 동일한 지위를 가지고 있음을 보여준다. 만일 그렇지 않다면, 데카르트는 (Ba)나[47]

학적인 기준’으로 이해해야 한다는 주장이 옳다면, 1629년의 형이상학적 소논문은 이미 『성찰』 수준의 내용을 담고 있어야 한다. 아니면 늦어도 메르센에게 그 편지를 쓴 1630년 4월 15일 이전에는 말이다. (C)는 1629년의 소논문이 제1성찰을 완전한 형태로 지니고 있다는 것을 보여준다. 그렇다면 고크로저는 자신이 제시하는 데카르트의 연대기를 대폭 수정해야 할 것이다. 나는 1629년의 소논문은 아니더라도, 메르센에게 그 편지를 쓴 1630년 4월 15일 이전에는, 데카르트가 이미 『성찰』 수준의 형이상학을 완성했다고 생각한다. 그러나 이 사실이 데카르트가 이야기하는 물리학의 토대가 명석 판명한 관념들에 대한 ‘형이상학적인 기준’이어야 한다는 것을 함축하는 것은 아니다.

46) 여기서 데카르트가 ‘가정’이라고 하는 것은 진정한 의미로서의 가정을 의미하는 것이 아니다.

47) 이는 1630년 4월에 이미 『세계』에 대해 데카르트가 구체적인 기반과 골격

(Bc) 같은 이야기를 할 수 없다. 그리고 그 세 법칙들이 그런 지위를 갖는 이유는, 데카르트가 그 전에 그것들을 신의 불변성으로부터 도출했기 때문이라는 이유밖에 없다. 그런데 이보다 더 직접적인 증거가 있다. 데카르트가 메르센에게 쓴 1629년 12월 18일자 편지에는 다음과 같은 내용이 있다.

> "나는 나의 글[『세계』]에서 진공 상태에서 일단 운동을 시작한 것은 항상 운동 상태에 머물러 있다는 것을 증명하고자 한다"(AT I. 90쪽. 가버(1), 198쪽 참조).

이는 데카르트가 (Bf)에서 물리학의 토대로 의미하는 것에는 운동 법칙들이 포함되어 있음을 부정할 수 없다는 것을 입증해준다. 만일 그렇다면, 우리는 그것으로써 어떻게 데카르트가 햇무리 현상에 대한 관심에서 기상학 일반에 대한 관심으로 그리고 다시 물리 세계 일반에 대한 관심으로 이동하는 데에 단 4개월도 걸리지 않았는지를 설명할 수 있다. 그것은 (Bb)에서 말하는 "기대하지 않은 부를 획득하게 되어"와 (Bf)에서 말하는 "만일 … 그 길을 따르지 않았다면 물리학의 토대를 발견 할 수 없었다"에 상응하는 것이다. 달리 말하자면, 신과 영혼에 대한 형이상학적인 탐구를 하는 가운데, 우연히 자연 법칙들을 증명할 수 있는 길, 다시 말해서 그것들을 신의 불변성으로부터 도출할 수 있는 길을 발견했다는 것이다. 이것이 없이는 물리 세계 일반에 대한 설명이 가능하지 않다.

을 가지고 있다는 것을 의미한다. 결과적으로 10여 개월 늦어지긴 했지만, 그 이유는 그 기반과 골격이 바뀌어서가 아니라, 세부적 내용들과 관련된 문제 때문에 그렇게 된 것이다. (Bc)가 이를 잘 보여준다.

나는 위의 설명을 통해 데카르트 철학에서 토대주의적 형이상학이 외적인 '동기'에 의해 도입된 것이라는 고크로저의 입장을 반박할 수 있다고 생각한다. 그럼에도 근본적인 문제는 여전히 남아 있다. 앞에서 보았듯이, 고크로저는 『세계』에서 신의 불변성 문제가 제기되는 것은 사실이지만, 그것이 하는 역할은 형이상학적 고찰을 도입하기 위한 것과는 동떨어진 것이고, 오히려 신학적인 그리고 형이상학적인 문제들이 자연 철학과 관련이 없는(not relevant) 이유를 보여주려는 것일 뿐이라고 주장한다. 그가 직접 언급하지는 않지만 그의 이런 주장이 어디에서 기인하는지 억측할 수 있도록 해주는 텍스트가 있는데, 그것은 『세계』에 들어 있다. 운동의 세 법칙이 신의 불변성으로부터 필연적으로 귀결된다는 것을 보이는 작업은 『세계』 7장에서 수행된다. 그러나 3장에서 데카르트는 다음과 같이 이야기한다.

"나는 그러한 [물질의] 여러 가지 작은 부분들이 운동하는 원인을 탐구하기 위해 여기서 멈추지 않겠다. 왜냐하면 그러한 작은 부분들이 세계가 존재를 시작한 것과 동시에 운동을 시작한 것이라고 생각하는 것으로 나에게는 충분하기 때문이다. 그리고 그것이 사실이라면, 나는 그러한 운동이 언젠가 정지될 수도 없고(cannot), 또 그러한 운동의 주체와 관련한 경우를 제외하고는 변할 수도 없다고 생각한다. 즉, 어떤 하나의 물체 속에 있는 운동력(strength or power to move itself)이 한꺼번에 혹은 부분적으로 다른 물체로 옮겨가 끝내 최초의 물체 속에서는 더 이상 존재하지 않을 수는 있지만, 세계 어디에도 존재하지 않을 수는 없기 때문이다(cannot). 나의 논증들(arguments)은 나를 충분히 만족시켰다. 그러나 나는 아직 그 논증들을 당신들에게 제시할 수 있는 기회를 가지지 못했다. 그러므로 원한다면, 그때까지는 대다수의 학자들이 그러하듯이 세계를 빠른 속도로 회전하게 하는 제1동인이 존재한다고 상상해도 상관없다. … 또 다음을 주목하라. 만일 두 개의 작은 부분들이 서로 멀어지지 않고 서로 맞닿아 있을 경우, 이 두 부분들을 분리시키기 위해서는 아무리 작은 정도라고 할지라도 힘(force)이 필요하다. 왜냐하면 일단 그것들이 그렇게 놓여 있으면, 그것들은 자신들을 다른 식으로 배치하고자 하지 않을 것이기 때문이다"(11-12쪽, 나의 강조).

위의 내용은 7장에서 제1법칙과 제2법칙으로, 그리고 그 둘을 신의 불변성으로부터 도출하는 과정에서 가교 역할을 하는 운동량 보존 법칙으로 다시 모습을 드러낸다.[48] 데카르트가 이 글에서 "나의 논증들(arguments)은 나를 충분히 만족시켰다. 그러나 나는 아직 그 논증들을 당신들에게 제시할 수 있는 기회를 가지지 못했다"라고 할 때, 그 논증의 대상들이 운동의 원인과 제1법칙과 제2법칙이라는 것은 의심의 여지가 없다. 이를 근거로, 나는 고크로저가 그런 주장을 하는 이유에 대해 억측해보고자 한다. 사실 운동 법칙들에 대한 데카르트의 관심은 1618~1619년 사이에 있었던 베크만과의 교류 시기까지 거슬러 올라간다. 가버에 따르면, 데카르트는 이미 1618년에 베크만으로부터 제1법칙을 받아들였고, 그 당시에 데카르트가 쓴 *Cogitationes Privatae* (AT X.224)에는 운동 보존 법칙과 제3법칙(『철학의 원리』에서는 제2법칙으로 자

48) 우리가 1장에서 보았듯이 『철학의 원리』에서는 운동량 보존의 법칙이 운동의 일반적 원인으로서의 신의 불변성으로부터 도출되는 독립적인 법칙으로서의 지위를 지니고, 다른 세 가지 법칙이 특수한 원인으로 제시된다. 이와는 달리, 가버가 올바르게 지적하듯이, 『세계』에서 운동량 보존 법칙은 독립된 법칙으로 제시되지 않고, 다만 제1법칙과 제2법칙(『철학의 원리』의 순서에 따르면, 제1법칙과 제3법칙)을 신의 불변성으로부터 도출하기 위해 사용되는 가교 역할을 하는 데 그친다. 가버는 그 이유를 보존되는 것에 대한 데카르트의 양화 작업이 비로소 1639년에 이루어졌기 때문이라고 설명한다. 가버(1), 204-205쪽.

리잡고 있는데)과 관련된 문제가 등장하는데, 이는 베크만이 그에게 시사한 것일 수도 있다고 한다.[49] 따라서 데카르트가 그 법칙들을 받아들이고 개별적인 물리적 현상들을 설명하기 위해 그것들을 적용시킨 것 역시 그의 형이상학에 대한 관심보다 훨씬 앞서는 것이다. 한편으로는 이 점을 고려하고, 다른 한편으로는 "그러므로 원한다면, 그때까지는, 대다수의 학자들이 그러하듯이 세계를 빠른 속도로 회전하게 하는 제1동인이 존재한다고 상상해도 상관없다"는 구절을 강조하면서 위의 인용문을 읽는다면, 나는 고크로저 식의 주장이 제기될 수 있다고 생각한다. 데카르트는 7장에서 운동 법칙들을 신의 불변성으로부터 도출하는데, 이때는 이미 그가 자신의 물리학에 필요한 기본 개념들과 법칙들을 갖추어놓은 상태다(1-5장 참조). 이러한 사실은 고크로저식의 주장에 힘을 실어줄 수 있다. 그렇다면 우리는 왜 데카르트가 7장에서 신의 불변성으로부터 그 법칙들을 도출해야 한다고 생각했는지 물을 수 있다. 데카르트는 왜 그 작업이 필요하다고 생각했을까? 문제는 고크로저가 이에 대해 어떤 답도 줄 수 없다는 것이다. 그가 그럴 수 없는 이유는 그가 토대주의적 형이상학에 대한 데카르트의 관심이 『세계』 이후에야 등장한다고 생각하기 때문이라기보다는, 토대주의적 형이상학에 대한 관심이 자연과학 외적인 동기에 의해 일어난 것이라고 생각하기 때문이다. 나는 우리에게 부크달이 필요한 이유가 바로 이 때문이라고 생각한다.

49) 가버(1), 197쪽.

4. 부크달의 설명

부크달의 『형이상학과 과학철학(*Metaphysics and the Philosophy of Science*)』은 데카르트에게서 칸트에 이르는 대부분의 근대 철학자를 다룬 광범위한 책이다. 본격적인 논의에 앞서, 그는 자신이 어떤 관점에서, 그리고 무엇에 초점을 두고 그들의 철학을 고찰하고자 하는지에 대한 일반적인 설명을 제시한다.

① 근대 철학을 바라보는 그의 기본 입장은 두 가지 측면으로 특징지어질 수 있다.[50] 그 한 가지 측면은 근대 철학에서 자연과학이 차지하고 있는 중요한 위치에 대한 평가다. 그에 따르면, 당시에 급속도로 발전한 새로운 자연과학은 철학에게 중요한 주제와 더불어 그 핵심 개념들을 제공했다. 다른 한 가지 측면은 근대 철학자들의 철학 체계에 대한 평가다. 그는 그들의 철학이 동일한 기반 위에 구축된 하나의 철학 체계가 아니라, 각기 서로 다른 형이상학적(철학적)인 기반에서 출발한 그리고 그로 인해 드러나는 취약점들을 보완하기 위해 또 다른 형이상학적 보조물들을 도입하면서 구축된 철학 체계다. 그들의 철학은 상이한 철학 체계로서 선택의 대상이지 옳고 그름의 잣대로 평가될 수 있는 대상이 아니다.

② 이 두 번째 측면에도 불구하고, 부크달이 그들의 철학을 한데 묶어 다루면서 그렇게 다룰 수 있다고 생각하는 이유는 첫 번째 측면이 가져다주는 공통점 때문만은 아니다. 그것이 그러한 생

---

50) 이하 부크달, 1-12쪽 참조.

각의 근거가 되기에는 너무 일반적이고 추상적이다. 그렇게 생각하는 이유는 이렇다. 즉, 부크달이 비록 앞선 철학자들의 과오를 수정해나가는 과정으로서의 진보는 없지만, 어떤 주어진 문제와 관련해서 가능한 선택지가 모두 고갈되었다는 의미로서의 진보는 있을 수 있다고 믿고 있기 때문이다. 그런 문제로서 그가 염두에 두고 있는 것은 자연 법칙들의 '귀납적 토대'와 그런 법칙들이 표현한다고 여겨지는 추정적인(putative) '필연적 연관(necessary connection)'의 관계 문제다. 그에 따르면, 적어도 이 문제와 관련해서 오늘날 철학에서 선택 가능한 입장들은 모두 고갈되었으며, 데카르트에게서 칸트에 이르는 시기는 그 문제가 중요한 철학적 문제로 구체화되고 명료화되어 가는 과정이다(10-11쪽). 즉, 철학의 관심이 지식 탐구와 지식 탐구의 방법에 관한 문제에서 '인식 그 자체의 토대 구축'이라는 메타적 물음으로 전환되어 가는 과정이다. 그가 주목하는 것은 그러한 전환이 일어나게 된 데에는 자연과학의 성공적인 발전과 더불어 철학적 탐구의 대상과 한계에 대한 인식이 철학자들에게 점차적으로 명료해졌다는 것이 결정적인 역할을 했다는 것이다. 부크달이 자신의 책에서 이 문제에 중점을 두고 근대 철학자들을 고찰하는 이유가 바로 그 때문이다.[51)]

③ 부크달은 '귀납적 토대'와 자연 법칙들이 표현한다고 여겨지

---

51) 이로써 그는 자신의 책에서 오늘날 과학철학이 다루는 주제들에 초점을 둔 이유를 정당화한다. 즉, 연역과 귀납과 가설이 차지하는 지위와 그 중요성, 이론적 개념들의 형성, 수학과 물리학의 관계, 논리적인 전제들과 그렇지 않은 전제들, 인과와 과학 법칙 개념에 관한 분석, 과학적 설명의 본성 등의 주제 말이다.

는 추정적인(putative) '필연적 연관(necessary connection)'의 관계 문제가 당시 자연과학의 목표와 깊은 관련이 있다고 생각한다. 그에 따르면, 당시 자연과학의 목표는 애초부터 법칙 관계를 표현하는 명제를 구성하는 용어들의 연관을 견고하게 구축하는 것이었으며, 그 견고함의 정도가 성패의 기준으로 간주되었다(11쪽). 왜 이런 목표가 설정되었고, 이로부터 위의 문제가 어떤 식으로 발생하였고 또 어떻게 전개되었는지를 이해하고 설명하는 도구로서, 그는 모델 개념을 도입한다. 그가 모델 개념으로 의미하는 것은, 명제를 구성하는 용어들을 연결하는 고리(link)와 그 근거를 표현하고 특징짓는 방식뿐이다. 그는 가능한 모델들을 세 개의 그룹으로 나눈다. 그 하나는 형식적-선험적 그룹이며, 다른 하나는 법칙적 그룹이며, 마지막 하나는 체계 또는 이론적 설명 그룹이다. 나는 여기서 처음의 두 그룹만을 고찰하고자 한다. 왜냐하면 그것만으로도 데카르트가 자신의 법칙들을 신의 불변성으로부터 도출하려한 동기에 대한 부크달의 설명을 이해하기에 충분하기 때문이다.

④ 형식적-선험적 그룹(20-26쪽) ; 분석 명제들이나 논리학과 기하학의 공리들이 이 그룹에 속하는 명제들이다. 이런 명제들의 고리는 '필연적인', '그 역을 생각할 수 없는' 등의 표현으로 특징지어진다. 이런 명제들이 갖고 있는 매력 포인트는 경험에 의존함이 없이 그것들을 구성하는 개념들에 대한 고찰만으로 참임을 입증할 수 있다는 것이다. 그러한 명제들에 '자명한'이나 '선험적인'이라는 수식어가 붙는 이유가 바로 그 때문이다. '직관'이라는 인식 능력에 의해 인식되는 것이라는 표현이 사용되는 것도 마찬가지 이유 때문이다. 부크달은 당시 자연과학의 목표가 애초

부터 법칙 관계를 표현하는 명제를 구성하는 용어들의 연관을 견고하게 구축하는 것으로 세워졌고 그 견고함의 정도가 성패의 기준으로 간주된 데에는, 많은 과학자들이나 철학자들이 이 첫 번째 그룹에 속하는 명제들이 가지고 있는 비경험적, 개념적 또는 직관적인 특성에 매료되었기 때문이라고 생각한다. 오늘날 역시 과학의 토대를 이루는 기본 명제들을 첫 번째 그룹에 속하는 명제들 가운데서 찾을 수 있지 않을까라는 생각에 한 번도 사로잡혀본 적이 없는 사람은 극소수에 불과할 것이라는 그의 지적은 그리 지나친 것은 아니다(24쪽).

⑤ 법칙적 그룹(20-45쪽) ; 명제 고리가 '법칙'이라는 표현으로 제시되는 명제들이 이 두 번째 그룹에 속한다. 자연과학의 법칙들이 그 좋은 예다. 그런데 법칙이란 무엇인가? 이에 답하기 위해서는 법칙에 대한 의미론적 분석이 필요하다. 논의를 진전시키기 위해, 부크달은 먼저 다음과 같은 잠정적인 분석을 제시한다. 자연과학에서 법칙은, 구조적으로 볼 때 고도로 개념화된 명제다. 이에 따라 법칙을 구성하는 개념들은 이론의 가장 기본적인 구조물로서 해당 이론 체계를 구성하는 발판이 된다. 기능적으로 볼 때, 법칙은 관련된 대상들에 대해 무제한적 보편성을 띠는 것으로 제시된다. 즉, 미래 사건을 예측할 수 있는 힘을 지니고 있는 것으로 제시된다. 그러나 부크달에 따르면, 법칙에 대한 이러한 분석이 충분하지 못하다고 생각하는 학자들이 있다. 왜냐하면 그들은 무제한적 보편성만으로는 법칙 명제의 강제적인 본성이 충분히 드러나지 않기 때문이라고 생각하기 때문이다. 그는 존슨을 그 대표적인 경우로 제시한다(27쪽). 존슨은, 예를 들어, "철에 열을 가하면 철은 팽창한다"는 법칙을, "철에 열이

가해지면 그것은 팽창한다"로가 아니라, "만일 철에 열이 가해진다면 그것은 팽창할 것이다"라는 양상 명제[반사실적 명제]로 분석해야 한다고 주장하며, '사실의 보편성'과 '법칙의 보편성'을 구분한다. 그는 이 둘 사이에 존재론적 차이를 두고, 전자에 상응하는 관점을 '인식적 관점(the epistemic points of view)', 후자에 상응하는 관점을 '구성적 관점(the constitutive points of view)'이라고 한다. '일반화'라는 것은 순수하게 인식적 관점에서 이루어지는 귀납 논리 과정이다. 그 과정을 통해 결과물로 나타나는 것이 '경험적 보편성, 즉 규칙성이나 일관성(uniformity)'이며, 이것은 법칙에 대한 인식적 근거가 된다. 반면에 법칙을 양상 명제로 확장시킨 존슨의 분석은, '경험적 일관성'이 인식적 의미 이외에도 구성적 의미를 추가로 가지고 있다는 것을 분명히 한다. 존슨이 그 둘을 존재론적으로 구분한 것은 데이터의 일반화가 순수하게 [귀납] 논리적인 표현인 반면에, 법칙의 양상적 측면은 [귀납] 논리 외적인 어떤 것을 지시한다는 것을 함축하기 때문이다. 그러나 부크달에 따르면, 존슨은 그러한 [귀납] 논리 외적인 '구성적인 면'의 존재가 객관적인 타당성을 제공한다고 주장할 뿐, 그 '구성적인 면'의 존재에 대해 어떤 독립적인 논증도 제시하지 않는다. 부크달은 존슨이 '구성적인 면'의 존재를 요청하게 된 동기를 다음과 같이 추정한다. 법칙 명제를 양상 명제로 분석한 다음, 존슨은 그 양상적인 표현에 상응하는 어떤 것을 보충할 필요를 느끼게 됐다. 그러자 존슨은 법칙 명제에 객관적 타당성을 제공해주는 역할을 하는 것으로서의 구성적인 보조물, 즉 존재론적인 보조물을 추가로 도입함으로써 그 필요성을 충족시켰다(29쪽).[52]

이제 우리가 부크달이 모델이란 개념을 도입한 이유에 주목할 때가 됐다. 그에 따르면, 법칙에 필연적 연관을 관련짓는 사람들이 모두 필연적 연관 개념에 존재론적 의미를 부여하는 것은 아니라고 생각한다. 그가 모델 개념을 도입한 이유는 필연적 연관 관계를 존재론적 문제와 결부시키지 않고 특징짓기 위해서다. 그가 자신의 모델 개념을 명제 고리와 그 근거가 표현되고 특징지어지는 방식만을 의미하는 것으로 이해해주기를 바라는 이유가 그 때문이다. 그것을 통해 그는 필연적 연관이 어떤 상황에서 제시되고, 그것에 상응하는 그림이 무엇이며, 또 그런 그림이 제시되는 동기 혹은 이유가 무엇인지를 알아보고자 하는 것이다(19쪽). 그렇다면 존재론적 문제와의 단절을 위해 모델 개념을 도입한 부크달이 존슨의 분석, 즉 법칙에 '존재론적 의미를 띤 필연적 연관 개념'을 결부시키는 존슨의 분석을 도입한 이유는 무엇일까? 그 이유는 이렇게 설명될 수 있다. 법칙 명제를 양상 명제로 분석하고, 더욱이 그 양상적인 면에 존재론적 의미를 부여하기는 했지만, 존슨은 그 양상적인 면을 단순히 '필연성(necessity)'이라는 개념으로 기술하지 않고, '법칙적 필연성(nomic necessity)'이라는 새로운 개념을 사용해 기술했다. 존슨이 필연성이라는 개념을 완전히 버리지 않은 이유는, 그것이 첫 번째 그룹에서 논리적 필연성이 하는 역할과 유사한 역할을 한다고 믿기 때문이라고 나는 추측한다. 즉, 논리적 필연성이 명제의 참을 입증해주듯, 그것이 일반화에 (객관적) 타당성을 부여해주는 역할을 한다고 생각하기 때문이다. 이것이 존재론적 의미가 부가되는 상황이다. 그럼에도 존슨이 그 앞에 '법칙적'이라는 수식어를 붙인 이유

---

52) 부크달에 따르며, 이로써 법칙에 대한 논리적인 분석이 법칙들에 대한 인식론적 정당화로 둔갑한다.

는 무엇일까? 이는 존슨이 법칙의 양상적인 면이 '논리적 필연성'과 동일한 것이 아님을 인정한다는 것을 보여준다. 그것이 '논리적 필연성'과 다른 점은 무엇일까? 그것은 바로 논리적 필연성과는 달리 인식 가능한 대상이 아니라는 것이다. 내가 보기에 부크달이 주목하는 것은, 단순히 법칙에 대한 존슨의 분석 결과가 아니라 오히려 그 출발점이다. 부크달에 따르면, 존슨의 분석은 법칙이란 어떠해야 하는지에 대해 많은 사람들이 공유하는 느낌에서, 즉 법칙이라면 어떤 '강제적인 힘'을 가지고 있어야 하지 않은가라는 생각이나 느낌에서 출발한 것이다. 이런 점에서 부크달은 존슨의 '법칙적 필연성'이라는 개념을 일차적으로 법칙이란 '강제적인 힘을 가지고 있어야 한다는 생각이나 느낌'에 대한 표현이라고 생각한다(29). 이 경우 그 개념은 존재론적 의미로부터 자유로워질 수 있다. 그렇다면 '법칙적 필연성'이라는 개념은 다음 세 가지 사실을 다 포괄할 수 있는 아주 유익한 개념이다. 그 하나는 자연과학에서 법칙은 필연성을 동반해서 주장된다는 사실이다. 다른 하나는 그 이유가 필연성이 인식되었기 때문은 아니라는 사실이다. 마지막 하나는 그 법칙이 반증으로부터 전적으로 자유롭다는 것을 의미하는 것은 아니라는 사실이다. 나는 부크달이 존슨의 분석을 도입한 이유는 '법칙적 필연성'이라는 개념이 가지고 있는 매력 때문이라고 생각한다.

그렇다면 법칙이라는 것이 '강제적인 힘을 가지고 있어야 한다는 생각이나 느낌'은 어디로부터 오는 것인가? 어떤 명제가 그런 '강제적인 힘'을 지닌 것으로 제시될 때 그 근거가 무엇인가? 이 질문들이 부크달이 법칙적 모델에 대해 설명하면서 답하고자 하는 것이다. 이에 대한 답을 구하기 위해, 부크달은 자연과학에서 어떤 명제가 필연성을 동반하고 주장되는 것은 어떠한 상황에서인가라는 물음을 던진다. 부크달은 자연과학에서 어떤 명제가 법칙으로 주장되고 받아들여지기 위해서는 다음 기준들을 충족시켜야 한다고 생각한다.

> ⓐ 그런 명제는 일반적인 귀납 논리에 따라 도출된 결과여야 한다. 예를 들자면, 반증의 부재 등과 같은 기준을 충족시켜야 한다.
> ⓑ 그런 명제는 고도로 개념화된 명제로서, 그 명제를 구성하는 개념들은 해당 이론의 가장 기본적인 구조물로 간주되며, 그 이론의 체계를 구성하는 데에서 발판으로서의 역할을 한다. 더욱이 해당 과학의 기초적인 원리들로서 그런 명제는 다른 법칙적 명제들과 함께 그런 개념들을 정의한다. 따라서 그런 기초적인 원리로서의 명제들은 해당하는 과학의 기초적 언어를 구성하며, 그 때문에 다른 명제들과 비교할 때 상대적으로 확고부동하다. 그 명제들을 포기한다는 것은 이론에 커다란 수정을 가하거나 혹은 이론 그 자체를 전부 포기해야 하기 때문이다. 특히 현상들의 의미를 파악하고 이해할 수 있는 그림들을 제공하는 원리들일 경우 더 그러하다.
> ⓒ 그런 명제들은 '단순성'이나 '균형성' 같은 부가적인 방법론적 원리들이 적용된 후에 출현한다(38쪽).

그렇다면 이 조건들을 충족시키는 명제가 '필연성'을 동반해서 법칙으로 주장되는 이유는 무엇일까? 이에 대한 부크달의 설명은 다음과 같이 요약될 수 있다. ⓐ가 그 명제를 필연적인 명제로 만들지 못한다는 것은 분명하다. 그러나 적어도 그 명제가 확실하다거나 혹은 필연적일 것이라는 느낌을 불러일으킬 수는 있다. ⓑ는 우리에게 그 명제가 선험적 명제와 유사하다는 느낌을 불러일으킬 수 있다. 이론의 토대 역할을 한다는 점에서, 또 그와 더불어 (비록 상대적이기는 하지만) 확고부동하다는 점에서 말이다.[53] 그렇지만 결정적인 요소는 ⓒ다. 왜냐하면 ⓒ는 과학자들로 하여금 그들이 세운 법칙을 선험적인 것으로 착각하게 만들기 때문이다. 부크달은 많은 과학자들이 그들의 법칙에 '아주 간단하고 명백한'이라는 술어를 덧붙이는 이유가 ⓒ 때문이라고 생각한다. 이로부터 그 법칙들이 필연적이라는 주장이(그 역을 생각할 수 없다는 수식과 함께) 뒤따르는 것은 너무나도 자연스러운 현상이다. 더구나 법칙에 대한 특정한 철학적 분석, 즉 법칙이란 필연적이라는 분석이 전제되어 있는 경우, 법칙이 필연성과 함께 주장되는 것은 결코 놀랄 일이 아니다.

그러나 법칙의 필연성, 즉 '법칙적 필연성'의 본성과 지위를 실질적으로 결정해주는 것은 ⓐ와 ⓑ와 ⓒ 밖에 없다는 사실을 간과해서는 안 된다. 그렇다면 법칙에 대한 필연주의(necessitarianism)는 단순히 철학자들의 머리, 달리 말해서 법칙에 대한 양상적 분석은 단순히 철학자들의 머리에서 나온 것일까? 이에 대한 부크달의 대답은 부정적이다. 그에 따르면, 그것은 과학자들의 세계관에 깊숙이 숨겨져 있는 것이다(34쪽).[54] 왜냐하면 근대 과학자들이 가설을 세울 때, 그것이 ⓐ와 ⓑ 이외에도 ⓒ를 충족시키기를 요구하기 때문이다. 그리고 그것을 요구하는 이유는, 자연이 그런 원리에 의해 창조되었다는 생각을 가지고 있었기 때문이

---

53) 그런 원리들이 가지고 있는 이런 유사성들 때문에, 그것들을 '기능적으로 선험적인(the functional apriori)'이라고 부르기도 한다.

54) 데카르트의 회의론 문제가 한 주제였던 나의 학위 논문에서, 나는 부크달의 입장을 비판했다. 그런데 내가 학위 논문 122쪽에서 그의 두 번째 모델을 간략히 제시할 때, 그의 설명에서 위의 점이 갖고 있는 중요성을 간과했다는 점을 지적하지 않을 수 없다. 그렇지만 나는 데카르트를 회의론 문제로 이끈 동기와 관련한 부크달의 설명에는 동의하지 않는다(부크달 3장, 특히 155쪽 이하 참조). *Das Problem des Skeptizismus bei Descartes und Locke*, Goettingen, 1999, http://webdoc.sub.gwdg.de/diss/1999/won/inhalt.htm 참조.

다.[55] 이런 점을 고려할 때, 귀납적 추론을 정당화하기 위한 수단으로서 필연적 연관의 존재를 상정하는 것은 17~18세기 철학자들이나 과학자들에게 커다란 매력을 지니고 있었을 것이다. 오늘날 역시 얼마나 많은 과학자들과 철학자들이 여전히 그 존재를 상정하고 있는가! 부크달은 데카르트로 하여금 그의 법칙들을 신의 불변성으로부터 도출하도록 만든 동기는, ④와 ⑤가 과학자로서의 데카르트에게 과학적 명제의 이상적인 모델로 생각되었기 때문이라고 설명한다(147-155쪽).

5. 결 론

나는 지금까지 데카르트의 철학에서 자연과학과 형이상학의 관계를 데카르트가 형이상학에 관심을 가지게 된 동기와 그 과정에 대한 고찰을 통해 이해하고자 하는 접근 방식을 고찰했다. 나는 이런 접근 방식을 취할 경우 부크달 식의 설명이 가장 설득력이 있다고 생각한다.[56]

나는 여기서 내가 고크로저(2)를 공정하게 다루지 않았다는 점을 밝히고 싶다. 비록 내가 왜곡했다는 말은 아니지만 말이다. 고크로저가 그 책에서 토대주의적 형이상학에 대한 데카르트의 관심은 갈릴레이에 대한 유죄 판결 이후에 나타난 것이라고 하

55) 이에 대한 예들은 36-37쪽과 40쪽 참조.

56) 형이상학으로부터 그 관계를 이해하고자 하는 접근 방식이나 자연과학으로부터 그 관계를 이해하고자 하는 접근 방식이나 동등한 가치와 의미와 타당성을 가질 수 있다고 나는 생각한다. 나는 가버 식의 접근 방식, 데카르트의 형이상학으로부터 그의 자연과학을 이해하는 방식에 더 호감을 가지고 있다.

면서 그 전에 완성된『세계』가 데카르트의 중요한 자연 철학을 대부분 담고 있다는 자신의 주장을 뒷받침하는 작업을 한 것은 사실이지만, 그것이 고크로저가 그 책에서 수행하고자 한 주된 목적은 아니다. 그의 주된 목적은 데카르트가『철학의 원리』를 통해 이루고자 한 것이 궁극적으로 무엇인지를 밝히고자 하는 것이다. 그렇지만 내가 불공정했다는 것을 인정하는 이유가 그 때문은 아니다.[57] 내가 공정하지 못했다고 생각하는 이유는 위에 언급한 전제 조건의 충족 여부와 상관없이 그가 세운 목적과 그 목적을 이루기 위해 그가 수행한 작업이 중요한 의미가 있다고 생각하기 때문이다. 왜냐하면 그의 작업은『방법서설』과『성찰』과『철학의 원리』가 데카르트가『세계』의 출판을 포기한 후 세운 전략의 순서에 따라 출판됐을 가능성을 보여주기 때문이다. 여기서 내가 이 문제와 관련된 고크로저의 입장을 자세히 소개하고 논할 수 없지만, 나는 공정함을 회복하기 위해 다음을 하고자 한다. 즉,『방법서설』과『성찰』과『철학의 원리』가 미리 계획된 전략에 따라 출판된 것임을 짐작할 수 있는 이유에 대한 간단한 설명과, 그것을 기반으로 데카르트가『철학의 원리』를 통해 궁극적으로 이루고자 한 것이 무엇인지에 대한 고크로저의 입장을 소개하고자 한다. 나는 이를 통해 이 글의 결론 부분을 마치고자 한다.

데카르트가『세계』에 커다란 애착심을 가지고 있었다는 것에

57) 그 책에서 고크로저가 세운 목표는 데카르트의 자연 철학이 토대주의적 형이상학과 무관하게 독립적으로 완성되었다는 것을 전제 조건으로 가지고 있다. 이 때문에 그는 자신의 주된 목적을 수행하기에 앞서 그 전제 조건을 충족시키고자 하는 시도를 한다. 그리고 이에 그치지 않고 그가 자신의 목적을 수행해나가는 과정에서도 그는 지속적으로 그러한 시도를 되풀이한다. 따라서 내가 고크로저(2)를 왜곡한 것은 아니다.

대해서는 의심의 여지가 없다.[58] 또한 그것이 언젠가는 빛을 볼 수 있게 되기를 얼마나 갈망했는지에 대해서도 그러하다.[59] 따라서 『세계』에 대한 출판을 포기한 이후, 데카르트는 다음과 같은 전략적인 고민을 했을 것이다. 어떻게 하면 『세계』를 출판할 수 있을까? 그 전략의 첫 번째 수가 『방법서설』이다. 「방법서설」이 형이상학을 담고 있는 것은 놀라운 일이 아니다. 왜냐하면 3절에서 인용된 (Bg)가 그것을 설명해주기 때문이다. 그런데 데카르트가 형이상학보다 물리학(『세계』)을 먼저 출판하고자 한 이유는 무엇일까? 그 이유는, 그의 말을 곧이곧대로 믿는다면 두 가지다. 그 하나는 그의 형이상학을 이해하기 위해서 필수적인 방법적 회의가 가지고 있는 위험성 때문이다. 3절에서 인용된 (C)가 이를 보여준다. 다른 하나는 형이상학의 주제가 그 자체로 가지고 있는 어려움 때문이다. 이는 『성찰』에 대한 두 번째 반박에 대한 데카르트의 답변에서 볼 수 있다. 즉, 그가 분석적인 증명 방식을 사용할 수밖에 없었던 이유에 대한 설명에서 말이다.[60] 만일 이것이 사실이라면, 데카르트가 자신의 형이상학으로부터 토대를 제공받은 자연 철학을 먼저 세상에 내놓은 것은

---

58) 데카르트가 1633년 11월 말에 메르센에게 쓴 편지(AT I. 270-272)와 1634년 2월(AT I. 281-282)과 4월에 쓴 편지(AT I. 285) 참조.

59) 1637년 5월 말에 메르센에게 쓴 편지는 다음과 같은 내용을 담고 있다. 메르센은 「방법서설」[특히 6부]가 『세계』를 절대 출판하지 않겠다는 족쇄를 채우는 역할을 할지도 모른다는 두려움과 염려를 표한 것 같다. 이에 대해 데카르트는 이렇게 답한다. "당신은 전혀 그런 걱정을 할 필요가 없습니다. 왜냐하면 나는 그 어느 곳에서도 내가 살아 있는 동안 출판하지 않을 것이라고 약속한 적이 없기 때문입니다. 나는 단지 그것을 출판하려 했으나 내가 설명한 이유들 때문에 내가 살아 있는 동안 출판하지 않으려고 결정했다고 했을 뿐입니다." 이는 당연히, 만일 그 이유들이 사라진다면, 언제라도 그 책을 출판하겠다는 것을 의미한다. AT I. 367.

60) AT VII. 156-157쪽 참조.

자연스러운 일이다. 데카르트는 자신의 『세계』가 우리가 경험하는 물질 세계에 대한 내용을 담고 있어서, 상식적인 사람들이 『세계』를 이해하고 받아들이는 데 전혀 어려움을 갖지 않을 것이라고 생각했을 것이다. 그 이유는 『세계』가 단순히 지동설을 담고 있는 것이 아니라, 형이상학적인 토대에 기초한 물질 이론과 법칙들을 제시하고 이로부터 도출된 소용돌이 이론을 근거로 지동설을 뒷받침할 뿐만 아니라, 무엇보다도 빛과 무거움 같은 중요한 본성들에 대한 설명을 담고 있기 때문이다. 더구나 그는 『세계』가 옳다고 확신하고 있지 않은가! 데카르트가 『세계』를 프랑스어로 쓴 이유도 그 때문이다.[61] 그가 겨냥한 독자층은 아리스토텔레스-스콜라 전통 철학에 익숙한 학자들이 아니라, 건전한 양식을 지닌 일반 사람들이다. 그렇다면, 『세계』에 대한 출판을 포기했기 때문에, 데카르트가 이제 그의 형이상학을 담고 있는 글을 출판하기로 한 것은 당연한 일이다. 그런데 『방법서설』에 자연 철학적인 주제를 다룬 「굴절광학」과 「기상학」과 「기하학」을 덧붙인 이유는 무엇일까? 앞서 말했듯이, 나의 이 물음은 순수하게 전략에 관한 물음이다. 그 이유에 대한 데카르트의 설명은 아주 흥미롭다. 그는 그가 『세계』에 대한 출판을 포기하게 된 이유를 설명 한 후, 이런 말을 덧붙인다.

> "그들을[학문에서 진리를 조금씩 발견하는 사람들을] 군대의 지휘관들과 비교할 수 있는데, 지휘관의 힘은 승리에 따라 증가하는 것이 보통이고, 한 전투에서 패한 후에 군대를 유지하려면 승리한 후에 도시나 지방을 점령하는 것보다 더 큰 수완이 필요하다. … 내 자신에 관해서 말하자면, 내가 전에 학문에서 몇 가지 진리를 발견했

61) 「방법서설」1 쪽과 77-78쪽 참조.

다면(이 책에 담겨 있는 것을 보면 독자도 그렇게 생각하리라 믿는다), 그것은 대여섯 가지 주요 어려움에서 나온 결과물이자 파생물일 뿐이며, 나는 이 어려움을 극복했고, 또 그만큼의 전투에서 다행스럽게 승리한 셈이라고 감히 말할 수 있다. 그리고 두세 번만 그와 같은 전투에서 이긴다면 나는 내 계획을 완수할 수 있고, 또 내 나이가 그렇게 많지 않으므로 자연의 통상적인 흐름에 따라 그렇게 할 만한 시간이 충분히 나에게 있다고 감히 말할 수 있다"(68쪽 나의 강조).

여기서 데카르트는 「굴절광학」과 「기하학」과 「기상학」을 각개 전투에 비유한다. 그리고 두세 번만 그와 같은 전투에서 이긴다면, 자신의 계획을 완수할 수 있다고 주장한다. 데카르트가 『방법서설』 이후에 자신의 전략에 따라 펼친 각개 전투는 어떤 것이 있는가? 엄밀한 의미에서 데카르트가 펼친 각개 전투는 하나에 불과하지만, 그 전투의 성격을 따져보면 그것은 각개 전투 차원을 훨씬 넘어서는 것이다. 그것은 바로 『성찰』이다. 달리 말하면 『성찰』이 그의 전략의 두 번째 수다. 데카르트가 메르센에게 쓴 1641년 1월 28일자 편지가 이를 잘 보여준다. 그것을 다시 한 번 인용해보자.

"우리끼리 이야기인데, 그 여섯 성찰들은 나의 물리학의 모든 토대들을 담고 있다네. 그러나 이를 다른 사람들에게 알리지는 말게나. 왜냐하면 그럴 경우 아리스토텔레스를 추종하는 이들이 그것들에 동의하기가 더 어려워질 수 있을 것 같으니까 말일세. 나는 독자들이 나의 원리들이 아리스토텔레스의 원리들을 폐기한다는 것을 알아채기 전에, 서서히 나의 원리들에 익숙해지기를 그리고 그 원리들이 참이라는 사실을 알게 되기를 바란다네"(AT III 297-298, CMSK 173).

이 중요한 각개 전투를 치른 후, 데카르트는 『세계』에 들어 있는 내용을 출판하기로 마음먹는다. 그리고 그 결과가 『철학의 원리』다. 우리는 이것이 위의 『방법서설』 인용문에서 데카르트가 말한 "계획"을 의미한다는 것을 프랑스어 판 서문에서 확인할 수 있다. 거기서 그는 자신의 철학 일반을 담고 있는 『철학의 원리』를 출판하게 된 이유에 대해, 지금까지 자신이 출판한 글들을 통해 독자들의 정신이 그것을 이해하기에 충분히 준비가 되었기 때문이라고 설명하고 있다(AT IX-2. 216쪽). 이제 고크로저를 끌어들일 때가 됐다. 고크로저의 관심은 데카르트가 스콜라 교과서 전통에 따른 교과서 형식을 택한 이유에 있다. 고크로저가 올바르게 지적하듯이,[62] 데카르트는 이미 다른 형식으로 자신의 모든 철학을 제시하는 작업을 진행중이었다. 그것이 『자연의 빛에 의한 진리 탐구』[63]다. 대화 형식으로 되어 있는 이 작품은 미완성으로 남아 있다. 왜 데카르트는 대화의 형식으로 쓰던 작품을 중단하면서까지 교과서 형식을 취했을까?[64] 이것이 바로 고크로저가 고크로저(2)에서 답하고자 하는 문제다. 그의 대답은 데카르트가 스콜라 철학을 자신의 철학으로 대체하고자 했기 때문이라는 것이다(고크로저(2), 46쪽). 이러한 그의 대답은 하

62) 나는 『자연의 빛에 의한 진리 탐구』가 『성찰』과 같은 시기에 쓰여진 작품이라는 고크로저의 주장에 동의한다. 왜냐하면 데카르트는 그곳에 『철학의 원리』와 같이 자신의 전 철학을 담고자 했기 때문이다. 『자연의 빛에 의한 진리 탐구』, 504-506쪽과 고크로저(1), 362-363쪽 참조.

63) 데카르트가 대화 형식으로 이 글을 쓰게 된 동기가 갈릴레이의 『대화』일 수 있다는 추측이 가능하다. 왜냐하면 비록 서른 시간밖에 읽을 시간이 주어지지 않았다고 불평하지만, 데카르트는 『대화』를 읽었기 때문이다(1634년 8월 14일에 메르센에게 쓴 편지, AT I. 303-304쪽 참조). 더 결정적인 근거는 『자연의 빛에 의한 진리 탐구』에 등장하는 세 인물들의 성격이 『대화』에 등장하는 세 인물의 성격과 동일하고, 그들이 하는 역할도 동일하기 때문이다.

64) 『성찰』에 대한 디네(Dinet)의 일곱 번째 반박에 대한 답변, AT VII. 577쪽 참조.

나마나한 대답이다. 데카르트가 『철학의 원리』를 스콜라 교과서 전통에 따라 저술한 이유는 당연히 스콜라 철학을 자신의 철학으로 대체하고 싶었기 때문이다. 그러나 바로 그 때문에 고크로저의 작업이 가치를 지니는 것이다. 그는 스콜라 철학을 자신의 철학으로 대체하고 싶어한 데카르트의 뜻을 정확하게 들추어내고자 했다. 이를 위해 그는 원래 여섯 부분으로 이루어질 예정이었지만 네 부분만 담은 채 미완으로 출판된 『철학의 원리』를 데카르트가 발표하지 않은 채 남긴 글들과 마지막으로 출판한 『정념들』을 가지고 완전한 형태의 『철학의 원리』로 재구성하는 작업을 펼친다. 그가 그 작업을 통해 찾아낸 의미는 데카르트가 (완전한 형태로서) 『철학의 원리』를 통해 궁극적으로 의도한 것은 단순히 자연 철학의 개혁이 아니라, 진정한 철학자가 된다는 것이 무엇을 의미하는 것이며 또 그러기 위해서는 어떻게 해야 하는지를 가르치려고 했다는 것이다.[65]

□참고 문헌

▹1차 문헌

1. 데카르트 원전

Œuvres de Descartes publiées par Charles Adam & Paul Tannery, Librairie Philosophique J. Vrin, Paris, 1964-1975(AT).

2. 데카르트 번역서

『방법서설(성찰 · 세계론)』, 권오석 역, 홍신문화사, 1989.

65) 고크로저(2), 1-4쪽과 30-31쪽과 83-85쪽 그리고 8장 참조.

『성찰』, 『자연의 빛에 의한 진리 탐구』, 이현복 역, 문예출판사, 1997.
『방법서설』, 『정신 지도를 위한 규칙들』, 이현복 역, 문예출판사, 1997.
『철학의 원리』, 원석영 역, 아카넷, 2002.
Descartes, The World and Other Writings, trans. and ed. by Stephen Gaukroger, Cambridge, 1998.
Descartes, Discourse on Method, Optics, Geometry, and Meteoogy, revised edition, trans. by Paul J. Olscamp, Hackett Publishing Company, 2001.
The Philosophical Writings of Descartes vol. III The Correspondence, trans. by John Cottingham, Robert Stoothoff, Dugald Murdoch, Anthony Kenny, Cambridge, 1991(CSMK).

▹2차 문헌

1. 단행본

엘런 차머스, 『현대의 과학철학』, 신일철 · 신중섭 역, 서광사.
스티븐 호킹, 『그림으로 보는 시간의 역사』, 김동광의 역, 까치, 1988.
Buchdahl, Gerd, *Metaphysics and the Philosophy of science*, The MIT Press, 1969.
Clarke, Desmond M., *Descartes' philosophy of science*, Manchester University Press, 1982.
Clarke, Desmond M., *Descartes's Theory of Mind*, Clarendon Press, 2002.
Gaukroger, Stephen, *Descartes, an intellectual biography*, Clarendon Presss, Oxford, 1995.
Gaukroger, Stephen, *Descartes' System of Natural Philosophy*, Cambridge University Press, 2003.
Galilei, Galileo, *Dialogue concerning the two chief world systems*, translated and revised by Stillman Drake, The Modern Library, 1953.
Garber, Daniel, *Descartes' Metaphysical Physics*, The university of Chicago Press, 1992.
Hawking, Stephen, *The illustrated A Brief History of Time*, Bantam Books, 1988.

Locke, John, *An Essay Concerning Human Understanding*, ed. by Peter H. Nidditch, Oxford, 1975.

Williams, Bernard, *Descartes*, Penguin, 1978.

Won, Suck-Young, *Das Problem des Skeptizismus bei Descartes und Locke*, Goettingen, 1999, http://webdoc.sub.gwdg.de/diss/1999/won/inhalt.htm.

2. 논 문

Garber, Daniel, "Does history have a future?", in Daniel Garber, Cambridge University Press, 2001, *Descartes Embodied*.

제 4 장

데카르트의 선택 : 자연과학에서 근대성의 문제*

이 경 희

1. 시작 : 근대와 과학 혁명

시작은 언제나 금을 긋는 일에서 시작한다. 우선 무엇이든 새로운 금을 그어야 한다. 묻기로 한 것과 묻지 않기로 한 것을 가르고 그 사이에 금을 그은 뒤 그 금을 출발선으로 삼아 그 물어야 할 것만을 앞에 두고 나아가야 할 것이다. 철학의 개념들은 요즘 한 군데서만 살 수 있는 게 아니다. 근대라는 말도 예외가 아니며[1] 과학 혁명이라는 말도 사정은 다르지 않다.[2]

* 이 논문은 2002년도 기초 학문 육성 인문 사회 분야 지원 사업의 일환으로 한국학술진흥재단의 지원(KRF-2002-074-AM1518)에 의해 연구된 것으로, 『동서철학연구』(한국동서철학회) 제30호(2003년 12월)에 실렸던 것임.

1) 근래 포스트모더니즘의 논의와 관련해 'via moderna'의 의미 자격 문제나 'modern'의 구획 기준 문제가 양산되고 있다. 구체적으로는 Michel Foucault의 '근대'라는 시기 구분도 한 가지 예가 될 것이다.

허버트 버터필드(Herbert Butterfield)는 서양의 근대, 구체적으로 말해서 유럽의 근대를 구분하는 획기적 사건을 과학 혁명으로 규정하였다. 근대 사회와 근대 사상의 진정한 기원은 르네상스도 종교 개혁도 아닌 과학 혁명이라는 것이다. "그리스도교의 등장 이래 어떤 사건도 이(과학 혁명)보다 더 중요한 일은 없으며 르네상스나 종교 개혁은 이 과학 혁명에 비하면 단순한 에피소드에 불과하게 된다."[3] 여기서의 과학 혁명은 따라서 유럽사의 한 사건으로서의 특수한 과학 혁명을 이르는 것으로서 정확히 유럽 근대의 과학 혁명을 지시한다. 브로노스키(Jacob Bronowski) 등 역사가들은 1500년부터 1700년에 이르는, 즉 16세기에서 17세기까지의 기간을 근대 과학 혁명의 시기로 잡는데 대해 일치된 견해를 보이고 있다.[4] 바로 이 기간 동안의 유럽의 과학 혁명을 우리는 근대 과학의 모태로 삼을 것이다. 위의 버터필드가 굳이 지적하지 않아도 우리는 더 이상 근대 과학 혁명이 일으킨 그야말로 혁명적 변화에서 자유롭지 못하다는 것을 안다. 이 과학 혁명의 시기에 펼쳐진 사상의 파노라마는 현대 문명에 이르기까지 그 이후의 역사와 전통을 그 이전과는 전혀 다

---

2) 이를테면 Thomas Kuhn의 『과학 혁명의 구조』는 이 논문의 '과학 혁명'과 정확히 일치하는 개념은 아니다.

3) Herbert Butterfield, *The Origins of Modern Science 1300~1800*, revised edition (New York : The Free Press 1965), 7-8쪽. 16세기에 발생한 종교 개혁과 과학 혁명에 관해 논하면서 후자에 비해 전자의 효과가 부분적인 것에 머무르고 있다는, 유사한 논지를 보이고 있는 자료로는 A. N. Whitehead의 『과학과 근대 세계』(오영환 역, 서울 : 서광사, 1989) 1장을 참조하라.

4) Jacob Bronowski and Bruce Mazlish, *The Western Intellectual Tradition : From Leonardo To Hegel, revised edition (1970)*. 차하순 역, 『西洋의 知的 傳統 : 다빈치에서 헤겔까지』(서울 : 홍성사, 1980), 제7장 참조. 김영식, 『과학 혁명』(서울 : 아르케, 2002) 제1장 참조.

른 것으로 변모시킴으로써 자고 나면 세상이 바뀌는 하늘 아래 새로움을 실감케 하는 중이다.[5] 현대인의 일상 구석구석까지 파고든 기술 문명의 달콤함을 과학 그 자체와 오해하지 않는다 해도, 1800년대 산업혁명의 효과가 꼭 그 근대 과학의 핵심이 아니라고 해도 인간의 미래를 이끌어갈 문명의 첨단에는 당연히 과학자들이 자리하고 있다는 믿음이 이 문명의 대세다. 적어도 "인류를 힘든 노동으로부터, 질병의 고통으로부터 그리고 개인들 사이의 갈등과 국제적인 분쟁들에서 생기는 근심으로부터 자유롭게 해줌으로써 지속적으로 진보할 수 있게 해주는"[6] 그것이 과학이라고 생각하고, 그래서 결국 이런 과학을 발전시키고 응용함으로써 인간은 드디어 세계를 조작할 수 있는 위치에 오르면서 자신의 지위를 향상시키게 될 것이라고 믿는다. 인간과 세계 사이에 끼어든 이 전례 없는 매개체는 그 어떤 것보다 인간의 편이었다. 과연 무엇이 인간을 이토록 해방시켰던가? 이런 과학의 가능성이 단연코 근대 과학의 세례 속에 성장한, 진정한 의미의 근대 과학 정신을 바탕으로 하고 있다는 데서 이 글은 출발한다.

이제 궁금한 것은 클락(Desmond M. Clarke)이 과학적 프랙티스에서의 변화 또는 그 변화 전부라고 불렀던[7] 과학의 실제적

5) 과학 혁명에 대해 "사람들이 자연계에 대해 알고 있는 것과 자연계에 대해 올바른 지식을 얻을 수 있는 방법을 근본적이고 결정적으로 변화시킨 설득력 있고 획기적이며 확고부동한 그 사건이 실제로 일어난 것"이라고 규정하는 데 대해, 과학 혁명 같은 것은 없었다고 좀더 비판적인 견해를 제시하는 경우도 있다. Steven Shapin, *The Scientific Revolution*, 한영덕 옮김, 『과학 혁명』(서울 : 영림카디널, 2002), 9쪽.

6) Peter A. Schouls, *Descartes and The Possibility of Science*, (Ithaca : Cornell University Press, 2000), Preface.

7) Desmond M. Clarke, "Descartes' philosophy of science and the scientific revolution" in John Cottingham ed., *The Cambridge Companion to DESCARTES*,

성과에 관련된 문제 그 이상의 것으로서 그런 근대 과학적 지식의 본성이 무엇인가 하는, 과학 내부의 프랙티스 그 외부의 것이다. 그것은 방법이나 태도를 아우르는 과학적 지식의 가능성과 한계를 살피려는 철학 본연의 시각을 필요로 한다.

2. 밑그림

1) 아리스토텔레스의 자연 철학 ; 학과 증명

화이트헤드가 과학의 차별성으로 거론한 것은 무엇보다 보편성이었다. 그는 긍정적 측면에서 서양이 동양에 가장 잘 전달할 수 있는 것은 서양의 과학과 과학적 사유 방식이라고 했으며 따라서 합리적인 사회가 존재하는 곳이라면 꼭 동양이 아니라도 어느 나라 어느 민족에게도 전달될 수 있는 것이라고 하였다.[8] 그러나 바로 이런 보편성이야말로 역설적으로 서세동점의 첨병이 될 수밖에 없는 운명을 내포하고 있는 것이었다. 문제는 힘의 균형이 무너진 결과에 있는 것이기라기보다 그 탄생에 있다.

> 알버트 아인슈타인은 중국과 인도에서 왜 과학을 창조하지 못했는지를 이해하기는 어렵지 않다고 말한 적이 있다. 문제는 오히려 왜 유럽에서 시작되었는가에 있을 것이다. … 그 답은 그리스에 있다. 근원적으로 과학은 그리스 철학의 유산에서 유래한다. 물론 이집트인들은 측량 기술을 개발했고 또 매우 교묘한 솜씨로 외과 수술을

(Cambridge : Cambridge university press, 1992), 258쪽.
8) Whitehead, 앞의 책, 17쪽.

하기도 했다. 바빌로니아인들은 행성의 움직임을 예측하기 위해서 수를 정교하게 다루는 방법을 고안해냈다. 그러나 오리엔트 문명의 어느 것도 기술이나 주술을 넘어서서 사물 일반에 관한 호기심에 다다르지는 못했다. 그리스인의 사변적 천재성의 모든 승리 중 가장 예기치 못했던 것이면서 가장 진귀한 것은 사고에 의해서 발견할 수 있는 법칙에 따라 움직이는 질서 정연한 전체로서의 합리적 우주라는 개념이었다. 신화에서 지식으로의 전이는 철학뿐만 아니라 과학의 기원이기도 했다. 실제로 자연에 관한 지식은 17세기의 과학혁명을 통해서 분리되기까지 철학의 일부분을 형성하고 있었다.[9]

이렇게 비록 서양의 과학적 사유의 뿌리가 그리스 과학 또는 철학에 있다 해도 이에 바탕한 아리스토텔레스의 과학 개념은 근대 과학을 발생시킨 태도와 전혀 다른 것이었다. 분명 그리스 사유의 독특함은 다른 문명권의 사유와는 다른 것이 사실이고 따라서 그것의 연장으로서 근대 과학이 이해될 수 있다 할지라도 미토스에서 로고스로의 여전히 비밀스러운 비약에 버금가는 도약으로서의 혁명이 아리스토텔레스 과학에서 근대 과학으로의 전이 과정에 내재한다고 할 것이다. 갈릴레오나 데카르트 등 근대의 자연 철학자들이 한결같이 극복하려고 했던 기성의 권위는 아리스토텔레스의 지식 체계였으며 그런 아리스토텔레스의 전통을 계승한 중세 스콜라 철학이었다. 데카르트는 라 플레슈에서 아리스토텔레스의 자연 철학 전 과정을 이수하였고 스콜라 철학의 진부함에 하품하였다. 말하자면 결과적으로 볼 때 아리스토텔레스의 과학의 과학과 근대 과학의 과학은 다른 것이며

---

9) Charles Coulston Gillispie, *The Edge of Objectivity*, 이필렬 옮김, 『객관성의 칼날 : 과학 사상의 역사에 관한 에세이』(서울 : 새물결, 1999), 32-33쪽.

그런 차이는 근본적으로 지식의 본성과 탐구 방법에 대한 서로 다른 시각을 반영하는 것이다.

가장 주목할 만한 특성은 아리스토텔레스의 과학 개념이 논증적 지식에 바탕하고 있다는 것이다.[10)]

> 우리가 그 사실이 의존하고 있는 원인을, 다른 어떤 것이 아닌 바로 그 사실의 원인으로 안다고 생각할 때 그리고 더 나아가 그 사실이 바로 그것 이외의 어떤 다른 것일 수 없을 것이라고 생각할 때 우리는 스스로 하나의 사물에 대해 절대적인 과학적 지식을 소유하고 있다고 가정하게 된다. 이것은 소피스트가 우연한 방법으로 아는 것과는 반대되는 것이다. … 순수한 과학적 지식의 대상 역시 이와 다를 수 없으므로 논증적 지식에 의해 획득된 진리는 필연적인 것이다.[11)]

아리스토텔레스는 *Posterior Analytics* 에서 지식의 본성을 논의하고 있으며 그가 여기서 지식을 나타내는 말은 에피스테메(epistêmê)로서 좀더 구체적으로 말하자면 어떤 주제에 관한 체계적인 지식이라고 할 것인데, 이는 바로 증명이나 논증에 의해 이루어지는 것이다. 우리가 다루는 근대적 의미로는 바로 'science'라고

---

10) 데카르트가 사용했던 라틴어 scientia가 '알다(to know)'를 의미하는 라틴어 동사 scire에서 유래한다는 사실로부터 당시까지 참된 지식과 과학 사이의 경계가 확연하게 설정된 것이 아니라는 사실을 부언하는 것은 사족이 될 것이다. 다만 '철학'이라는 용어의 17세기 식 사용법이 여전히 오늘날 '자연과학'이라는 말의 쓰임에 가까웠으며 데카르트 역시 이런 용례를 종종 따르고 있다는 사실을 기억하는 것은 유익할 것이다.

11) Aristotle, *Posterior Analytics*, I, 1 71b 8-12, 73a 21-2. 아리스토텔레스의 이후 인용은 다 Sir David Ross trans. *The Works of ARISTOTLE*, Oxford : The Clarendon Press, 1966에서 가져옴.

할 것인데, 물론 여기에는 앞서도 말한 바와 같이 과학에서의 근본적인 차이가 되는 근대적 과학의 방법의 일면이 제외되어 있다고 할 것이다. 아리스토텔레스는 이런 증명(apodeixis)을 연역(deduction)의 일종으로 생각하였으며 결국 이런 연역에 바탕해, (과)학적으로 안다는 것은 위 인용문에서 나타난 바와 같이 "왜 그것이 다른 것 아닌 그것일 수밖에 없는지에 대한 원인 또는 이유를 아는 것"[12]이라고 생각하게 된다. 당연히 이런 지식의 목표는 지식의 필연성과 보편성 그리고 확실성이다. 문제는 이런 논증의 타당성이 전제에 내재 함축적인 참을 바탕으로 이루어진다는 것이다. 전제의 참은 참된 논증 또는 연역을 할 때 결론의 참으로 증명된다. 이미 아리스토텔레스가 조건으로 내세운 것처럼[13] 반드시 참인 전제 말하자면 절대적 확실성(여러 의미에서)을 갖춘 정의 또는 제일원리에서 출발하여 다른 명제들을 연역하는 데 사실상 증명된 결론은 전제가 제시한 이상의 것으로 나아가지 못한다는 것이다. 함정은 여기에 있는데, 데카르트의 연역이 철저하게 아리스토텔레스의 것과는 다르다는 것이고 그런 점에서 그는 줄기차게 스콜라 철학을 관통하는 논증적 삼단논법에 대해 비판적 태도를 유지하며 자신의 방법, 말하자면 발견의 방법을 통해 자연을 탐구하라고 권하고 있는 것이다.

> 논리학에서는 삼단논법들과 이 밖에 그것이 가르치는 것 대부분이 새로운 것을 배우는 것보다 이미 자기가 알고 있는 것들을 다른 사람들에게 설명하거나 심지어 룰루스의 논법처럼 그가 모르고 있는 사안들에 대해 아무런 판단도 하지 않은 채 그저 떠벌리는 데

12) Aristotle, 앞의 책, I.2, 71b 8-12.
13) Aristotle, 앞의 책, I,2. 71a 21-33.

더 쓸모가 있다는 것을 알아차렸다.[14]

『방법서설』에서의 이 같은 비판은 진리를 탐구하려는 사람에게 삼단논법은 무용하다는 논지로 이어지며, 다만 이미 확인된 진리를 더 쉽게 설명하는 데나 쓰이는 것이므로 (변증법은) 철학이 아닌 수사학으로 이전되어야 한다는 결론으로 나아간다.[15] 자연에 대한 새로운 지식은 이미 확인된 개념을 되풀이하고 나누는 논증에서 이루어지지 않는다. 논증은 진정한 의미의 발견의 방법이 될 수 없다.

우리는 여기서 자연 탐구에 어울리지 않는 아리스토텔레스적 증명을 비판하는 데카르트의 자연 과학적 태도를 분리해야 한다. 앞으로 본격적으로 논의하겠지만, 갈릴레오나 데카르트에게 근본적 태도 변화를 가져온 것이 수학적 방법에 대한 새로운 발견이라고 할 수 있는데, 사실상 아리스토텔레스가 학의 모델로 삼은 것은 기하학이나 산수 등 수학적인 것이었고 제일원리로부터의 연역이라는 이상도 수학을 모범으로 삼은 것이었다. 따라서 아리스토텔레스의 전통적 방법이 근대의 방법과 다르다고 할 때 흔히 이야기되듯이 수학의 사용 여부가 아니라 증명 개념에 깊숙이 들어앉은 개념 사용의 문제가 거론되어야 하는 것이다. 순수한 학으로서의 물리학은 아리스토텔레스에게서는 그 증명에서 모든 명사(term)들이 동일한 유(類. genus)에 속해야 한다는 조건을 만족시켜야 하는 것이다. 그는 양(quantity)을 모두 물

14) *ŒUVRES de DESCARTES*, publiées par ADAM Charles & TANNERY Paul, Parie : Vrin, 1974. VI 17 (이후 AT로 표기) : *The Philosophical Writings of Descartes I, II*, Cottingham J., Stoothoff R., Murdoch D. trans, Cambridge : Cambridge University Press, 1984, I 119(이후 CSM으로 표기).
15) AT X 406 : CSM I 36-37.

리학 탐구에서 본질이 아닌 우유적인 것으로 생각했으며 결국 기하학적이고 수학적인 속성들에 의한 설명이나 또는 그 속성들에 대한 탐구 자체를 배제한 것이다.[16] 우리는 여기서 아리스토텔레스가 이상적으로 생각했던 물리학으로부터 데카르트 등 근대 자연과학자들의 물리학이 분리되는 지점을 확인할 수 있다. 플라톤과 달리 아리스토텔레스는 자연과학적 분야를 개척했다. 물리학이나 생물학은 분명 플라톤이 외면한 분야라고 할 수 있다. 그러나 아리스토텔레스 역시 변화를 타락의 반영으로 받아들였으며 플라톤의 형이상학을 물리적 용어로 바꾸고 우주론과 물리학을 구별하였다. 우주론은 천체의 영역을 물리학은 지상의 영역을 담당한다. 아리스토텔레스가 완전한 운동으로 받아들인 것은 천체의 운동을 지배하는 원 운동이었다. 원 운동은 변화를 포함하지 않는다. 수학은 아리스토텔레스 물리학의 세계와 접목될 수 없었다. 결국 천상의 법칙과 지상의 법칙이 분열된 채로[17]

---

16) Blake D. Dutton의 다음과 같은 글을 참조하라. "아리스토텔레스가 수학적 원리들을 물리적 사물에 적용하고 또 물리적인 결론들을 수학에 의해 증명하는 광학과 같은 중간적 과학의 존재를 알고 있었다는 것이 사실이라고 해도 그는 그런 과학을 수학적 中名辭(middle term)를 통해 증명이 금지되었던 엄밀한 의미의 물리학 또는 자연 철학으로부터 구별하였다. 순수(아무것도 섞이지 않은) 과학으로서의 물리학은 그 증명 내에서는 모든 명사들이 같은 類에 속해야 한다는 조건을 따르게 될 것이다. 그러나 아리스토텔레스는 양을 이산량(discrete)이든 연속량(continuous)이든 모두 물리학이 탐구하는 주제에 대해 우유적인 것으로 여겼다. 그러므로 수학적이거나 기하학적인 속성들(properties)에 의한 설명이나 또 그 속성들에 대한 탐구는 배제되었다." Blake D. Dutton, "Physics and Metaphysics in Descartes and Galileo", in *Journal of The History of Philosophy* 37 : 1 January 1999. 51-52쪽 각주 7. 이에 관련된 아리스토텔레스의 논의는 Aristotle, 앞의 책, 74b 5-76a 31을 보라.

17) Aristotle, *On the Heveans* I 2-4, 이 부분뿐만 아니라 이 책 전체의 구성은 철저하게 천체와 지상의(sublunary) 물체를 구별하고 있다 ; *Physics II* 1 192b 8-9 ; *Metaphysics XII* 7 1072a 18-30 : *Generation of Animals II* I, 731b 32

17세기의 과학 혁명을 기다릴 수밖에 없었다.

2) 스콜라 철학 ; 실체적 형상

지식의 필연성을 확보하려는 요구가 아리스토텔레스의 증명 개념에서 분명하게 드러나고 있다면 지상의 물리적 자연에 대한 아리스토텔레스의 이해 방식은 그의 변화에 대한 설명에서 확인할 수 있다. 아리스토텔레스의 물리학은 바로 이런 변화의 문제를 다루고 있다. 사실상 데카르트나 갈릴레오 등 과학 혁명의 주역들이 배제하고자 했던 직접적 대상은 아리스토텔레스 철학이 계승된 스콜라 철학의 자연 이해였다. 영원하고 완전하여 결코 변화를 겪지 않은 천상의 세계에 비해 달(달의 궤도) 아래의 세상은 소멸과 변화에서 자유롭지 못하고 이런 변화의 세계를 다루는 것이 아리스토텔레스의 물리학의 문제였다. 바로 이런 아리스토텔레스의 자연 인식은 갈릴레오가 나타나기까지 수백 년의 중세를 지배했던 것이다. 데카르트나 갈릴레오의 물리학은 이런 아리스토텔레스의 물리학을 대체함으로써 과학 혁명의 불씨를 지폈다고 할 것이다. 아리스토텔레스는 운동을 한 상태에서 다른 상태로의 변화 과정으로 파악하였으며 이때 그는 단순히 장소의 이동만이 아닌 성질의 변화 역시 운동의 문제로 보았다. 그가 운동을 '잠재태의 현실화'[18]라고 했을 때 이것은 근대 자연과학이 일소시킨 성질 변화의 문제와 관계된 것이다.

데카르트의 과학적 사유가 혁명의 단초를 제공했다면 그것은 바

이하 참조.

18) Aristotle, *Physics III* 2 201a 10-15.

로 이렇게 스콜라 철학 속에 계승된 아리스토텔레스의 질적인 세계 이해 방식을 타파했다는 데서 찾을 수 있다. 이때 이런 질적 자연 이해를 바탕으로 한 스콜라적 과학 개념에서 데카르트의 독자적인 물리학이 넘어서야 할 장애물은 실체적 형상(substantial form)의 문제였다. 아리스토텔레스는 변화의 문제와 관련해 어떻게 하나며 자기 동일적인 실체가 자신의 동일성을 유지하면서도 동시에 정반대의 성질을 받아들일 수 있는가에 관심을 가졌다. 스콜라 철학은 이를 이어받아 물리적 자연의 지식에 관한 한 '질료'와 '형상'이라는 개념을 통해 해결하고자 하였다. 중세 철학자들은 여전히 아리스토텔레스가 간직했던 일상적 관찰 경험과 감각 경험에 대한 신뢰를 바탕으로 하나의 사물이 동일성을 유지하면서도 변화를 겪어내는 현상에 대한 경험을 중시하였다. 우리는 한 마리의 개별적인 말이 크기나 체온의 변화를 겪으면서도 개별적 실체로서의 동일성을 유지한다고 생각할 수 있다. 중세 철학자들은 물체가 제일 질료와 실체적 형상이 결합된 것으로 보았다. 형상은 이를테면 특히 아퀴나스의 구체적 용어를 따르자면, 실체적 형상은 인간에게 생각하는 일을, 말에게는 우는 일을, 그리고 불에게는 열을 내는 일을 부여한다. 그러나 질료는 모든 물체에 다 있는 것이다. 아퀴나스의 경우 실체적 형상은 제일 질료를 현실화시키는 것이며 질료 그 자체는 순수한 잠재성인 것이다.[19] 문제는 이런 질료-형상 모델의 자연 설명은 본질적이거나 필연적인 지식 개념의 우위를 바탕에 깔고 현상에서

19) Aquinas, Saint Thomas, ARMAND MAURER, C. S. B. trans., *On Being and Essence*, Toronto : The Pontifical Institute of Medieval Studies, 1968, 2장 참조. 형상과 질료에 관한 중세 스콜라철학들의 논의가 완전히 일치하는 것이 아니며 또 매우 복잡하게 전개되고 있다.

드러나는 것들의 토대로서의 형상을 찾는 일에 집중되어 있었다는 것이며, 결국 아리스토텔레스의 증명 개념과 참된 학의 이상에 깃들였던 필연적으로 참인 지식을 획득하는 일에 의존하고 있다는 것이다. 결국 스콜라 철학의 (과)학 개념도 변화 속에서 동일성을 유지하는 일을 오로지 형상에 대한 지식을 획득하는 일로 간주하였는데, 이런 형상이나 성질과 같은 개념은 데카르트가 보기에 자연을 설명하기는커녕 그 자체가 다시 설명되어야 하는 것으로 오캄의 원리를 위배하는 것이다.

> 다른 사람들은 '불'의 형상, '열'의 성질 그리고 이 나무 속에 있는 것과는 완전히 다른 것이 되도록 '태우는' 행위를 상상할 수도 있을 것이다. 내 경우에는 내가 거기에 반드시 필연적으로 있어야 하는 것 이상으로 더 많이 가정하는 실수를 저지를까 걱정되어 나는 다만 부분적인 운동을 생각하는 것에 만족한다.[20]
>
> 만일 당신이 내가 이런 요소들을 설명하려고 할 때 철학자들이 대개 그렇듯이 '열', '차가움', '습기' 그리고 '건조함'이라고 불리는 성질들을 사용하지 않는다는 것이 이상하다고 생각한다면 나는 당신에게 이런 성질들은 그 자체가 먼저 설명되어야 할 것들로 보인다고 말해주겠다.[21]

이후 전개될 데카르트의 기계론적 철학은 바로 이런 스콜라 철학의 형상과 질료에 의한 설명을 철저하게 거부하고 있다. '실체적 형상'이나 이런 질료-형상론은 데카르트뿐만 아니라 기계론적 철학자로 분류될 수 있는 홉스나 로크, 보일, 베이컨 등이 한결같이 배격한 것이었다. 인간의 관념적 허구이거나 신비주의

20) AT XI 7-8.
21) AT XI 25-26.

적인 것이며 더 나아가 현실적인 권력을 옹호하기 위한 당시 성직자들의 이론적 도구라고 하는 주장까지 있었다. 물질이나 운동은 그저 운동이고 물질일 뿐 그것을 배후에서 조정하는 또 다른 실체나 본성을 가정할 만한 합리적인 근거는 어디에도 없다는 것이 이들 철학자들의 일관된 주장이었다.

3. 애증의 이중주 :
데카르트의 기계론 — 갈릴레오에서 데카르트로

1) 한 길 ; 관성, 자유 낙하의 문제

위와 같은 전통적인 아리스토텔레스의 자연관을 모두 배격한다는 점에서 갈릴레오와 데카르트는 모두 분명한 근대인들이라고 할 것이다. 그들은 근본적인 면에서 근대의 과학 혁명을 가능하게 했던 핵심적인 특성들을 공유하고 있다.

우선 그들은 물체의 제1성질과 제2성질을 구별한다. 아리스토텔레스와 스콜라 철학자들이 관찰된 물체의 특성을 위와 같은 질적 성질에 의존해 설명하려고 한 반면 이들은 물체 자체의 성질이 전혀 배제된 미립자들 간의 철저한 기계적 관계에 의해 설명하고자 하였다. 갈릴레오는 17세기에 이런 제1성질과 제2성질에 대한 최초의 구분을 한 인물로 기록되고 있다. 그는 모양 · 크기 · 운동을 제1성질로, 색 · 맛 · 냄새 · 감촉은 제2성질로 규정하였다. 제1성질은 물체에 속한 본질적인 것이며 제2성질은 오직 그런 제1성질을 지닌 물체들을 경험할 때 우리의 감각이 느끼

는 지각 양식, 즉 주관적인 결과에 불과한 것이며 따라서 제1성질만이 수량화를 가능하게 한다.[22)]

스콜라 철학의 질료-형상, 또 실체적 형상을 모두 배격한 데카르트는 이를 대신한 당시 베이컨이나 갈릴레오 등 고대 원자론의 재생에 머무르지 않고 이를 더욱 밀고 나가 물체를 구성하는 미립자들(copuscles)의 크기와 형태 그리고 운동의 측면에서 물리적 세계의 모든 것을 설명하려는 기계론적 프로그램을 구상하였다. 원자론의 무차별적인 개별적 원자와 진공을 거부하고 자신의 독자적인 미립자 이론을 발표하였는데, 이런 미립자론은 제1성질과 제2성질 사이의 구별을 더욱 분명하게 하고 있다. 이것은 우선 아리스토텔레스 이후 스콜라철학을 통해 계승된 감각경험에 대한 신뢰를 폐기하고 지식의 기초를 주관적인 감각 위에 세울 수 없음을 천명한 것이다.

> 빛에 대해 다루고자 하면서 내가 제일 먼저 당신에게 분명히 해두고자 하는 것은 빛에 대한 우리의 감각과 … 또 그 감각을 우리 안에 만들어내는 대상들 속에 있는 것 사이에는 차이가 있을 수 있다는 것이다. … 왜냐하면 비록 모든 사람이 우리 사유의 대상인 관념이

---

22) 당시 로마대학의 수학 교수였던 오라치오 그라시가 『천문학적 양팔저울—혜성들에 대한 갈릴레오의 의견의 잼』을 내놓고 갈릴레오를 공격한 것에 대응해 1622년 갈릴레오는 『시금저울(*Il saggiatore : The Assayer*)』을 저술하였다. 제1성질과 제2성질 사이의 구별은 여기에서 등장한다. "나는 그러한 맛과 향기, 색 등은 우리가 그 사물을 고려할 때 부여한 한낱 이름에 지나지 않으며 오직 의식 속에만 존재한다고 생각한다"고 함으로써 당시 물체에 속한 본질적인 특성에서 모양과 크기 그리고 운동을 제외한 나머지 감각 결과들을 배제하였다. 이런 성질의 구별은 이후 보일이나 데카르트의 미립자적 기계론에서 더욱 구체적으로 서술되었다. 이에 관한 자료는 Steven Shapin, 앞의 책, 68-69쪽 ; James MacLachlan, *Galileo Galilei-First Physicist*, 이무현 옮김, 『물리학의 탄생과 갈릴레오』, 서울 : 바다출판사, 2002, 118쪽 참조.

전적으로 그것을 발생시키는 대상과 닮았다고 설득된다고 해도 나는 이것이 사실이라고 확증할 만한 어떤 이유도 찾아볼 수 없다.[23)]

자고 있는 아이의 입술 위로 깃털을 지나가게 하면 그는 누군가 그를 간지럽게 하고 있다는 것을 지각한다. 당신은 그가 생각하고 있는 간지러움의 관념이 이 깃털 속에 있는 무엇인가와 닮았다고 생각하는가?[24)]

결국 데카르트는 인간의 주관적 감각이 느끼는 것들을 배제하고 오로지 사물의 구성 성분인 미립자들의 크기와 형태 그리고 운동을 통해 자연을 설명하려고 하였다. 이를테면 그는 자기(磁氣)를 지구 주위의 소용돌이에 의해 발생하는 나선형의 미립자를 통해 설명하였는데, 이때 그 나선형의 미립자들은 자신들의 모양에 알맞은 길을 통과하게 된다.[25)] 사실상 갈릴레오의 이론을 전격적으로 미립자의 기계론 철학이라고 하기에는 데카르트의 경우와 비교해 부족하지만, 이 둘은 분명히 사물의 본성을 더 이상 감각적 성질이 아니라 수로 환원될 수 있는 제1성질에서 찾았다는 점에서 서로 공통적이다.

두 번째로 이들이 말한 미립자의 세계는 결국 자연에 대한 수학적 해석을 필요로 한다는 데 의견을 같이 하였다. 그들은 과학

---

23) AT XI 3-4.
24) AT XI 6. 이상 모두 『세계』.
25) AT VIII-1 275-315를 보라. 특히 287에 있는 작은 미립자들을 나타낸 그림을 참조하라. 보일의 경우는 이 세계가 창조될 때 보편적 물질이 균일했던 상태로부터 제각기 움직이는 여러 크기와 모양의 아주 작은 입자들로 나눠졌다고 확신했으며 이런 입자나 미립자들은 다시 작은 덩어리나 과립으로 뭉치게 된다고 보았는데, 이 말은 보일이 입자들의 조직 또는 공간적 배열이라고 부르던 것에서 분화된 것이라고 한다. 사실상 보일이 새로운 철학을 기계론적인 것 또는 미립자적인 것이라고 부른 데서 기계론 철학이라는 말이 유래했다. Steven Shapin, 앞의 책 65쪽 ; 김영식, 앞의 책, 126-128 참조.

에서 수학적 방법이 필수적이라고 생각했으며 자연과 그 운행을 기하학적으로 기술하고자 하였다.

> 철학은 우주라는 위대한 책에 씌어 있다. 우주는 항상 우리 눈앞에 활짝 펼쳐져 있다. 그러나 이것을 이해하려면 우주의 언어를 먼저 배워야 한다. 자연은 수학이라는 언어로 씌어져 있다. 그 글자들은 삼각형, 원, 기타 기하학적 도형들이다. 이것을 모르면 그 책의 낱말 하나도 이해할 수 없고 캄캄한 미로 속에서 방황할 수밖에 없다.[26]

사실상 데카르트가 갈릴레오와 직접적으로 교류했다는 증거는 없다. 다만 편지 속에서 그에 대한 평가를 발견할 수 있는데, 여기서 우리는 과학적 탐구에서 수학에 대한 그들의 입장이 동일하다는 것을 확인하게 된다.

> 나는「갈릴레오가」그가 할 수 있는 한 스콜라 철학의 오류를 폐기하고 물리학적 질문들에 대한 탐구에서 수학적 방법을 사용하려고 했다는 점에서 보통의 경우보다 훨씬 더 훌륭하게 철학했다는 점을 발견하였다. 그 점에 있어서 나는 완벽하게 그와 같은데 왜냐하면 나는 진리를 발견할 수 있는 다른 방법은 결코 없다고 주장했기 때문이다.[27]

앞에서 아리스토텔레스의 과학 개념에서 수학의 역할이 근대의 사용법과는 다르다는 점을 지적하였는데, 그 고대의 생각 밑바닥에는 수학과 물리학이 서로 어울리지 않는다는 것, 결국 수학적 형식과 현실 세계의 물리적 현상을 결합할 수 없다는 생각

---

26)『시금저울』중. James MacLachlan, 앞의 책, 120 재인용.
27) 1638년 메르센에게 보낸 편지, AT II 380.

이 자리잡고 있었다. 그런데 근대의 수학적 사유는 바로 이런 아리스토텔레스의 목적론적 세계관을 단번에 한낱 상상의 이야기로 만들어버림으로써 인간을 위한 우주가 아닌 우주 그 자체의 우주를 눈앞에 펼쳐놓았다. 갈릴레오는 자신의 낙체 법칙에서 시간을 순수한 물리 현상의 매개 변수(parameter)로 취급함으로써 고대 그리스인들이 하지 못했던 일을 해냈는데, 그것은 운동을 수량화할 수 있었다는 것이다. 갈릴레오는 1638년『새로운 두 과학』에서 셋째 날 토론을 통해 일정한 부등 속도 운동을 정식화하고자 한다. 즉, 평면기하학의 정역학적 형식으로 가속도를 포함하는 동역학적 명제를 정식화하고자 하였다. 여기서 그는 "정리 II, 법칙 II : 가만히 있다가 일정하게 속력이 빨라져 떨어지는 물체가 움직이는 거리는 그 거리를 지나는 데 걸린 시간의 제곱에 비례한다"[28]를 얻어내는데, 이는 증대하는 물리량에 적분을 적용한 최초의 예로서 철저하게 자연에 대한 수학적 해석을 가능하게 하는 것이었다. 그는 기하학의 예를 통해 현실의 단면을 정확하게 드러냈으며, 여기서 그치지 않고 그에 상응하는 경사

28) Galileo Galilei, *Discorsi intorno à due nuove scienze*, 이무현 옮김, 『새로운 두 과학』, 서울 : 민음사, 1996. 194-200쪽. 특히 198쪽의 그림 49에 나타난 기하학적 도형을 주목하라. 위 법칙은 "물체가 가만히 있다가 속력이 시간에 비례해 빨라지면 그 움직인 거리가 일정한 시간 간격 동안에 1, 3, 5, 7, … 처럼 됨을 알 수 있어. 움직인 전체 거리를 생각하면 두 배 시간 동안에는 네 배의 거리가 되고 세 배 시간 동안에는 아홉 배의 거리를 움직이게 돼. 일반적으로 움직인 거리는 시간의 비율을 곱한 것과 같아. 그러니까 시간의 제곱에 비례해"로, 더욱 분명하게 서술되고 있다. 물론 여기서 등장하는 삼각형들은 중세 14세기 초 옥스퍼드대에서 머튼 규칙이라고 불렸던 것으로 갈릴레오의 작업 대부분이 이미 후기 스콜라학파나 레오나르도 다빈치 또는 르네상스 수학자들에게서도 발견되는 것이지만, 갈릴레오의 업적은 이것을 물리학에 유용한 가장 핵심적인 형태로 변형시켰으며, 이것을 실험을 통해 현실에 접목시키는 전환점을 마련했다고 할 것이다.

면에 관한 실험을 시도하였다. 사실상 우리가 알고 있는 시간 t 동안 수직으로 자유 낙하하는 거리 d에 대한 공식 $d=1/2gt^2$은 대수(algebra)를 모르던 갈릴레오에게서 등장하지 않았으며, 다만 비율을 통해 나타났을 뿐이지만 이것이 수학을 물리적 세계와 결합한 혁명적 발상이라는 데 이의를 제기할 이유는 없을 것이다. 그리고 당연히 과학을 수, 운동 그리고 연장이라는 수학적 개념으로 기술해야 한다는 데 대해 데카르트는 한층 더 앞으로 나아갔다. 데카르트는 자신의 해석 기하학을 통해 빛과 운동에 응용하고 여러 관계를 직각 좌표에 의해 해결하는 등 사실상 굴절의 법칙과 관성의 원리라는 성과를 얻었다. 데카르트의 기하학은 공간적 관계에 적용된 대수학이라 할 것이다. 이는 앞서 갈릴레오의 경우에서 시간-속도 삼각형에서처럼 단지 양만을 밝히는 데서 그치지 않고 낙하하는 물체의 운동 방정식을 기술할 수도 있었다. 결국 대수학과 기하학의 통합이라는 이런 해석(analysis)의 양식은 자연에 관한 획기적인 설명을 가능하게 한 것이다. 자연의 조화와 통일이라는 이상적 세계에 공헌했던 고대의 수학은 데카르트에게서 자연을 철저히 수량화하는 수학의 모습으로 탈바꿈하기에 이른 것이고 이는 페르마를 거쳐 뉴턴과 라이프니츠에 이르러 미적분법(calculus)이라는 해석학의 완성으로 이어졌으며 이런 과정 속에서 과학 혁명은 무르익고 있었던 것이다.

2) 갈림길 ; 데카르트의 선택

갈릴레오와 데카르트가 이렇게 거시적인 측면에서 공통적인 면을 보이고 있는 반면 그 근본 태도에서 중요한 차이를 잉태하고 있었다. 이런 둘 사이의 차이는 이후 철학과 과학 사이의 운명을 예고하면서 갈릴레오에서 뉴턴으로 이어지는 역학 혁명의 주역들과는 다른 경로를 선택한 데카르트의 특별한 위치를 나타내게 된다. 여기서 우리는 역설적으로 데카르트의 과학적 태도가 갖는 차별적 의미를 통해 과학적 지식의 본성이 무엇인지에 대해 재고해보는 기회를 갖게 될 것이다. 데카르트가 갈릴레오의 수학적 방법에 대해 동의하고 있는 위 구절에 이어 그는 이 이탈리아 철학자의 근본적인 문제를 비판한다.

> 그러나 그는 계속해서 본질에서 벗어나 지엽적인 문제에 매달리고 또 시간을 들여 충분히 문제를 설명하려고 하지 않는다. 이것은 내 생각에 잘못된 것이다. 이런 사실은 그가 질서정연하게 순서에 맞게 문제들을 탐구하지 않는다는 것 그리고 자연의 제일원인들을 규명하지도 않고 단지 몇 가지 특수한 결과들에 대한 설명만 하려고 했다는 것을 보여준다. 그렇게 함으로써 그는 토대 없이 건물을 지은 꼴이 되었다.[29]

데카르트는 또 다른 편지에서도 물리학의 토대를 찾는 일이 갖는 중요성을 역설하고 있으며[30] 이것은 '순서에 맞게 철학하기'라는 자신의 구체적 방법 속에서 윤곽을 드러낸다.

> 내가 내 과학적 작업 속에서 채택하고 있는 순서는 다음과 같다.

---

29) 1638년 10월 11일, 메르센에게 보낸 편지, AT II 380 : *The Correspondence : The Philosophical Writings of Descartes III*, Kenny Anthony 외 trans., Cambridge : Cambridge University Press, 1997, 124(이후 CSMK으로 표기).
30) 1630년 4월 15일 메르센에게 보낸 편지, AT I 144.

첫째로 나는 세상에 존재하거나 또는 존재할 수 있는 모든 것의 일반 원리들 또는 제일원인들을 발견하고자 애썼다.

이 목적을 위해 나는 신 한 분 이외에는 아무것도 고려하지 않았는데 그는 세계를 창조하였다. … 다음으로 나는 이런 원인들로부터 연역할 수 있는 첫 번째의 또 가장 일상적인 결과들을 검토하였다. 이런 방식으로 내 생각에는 그렇게 보였는데 나는 하늘과 별과 지구를 … 그리고 모두에게 가장 공통적이고 가장 단순하기 때문에 결과적으로 가장 알기 쉬운 다른 것들을 발견했던 것이다. 그 다음, 더욱 구체적인 것들에로 내려가기 위해 나는 너무나도 다양한 것들을 만났으므로 인간 정신이 지구상에 있는 물체들의 형상들 또는 종들을 만일 그것들을 거기에 두라는 신의 의지가 있었다면 거기에 존재할지도 모르는 무한히 많은 다른 것들로부터 구별할 수 있을 것이라고는 생각하지 않았다. 결과적으로 나는 유일한 방법이 … 결과를 통해 원인들로 나아가는 것이며 또한 많은 특별한 관찰들을 이용하는 것이라고 생각하였다. … 나는 또한 자연의 힘은 너무나도 풍부하고 또 광대하며 또한 이런 원리들은 너무나도 단순하고 또 너무나도 일반적이라서 내가 한꺼번에 알지 못하고 많은 다른 방식으로 원리들로부터 연역될 수 있는 특수한 결과를 거의 알아내지 못한다는 사실을 받아들여야만 한다 ; 그리고 나한데 가장 어려운 점은 일반적으로 이런 방법들 중 어떤 방식으로 그것이 그것들에 의존하는지를 발견하는 일이다. 나는 이것을 발견하는 데 있어 이런 방법들 중 올바른 설명을 제공하는 것에 따라 그 결과물이 다양해지는 더 진전된 관찰들을 구하는 것 말고 다른 방법을 알지 못한다.[31)]

데카르트는 『방법서설』에서 이렇게 자신의 순서를 밝혔으며 이것을 이미 『세계』에서 실행하였다고 할 수 있다.[32)] 데카르트

---

31) AT VI 63-64 : CSM I 143-144.

32) 아당과 고크로저 등은 갈릴레오의 유죄 판결로 인해 데카르트가 자신의

의 형이상학이 과연 그의 과학과 어떤 관계를 맺고 있는지는 갈릴레오와의 차별성뿐만 아니라 데카르트 자신의 독자적인 과학 이론이 갖는 위상을 드러내는 데도 중요한 요소가 된다. 이 글에서 분명히 나타나는 바와 같이 갈릴레오의 태도를 비판하는 데카르트의 입장이 순서에 맞게 철학하기라는 점에 비추어 그에게서 제일원인 또는 제일원리로서의 역할은 신의 불변성에 주어지고 이는 당연히 형이상학적 토대로 생각될 수밖에 없다. 이런 형이상학의 과학에서의 역할은 관성 법칙과 자유 낙하에 대한 두 사람의 입장 차이에서 더욱 분명하게 차이점을 드러낸다. 우선 『세계』에 나오는 데카르트의 운동 법칙을 살펴보자.

> 첫 번째 규칙은 물질의 각 개별적 부분은 다른 것들과의 충돌이 그 상태를 변경시키려 하지 않는 한 같은 상태를 항상 지속한다는 것이다. … 만일 그것이 어느 장소에 머무르게 된다면 다른 것들이 그것을 몰아내지 않는 한 그 장소를 결코 떠나려 하지 않을 것이다. 또 만일 그것이 한 번 움직이기 시작했다면 다른 것들이 그것을 멈추거나 지연시키지 않는 한 똑같은 힘으로 운동을 지속하고자 할 것이다.[33)]
>
> 나는 세 번째 규칙으로 하나의 물체가 움직이고 있을 때 비록 대부분의 경우 그 운동이 원환로를 따라 발생한다고 할지라도 … 또 결코 원 운동 이외에는 일어날 수 없지만 그 부분에서는 각각 개별적으로 항상 계속해서 움직이려는 경향이 있다는 것을 추가하겠다. 따라서 이런 부분에 있어서의 움직임들 — 즉, 그것들이 움직일 수밖에

물리학을 보호하기 위해 불필요한 형이상학적 논증을 했다고 주장하지만, 데카르트가 물리학의 토대로서의 형이상학에 대한 관심을 이미 그 이전부터 가지고 있었으며, 이는 『성찰』 이전에 이미 『세계』에서 분명히 드러난다는 Dutton의 앞의 글을 참조하라. 필자는 후자에 동의한다.

33) AT XI 381.

없는 경향성 — 은 그 전체의 움직임과는 다르다.[34)]

오직 지속적인 행위에 의해 각 사물을 보존하는 신의 행위에만 그리고 결과적으로는 그보다 조금 앞서서가 아니라 정확히 그가 그 사물을 창조하는 바로 그 순간에 있어서의 그의 보존 행위에만 의존한다.[35)]

마지막 인용은 정확히 운동 법칙들의 궁극적 근거를 신에게서 구하고 있는 데카르트의 형이상학적 정당화, 즉 신의 변치 않는 보존 행위를 말하고 있는 것이다.[36)] 문제는 이것이 형이상학적이라고 할 때 그것이 어떻게 근대 과학적 태도를 반영하는가 하는 것이다. 신의 보존 법칙에 물질과 운동이 의존한다면 더 이상 고대적이거나 중세적인 물체 기술 방식에 매어 있지 않아도 된다. 결국 운동의 보존은 물체들 자체에 본유적인 것으로서 술어로 기술되는(predicated) 것이 아니라, 즉 물체들의 본성에 내재한 것이 아니라 신이라는 외재적인 본성에 의존하게 되는 것이

34) AT XI 43-44.
35) AT XI 44.
36) 『철학의 원리』에서도 데카르트는 신의 보존 행위를 운동 법칙들의 궁극적 근거로 제시하고 있다. Part II art. 36참조. “우리는 또한 그가 본질적으로 불변이기 때문만이 아니라 가장 항구적이고 변치 않는 방식으로 행위하기 때문에 신에게는 완전함이 존재한다는 것을 알고 있다. 그러므로 신에게 어떤 변덕스러움 같은 게 있다고 주장하지 않기 위해서는 명백한 경험이나 신의 계시가 확실함을 부여하는 변화들이나 또 창조주 안에서는 어떤 변화도 없는데 우리가 발생한다고 지각하거나 믿는 그런 변화들을 제외한다면 우리는 결코 그가 만든 작품에서 어떤 다른 변화도 가정해서는 안 된다. 이로부터 단지 신이 처음 물질을 창조했을 때 그 물질의 부분들은 각기 다른 방식으로 움직이게 했으며 또 지금은 신이 그것들을 창조했을 때와 같은 방법으로(eadem ratio) 또 같은 법칙들에 따라(eademque ratione) 그 물질 전체를 보존하고 있다는 사실로 미루어 볼 때 그가 항상 그 물질 속에 같은 양의 운동을 보존하고 있다고 생각하는 것이 가장 이치에 맞는다는 결론이 나온다.”

다. 이는 분명히 형이상학적인 것이면서 블랙웰이 말하듯[37] 근대적인 것이다. 그런 점에서 갈릴레오의 태도는 형이상학적이지 않지만 여전히 전근대적이다.

> 나는 물리적 물체가 운동을 하려는 물리적 경향(무거운 물체가 아래로 내려가는 것 같이)을 갖고 있다는 사실을 관찰했던 것으로 생각되며 이 운동은 장애물 때문에 방해받지만 않는다면 내적인 속성을 통해, 그리고 특수한 외부 운동자를 필요로 하지 않고도 물체들에 의해 행사되는 것이다. 또한 다른 운동에 대해서는 일종의 반감을 갖는데(아까 그 똑같은 물체가 위로 올라가는 운동에 대해 그런 것처럼) 그러므로 외부의 운동자에 의해 폭력적으로 내던져지지만 않는다면 그 물체는 결코 이런 방식으로 운동하지는 않을 것이다.[38]

그렇다면 갈릴레오는 무거운 물체들 속에서 운동하려는 본유적인 경향성을 지키면서 외부의 신에게 의존할 필요가 없다. 그러나 이것은 물체만으로 운동을 설명하면서 다시금 중세적 설명방식으로 회귀하는 결과를 낳게 된다. 반대로 데카르트의 경우엔 오히려 철저하게 성질이나 본성이 사상된 미립자들만의 기계적 운동만이 남게 됨으로써 형이상학적 토대의 도입이 더욱 근대적인 동시에 너무나도 철저한 기계론적 세계관을 강조함으로

---

37) Richard Blackwell, "Descartes' laws of Motion", in *Isis* 57(1966), 223. "만일 데카르트가 보존에 관해 강조한 것이 근대 물리학의 기원에 기여했다고 말하는 것이 정당하다면 데카르트에게 '보존'이라는 말이 물질적인 우주의 구조 내에 고유하게 내재하는 어떤 것 이상으로 신 안에 현재하는 어떤 것(즉, 불변성)을 말하고 있다는 점이 반드시 지적되어야 할 것이다. 간략히 말해 물질과 운동의 보존은 근본적으로 데카르트 사상에서 하나의 형이상학적 법칙이라는 것이다."

38) Galileo Galilei, *Letters on Sunspots*, 113. Dutton, 앞의 글 57쪽에서 재인용.

써 뉴턴으로 이어졌던 역학의 길을 외면하는 결과를 낳기도 하였다. 가버는 이렇게 신이 운동의 실재적인 원인이라는 전제로 인해 데카르트의 생명 없는 물체들은 결코 실제적인 인과력을 갖고 있지 않으며 또 다른 물체들 속에서의 운동의 변화라든가 또는 정신 내부의 감각을 일으키는 능력을 결여하고 있다는 결론으로 이끌어갈 것이라고 하였다.[39]

데카르트는 토대가 없이 철학하는 예로 진공 속에서 낙하하는 물체에 관한 갈릴레오의 결론을 들고 있다. 갈릴레오는 『새로운 두 과학』에서 매체의 저항을 완전히 제거할 수 있다면 모든 물질들이 똑같은 속도로 하강하게 될 것이라는, 즉 진공 속에서는 모든 물체가 무게와 상관없이 똑같은 속도로 낙하할 것이라는 유명한 결론을 내놓았다.[40] 그러나 데카르트는 무게를 물질의 내재적 속성으로 간주한 갈릴레오의 문제를 지적하는 편지를 썼다.

> 진공 속에서 낙하하는 물체의 속도 등에 관해 갈릴레오가 말하고 있는 것은 모두 토대가 없이 구축된 것이다. 왜냐하면 그는 우선 무게가 무엇인지를 규정했어야 했기 때문이다. 그리고 만일 그가 이것에 관한 진실을 알고 있었더라면 진공 속에서는 그것이 아무것도 아니라는 것을 알았을 것이다.[41]

데카르트는 무게를 물질의 본질적인 내재적 속성으로 생각하지 않았으며 지구의 중심을 향해 지구의 입자들을 천체의 입자

---

39) Daniel Garber, "Descartes' Physics", in John Cottingham ed., *The Cambirdge Companion to DESCARTES*, Cambridge : Cambridge University Press, 1992. 322쪽.
40) Galilo, 이무현 역, 앞의 책, 넷째 날 이야기.
41) 1638년 메르센에게 보낸 편지, AT II 385.

들이 밀어내는 작용에 의해 철저하게 기계론적으로 설명하고자 하였다. 이런 밀어내기는 지구의 자전을 일으키는 소용돌이 속의 천체 입자들이 지구 입자들보다 훨씬 더 빠르고 따라서 더 큰 원심력을 갖고 있기 때문에 발생한다. 이때 그것들은 지구로부터 멀어져 가고 그것들 위에 있는 천체의 물질을 아래쪽으로 가게 만들면서 바꾸어놓는다.42) 진공 속에는 주변 물질이 전혀 없기 때문에 무게라는 게 결코 있을 수 없다는 것이다. 결국 이것은 더욱 철저한 기계론적 태도를 반영하는 것이다. 사실상 이것은 형이상학적 탐구가 과학에 도입되지 않을 경우 오히려 중세적 관점에서 자유로울 수 없음을 반증하는 사례로 읽힐 수 있는 것이다. 갈릴레오가 만일 형이상학적 작업, 즉 데카르트의 경우 철저한 이원론적 관점 아래에서 물질을 연장과 동일시하는 전제를 가져왔다면, 그는 물리학에서의 물질의 무게와 같은 능동적 성질들이나 실재적 성질 같은 것을 철저하게 배제함으로써 무게를 내적인 속성이라고 잘못 생각하는 오류에서 해방되었을 것이다. 결국 데카르트의 경우처럼 물체들에 관한 철저하게 기계론적 설명을 찾아내게 되었으리라는 것이다.43)

이제 물리학과 수학의 관계에서도 구체적으로는 데카르트의 경우와 갈릴레오의 경우가 다르다는 것을 알 수 있다. 데카르트

---

42) "자기 동일적인 무차별적 운동 때문에 (천체의) 작은 소립자들이 지구의 전체 질량과 부딪힘으로써 직선으로 움직일 수 없을 때 그 소립자들은 지구의 모든 입자들을 중심으로 몰아가고 바로 이것이 천체의 중력이 어디에 있는지를 말해주는 것이다." AT VIII-A 212:『철학의 원리』, IV art. 21.

43) 갈릴레오를 수학적 존재론을 주장하는 플라톤주의자로 해석하면서 형이상학적 정당화를 시도하고 있는 것으로 해석하는 경우도 있지만(A.Burtt의 경우), 여기서는 새로운 과학의 출현에서 완전히 토대와 근거라는 형이상학적 태도를 일소함으로써 자연과학적 입장을 열었다는 해석(Gary Hatfield의 경우)에 동의한다.

는 분명 형이상학적 조망, 즉 물질을 연장과 동일시함으로써 물리학을 수학화했지만 갈릴레오의 경우는 형이상학적 정당성을 구하기보다 오히려 그 효용성에서 수학적 모델을 사용했다고 할 것이다. 갈릴레오는 물질의 속성을 기하학적 속성으로 생각했으나 이는 형이상학적 배경이 전혀 사상된 것이었다. 따라서 이런 갈릴레오의 태도와 달리 형이상학적 토대를 필요로 하는 데카르트의 물리학적 방법은 수학의 성격이나 학문의 이념에서 전통적 방식과는 다른 특성을 갖고 있었다고 할 것이다.

4. 왜 다시 데카르트인가 : 자연과학에 대한 데카르트의 태도 — 가정(la supposition / fuppofition)[44]의 문제

데카르트가 입자론을 바탕으로 한 기계론적 철학을 전제로 삼고 있었다거나 형이상학적 이원론을 물리학 이론에 앞서 구유하고 있었다는 사실은 데카르트 철학의 독특한 방법론적 위상을 재고하게 한다. 데카르트의 형이상학과 과학의 관계라는 문제 이외에도 이들 학문의 성립 가능성이 같은 기준 위에 놓인 것인지에 대한 의문을 불러일으킨다. 특히 이 논문의 경우 결국 데카르트의 자연과학, 즉 물리학의 가능성이 어떤 방법을 필요로 하는 것인지 그것이 수학을 필요로 했다면 순수 수학의 방법과 같은 방

44) 17세기에는 '가정'이라는 용어가 이따금 '가설(hypothesis)'와 서로 바꾸어 사용되기도 하였다. 그러나 뒤의 개념은 현실적 진리를 재현해야 할 필요가 전혀 없는, 단순히 해설적 장치로 전진 배치된 것이라는 함의를 가지고 있으므로 혼동의 우려가 있다. John Cottingham, *A Descartes Dictionary*, Oxford : Blackwell, 1993, 17쪽 참조.

법으로, 또 형이상학을 토대로 가져왔다면 형이상학의 방법과 동일한 방법으로 수행될 수 있는 것인가 하는 의문을 갖는다.

> 당신은 내가 굴절(refraction)에 관해 쓴 것이 증명이라고 생각하는지 묻고 있다. 나는 그렇다고 생각한다. 우선 첫 번째로 형이상학에 의해 물리학의 원리들을 증명해낸 일—이것은 내가 아직까지 이루지 못한 것, 그래서 언젠가 꼭 이루고 싶은 것이다—이 지금까지 없었던 이 분야에서 어떤 증명이 가능하다면, 또 역학이든 광학이든 하다못해 천문학의 문제든, 글쎄 무엇이든 순수 기하학이나 산수에 관한 것이 아니라면 이런 문제들에 대한 해답을 증명해내는 일이 가능하다고 한다면 말이다. **그러나 나보고 물리학에 의존하고 있는 주제에 대해 기하학적 증명을 해보라고 한다면 그건 불가능한 일이**라고 하겠다. 또 만일 우리가 **증명(demonstratio)**이라고 하는 것을 오직 기하학자들의 **입증(proof)**만을 의미하는 것으로 제한한다면 아르키메데스는 결코 기계학에서 아무것도 증명하지 않았으며 또 비텔로(Vitello)는 광학에서, 프톨레마이오스는 천문학에서, 또 그 밖에도 여러 경우에 있어 결코 증명 같은 것은 없었다고 해야만 할 것이다. 그러나 이것은 사실이 아니다. … 그러나 내가 증명하지 않았던 수많은 가정들로부터 연역했기 때문에 내가 쓴 것을 믿지 않는다고 말하고 싶은 사람들은 사실상 그들이 무엇을 묻고 있는지 심지어 그들이 무엇을 물어야 하는지도 모르는 것이다.[45]

우리는 앞에서 아리스토텔레스의 학문적 이상이 증명에 의한 필연적 참에 의존하고 있음을 보았다. 다시 말해 여기서 증명은 제일원리들로부터 엄격하게 하나의 결론을 연역한다는 의미를

45) 1638년 5월 27일 메르센에게 보낸 편지, AT II 141-144 : CSMK 103. 굵은 글씨는 필자 첨가.

가지고 있는 것이다. 필연적으로 참인 것으로서의 지식의 이상은 스콜라 철학에서 형상에 대한 지식을 획득하는 일로 이어졌다. 여기에서도 증명의 이상은 여전히 아리스토텔레스적 연역의 의미를 지키고 있었다. 그러나 이 글에서 보는 바와 같이 데카르트는 굴절이라는 물리학 분야의 증명을 순수 기하학의 증명과 구별하면서 결국 엄격한 의미에서 확실성을 기대할 수 있는 종류의 순수 수학적이거나 형이상학적인 증명을 물리학에서는 이룰 수 없을 것이라는 의아한 주장을 하고 있다. 그럼에도 불구하고 물리학에서의 증명 역시 증명이라고 하면서 아르키메데스 등 전래의 자연과학자들의 성과를 언급하고 있다. 그렇다면 만일 데카르트가 근대 자연과학적 사유의 태도를 반영하고 있다면 그것은 전통적인, 즉 아리스토텔레스적이고 스콜라적인 자연 이해 방식과는 다른 것이어야 하며 나아가서 자신의 학문적 영역에서도 물리학의 자연 이해 방식 또는 학문적 방법 면에서 차별적인 증명의 방식을 밝혀내야 할 것이다. 그는 분명히 물리학에서의 증명 역시 하나의 증명으로 받아들일 것을 강조하고 있는 것이다. 여기서 우리는 자연과학에 대한 데카르트의 특수한 태도를 생각해보게 된다.

> 이미 말했던 것으로부터 우리는 우주의 모든 천체들은 하나이며 같은 물질로 구성되어 있으며 무한정 많은 부분들로 나누어질 수 있다는 것을 입증해왔다. … 그럼에도 불구하고 우리는 이런 물질 조각들이 얼마나 큰지, 얼마나 빨리 움직이는지 또는 어떤 종류의 원을 그리는지는 이성 하나만 가지고는 결정할 수 없다. 신이 여기에 장치해놓았을지도 모르는 셀 수 없이 다른 성위가 존재하기 때문에 오직 경험만이 우리에게 신이 나머지 것들에 우선해서 선택한 성위

가 무엇인지를 가르쳐줄 수밖에 없다. 우리는 이와 같이 우리 가정의 모든 귀결들이 우리 경험과 반드시 일치해야 한다는 한 가지 단서 하에 이런 물질들에 대한 어떤 가정이든 자유롭게 할 수 있다.[46]

이런 태도는 데카르트를 완고한 연역론자로 상상하는 사람들을 당혹스럽게 한다. 순수한 연역 추론이 과학의 영역에서 획득될 수 있는 것에는 분명 한계가 존재한다는 것을 아주 분명하게 확신하고 있는 것이 아닌가? 결국 이상에서 보듯이 데카르트는 그의 기계론적 철학이 의존하고 있는 물질 입자들의 크기나 형태 등에 관해 일종의 가정을 필요로 하며 또한 그 가정은 그렇게 엄격하게 논증 가능하지 않을 수도 있다는 견해를 피력하고 있다. 이는 데카르트를 철학사의 분류에 갇혀 어쩔 수 없는 연역론자로만 해석하려는 태도에 숨통을 터줌으로써 좀더 유연한 관점에서 데카르트의 학문 세계를 있는 그대로 들여다보고 이해할 수 있는 가능성을 보여준다. 코팅햄도 지적하고 있듯이[47] 데카르트는 자신의 과학적 체계가 엄밀한 의미에서 논증이 불가능한 가정들에 의존하고 있다는 사실을 인정하는 사례를 여럿 보여주고 있다. 즉, 그는 과학에 접근하는 자신의 방식이 가정의 필요성을 완전히 제거했다고 주장하지 않았으며 다만 자신의 가정들이 선대의 것들보다 훨씬 더 경제적이고 더욱 생산적이라고 주장했을 뿐이다. 그는 전래의 아리스토텔레스나 스콜라 철학의 가정들을 자신의 가정과 비교하였다.

내 가정들(fuppofutions / suppositions)을 다른 이들의 것과 비교

46) 『철학의 원리』, AT VIIIA 100-101 : CSM I 256-257.
47) John Cottingham, 앞의 책, 같은 곳.

해보라. 그들의 실재적 성질들, 실체적 형상들, 그들의 원소들과 그 셀 수 없이 많은 가정들을 모든 물체들은 부분으로 이루어져 있다는 내 단순 간결한 가정과 비교해보라. … 봄, 소금, 바람, 구름, 눈, 천둥, 무지개와 같은 것들에 대한 내 가정에서 이루어진 연역들과 다른 이들이 같은 주제에 관해 자신들의 가정으로부터 이끌어낸 연역들을 비교해보라.[48]

데카르트 물리학의 전 체계를 뒷받침하는 다양한 미립자들의 수, 크기 또는 속도를 우리는 선험적으로 규정할 수 없다. 사실상 어떤 분자들이 존재하는지 어떤 형태를 갖는지 또 어떤 속도로 움직이는지 관찰을 통해서도 알 수 없는데, 아무리 미세한 현미경을 사용한다 해도 직접적인 관찰은 포기해야 할 것이다.[49] 그렇다면 물리학에서 다루는 이런 문제들에 대해 우리는 우선 가정을 세우고 이후 그 가정의 타당성을 사후 검토하는 방법을 취해야 할 것이다. 데카르트는 스콜라적 형상 이론이나 질료인, 능동인 등에 의한 설명이 모두 기계론적 설명 방식으로 바뀌어야 한다고 생각하였으며, 그렇다면 자신의 기계론적 세계상이 의존하고 있는 미립자의 관찰 불가능성은 당연히 철저하게 논증 가능하지 않은 가정의 도입을 인정하게 되는 것이며 이로부터 자연과학적 지식의 정당화를 보증하기 위해 형이상학적 토대의 확립은 필수적인 것이 된다. 데카르트는 '필연적으로 참'의 기준 이상으로 '설명 적합성'의 기준을 자연을 탐구하는 자연과학에 적용하게 된다. 여기서 우리는 갈릴레오나 현대의 과학자들이 외면한 형이상학적 탐구의 필요를 새삼 깨닫게 된다. 사실상 자연

48) 1638년 모랭 신부에게 보낸 편지, AT II 200 : CSMK 107.
49) Clarke, 앞의 글, 262에서 변형 인용.

과학의 지식이 궁극적으로 필연적 진리인가 하는 것은 과학 스스로 대답할 수 없는 문제이고 이는 언제나 형이상학적 정당화나 전제의 문제를 결코 도외시할 수 없다는 것을 보여준다. 결국 자연과학적 지식의 탐구만으로 모든 것이 끝났다고 생각하는 것은 대단히 섣부른 오만이며, 따라서 데카르트가 굳이 제일철학의 탐구에 연연하며 제일원리의 확립에 목마를 수밖에 없었던 것은 바로 이런 측면에서 설명이 가능하다고 할 것이다. 그의 형이상학적 결론이 비록 시대의 오류나 논증력의 결핍을 드러낸다 해도 문제는 사실상 그런 형이상학적 전제의 확실성을 끊임없이 반추하지 않는 한 인간의 지식은 언제나 한낱 부분의 한계를 벗어날 수 없다는 것이고, 이것은 전체의 모습을 왜곡하고 인간의 문명을 부정적인 것으로 만들 위험에 처하게 할 수 있다는 사실을 보여준다 할 것이다. 우리는 우리의 지식이 기대고 있는 전제에 대해 언제든 예민한 촉각을 세워야 할 것이다.

이런 사실로 미루어볼 때 데카르트가 자연과학적 지식에 관한 한 형이상학적이거나 순수 수학적 지식과는 다른 지위 속에서 그 가능성을 타진하고 있는 것이 분명하다. 데카르트는 낙하 물체의 속도를 측정하는 데 공기의 저항과 같은 것까지 대처하는 것은 불가능하다는 견해를 피력하고 이것은 과학의 영역에서는 제외되는(sub scientiam non cadit) 것이라고 할 뿐만 아니라 사실상 미시 상태에서 벌어지는 모든 일을 인간이 확정하거나 통제하는 일은 불가능할 것이라고 말한다.[50] 그뿐만 아니라 충돌 규칙이 완벽하게 들어맞는 이상적인 공간이 존재할 수 없으므로 경험은 규칙에 모순을 일으키기도 할 것이라고 말한다.[51] 우리

50) AT I 73, 1629년 11월 13일 메르센에게 보낸 편지 / AT IV 416-417, 1646년 5월 Cavendish에게 보낸 편지.

현실에서 규칙이 조금의 오차도 없이 들어맞는 경우란 불가능하기 때문이다. 그는 연역주의 자의 이상을 철없이 실현한 인물이 아니라 연역적 지식의 확실성이 확보되기 위해 제일원리의 확립이 갖는 중요성을 깊이 인식한 사상가였다.

> 심지어 자연에서의 사물들과 관련해서도 우리가 절대적으로 단지 도덕적으로 그런 것 이상으로 확실한 것으로 간주하는 어떤 문제들이 존재한다. … 이 확실성은 형이상학적 토대 위에 기초하고 있다. … 수학의 증명들은 물질적 사물들이 존재한다는 지식이 그런 것처럼 이런 종류의 확실성을 가지고 있다. 그리고 이것은 물질적 사물들에 관한 모든 명백한 추론에도 마찬가지다. 그리고 만일 사람들이 어떻게 그것들이 인간 지식에 있어 제일 첫 번째의, 또 가장 단순한 원리들로부터 끊어지지 않는 연쇄 속에서 연역되었는지 고찰한다면 어쩌면 심지어 나의 이런 결과들까지도 절대적 확실성의 부류에 들어갈 수 있게 될 것이다. … 모든 다른 현상들 또는 적어도 내가 묘사했던 우주와 지구의 일반적 특성들은 내가 제안했던 방법에서가 아니라면 사실상 거의 지성에 의해서는 설명될 수 없을 것 같다.[52]

데카르트에게 자연 현상을 설명한다는 것은 스콜라 철학에서처럼 형상이나 질료라는 개념으로 다시 묘사하는 것이 아니다. 데카르트에게는 문제되고 있는 현상이 어떻게 발생하는지에 대해 기계론적 모형을 구성하는 일이라고 할 것인데, 이것은 지금까지 본 바와 같이 형이상학적 기초 없이는 자신의 정당성을 증명하지 못한다.[53] 이제 그는 스콜라 철학과 더 거슬러 올라가면

51) AT IXB 93.
52) AT VIIIA 328-329 : CSM I 290-291.
53) Clarke, 앞의 글, 281쪽.

아리스토텔레스가 주장했던 것과 같이 엄격하게 증명된 지식에서 자연 현상에 대한 설명을 구하지 않는다. 그는 형이상학이나 수학에서와 같은 종류의 확실성을 물리학에서 실현하는 것이 불가능하다는 것을 분명하게 알고 있다. 그렇다면 우리가 자연 세계에서 얻을 수 있는 과학의 가능성은 오직 형이상학적 정당화를 거쳐야만 할 것이며 이것에 의한 기계론적 세계관의 구성이야말로 전래와는 다른 근대 과학직 사유의 모태가 되고 있다 할 것이다.

데카르트는 자신이 학교에서 배웠던 스콜라 학파의 사변적인 철학을 대신할 수 있는 실제적인 철학을 추구하는 데 일생을 바치기로 결심하였다.[54] 이어서 그는 "나는 오직 우리가 지금까지 가지고 있었던 것보다 더 신뢰할 만한 의학에서의 규칙들을 이끌어낼 수 있게 될 자연에 대한 지식을 얻으려고 애쓰는 것 말고는 아무것에도 내 남은 인생을 바치지 않겠다고 결심했다는 것만을 말하겠다"[55]고 하였다. 이런 자연과학적 탐구에 대한 기대야말로 서양 근대 사유의 저변을 흐르는 가장 핵심적인 성격이라고 할 것이다. 따라서 서양의 근대성을 탐구하는 데 과학적 사유에 대한 고찰은 당연한 것이라고 할 수 있는데, 이런 과학적 사유의 흐름에서 데카르트가 고집한 외길은 그가 진정한 근대 철학의 기원이라는 분류를 고고학적 틀에서 해방시키고 현재의 시점에서 부활시켜야 할 이유를 제공하고 있다.[56]

54) AT VI 61 : CSM I 142.
55) AT VI 78 : CSM I 151.
56) 다음 글을 참조하라. "20세기의 물리학자나 생리학자들은 비록 그들이 자신들의 이론을 구성하는 과정에서 형이상학적 가정을 하는 것이 당연하다 할지라도 결코 자신들의 탐구를 형이상학에 대한 탐구로 시작하지는 않는다. 대신 그들은 첫 번째로 실용성을 위해 검증된 과학 이론들을 전개시키고 또 그 이론들에 대한 형이상학적 함축들은 완료된 과학적 성과물로부터 그 결과로 해독한다. … 데카르트는 그 반대의 견해를 주장하였다. 그는 우리가 우리의 형이상학

철저하게 과학사로서 또 결과적으로 현대 과학이 취하고 있는 태도라는 기준에서만 보자면 데카르트의 종합적 스타일은 갈릴레오나 뉴턴의 냉정한 자연과학적 방법에 비해 뒤떨어지는 것으로 평가될 수도 있을 것이다. 그러나 우리가 결코 놓치지 말아야 할 것은 과연 우리가 무엇을 하고 있는 것인가에 대한 끊임없는 질문과 그에 따라 시대가 제시하는 또는 요구하는 세계관의 확립이라 할 것이다. 데카르트의 자연과학적 태도에 대한 고찰은 인간의 과학적 탐구가 형이상학적 전제를 배제하고는 성립될 수 없다는 통찰을 보여줌으로써 자연과학의 본성에 대해 재고하게 한다. 여기서 우리는 인간의 지식에 대한 긍정적인 신뢰를 이어가기 위해서는 역설적으로 과학에 대한 맹신을 견제해야 한다는 결론을 만나게 된다. 이런 결론을 통해 우리는 사실상 근대 이후의 다른 과학자들과는 차별적인 독특한 과학적 태도를 발견하게 되며, 이런 태도야말로 근대성의 본질이 무엇인지 되돌아보게 하는 것이라 생각할 수 있다. 이는 단순히 시간적 근대성의 물음을 넘어서는, 오히려 우리에게도 진정한 근대성을 가능하게 하는 현재진행형의 물음과 태도를 간직하고 있다고 할 것이다.

□ 참고 문헌

1. 1차 문헌과 약어표

AT : *ŒUVRES de DESCARTES*, publiées par ADAM Charles & TANNERY

을 제일 먼저 구축할 수 있고 또 구축해야 하며 또한 후속적으로 우리의 형이상학적 토대와 모순 없이 일치하는 물리적 이론들을 고찰해야만 한다고 가정하였다. 이와 같이 어떤 형이상학이 채택되어야 할지를 결정하는 유용한 독립적 기준들이 존재하는 것이 분명하다." 같은 글, 271-272쪽.

Paul, Paris : Vrin, 1974.
CSM : *The Philosophical Writings of Descartes I, II*, Cottingham J., Stoothoff R., Murdoch D. trans, Cambridge : Cambridge University Press, 1984.
CSMK : *The Correspondence : The Philosophical Writings of Descartes III*, Kenny Anthony 외 trans., Cambridge : Cambridge University Press, 1997.
원석영 옮김, 『철학의 원리』, 서울 : 아카넷, 2002.

2. 2차 문헌
김영식, 『과학 혁명』, 서울 : 아르케, 2002.
Aquinas, Saint Thomas, ARMAND MAURER, C.S.B. trans., *On Being and Essence*, Toronto : The Pontifical Institute of Medieval Studies, 1968.
Aristotle, *The Works of ARISTOTLE*, Sir David Ross trans., Oxford : The Clarendon Press, 1966.
Bronski, Jacob and Mazlish, Bruce, *The Western Intellectual Tradition : From Leonardo To Hegel, revised edition* (1970), 차하순 역, 『서양의 지적 전통 : 다빈치에서 헤겔까지』, 서울 : 홍성사, 1980.
Butterfield, Herbert, *The Origins of Modern Science 1300-1800, revised edition*, New York : The Free Press, 1965.
Clarke, Desmond M., "Descartes' philosophy of science and the scientific revolution" in John Cottingham ed., *The Cambridge Companion to DESCARTES*, Cambridge : Cambridge University Press, 1992.
Dutton, Blake D., "Physics and Metaphysics in Descartes and Galileo", in *Journal of The History of Philosophy* 37 : 1 January 1999.
Galilei, Galileo, *Discorsi intorno à due nuove scienze*, 이무현 옮김, 『새로운 두 과학』, 서울 : 민음사, 1996.
Garber, Daniel, "Descartes' Physics", in John Cottingham ed., *The Cambridge Companion to DESCARTES*, Cambridge : Cambridge University Press, 1992.
Gillispie, Charles Coulston, *The Edge of Objectivity*, 이필렬 옮김, 『객관성의 칼날 : 과학 사상의 역사에 관한 에세이』, 서울 : 새물결, 1999.

MacLachlan, James, *Calileo Galilei-First Physicist*, 이무현 옮김, 『물리학의 탄생과 갈릴레오』, 서울 : 바다출판사, 2002.

Schouls, Peter A., *Descartes and The Possibility of Science*, Ithaca : Cornell University Press, 2000.

Shapin, Steven, *The Scientific Revolution*, 한영덕 옮김, 『과학 혁명』, 서울 : 영림카디널, 2002.

Whitehead, A. N., 오영환 역, 『과학과 근대 세계』, 서울 : 서광사, 1989.

제 5 장

스피노자의 일원론 : 근대 과학적 세계관의 형이상학적 기초*

박 삼 열

1. 근대 과학적 세계관[1)]

스피노자의 형이상학에서 합리론, 자연주의, 범신론, 결정론, 신비주의와 같은 용어는 우리와 매우 친숙하다. 그런데 이 이론들은 얼핏 보아도 서로 조화를 이루기가 어려워보인다. 따라서 이 이론들은 스피노자의 철학을 일관성 있게 나타내기보다는, 그의 철학의 각각의 다른 부분들을 나름대로 나타내는 것으로

* 이 논문은 2002년도 기초 학문 육성 인문 사회 분야 지원 사업의 일환으로 한국학술진흥재단의 지원(KRF-2002-074-AM1518)에 의해 연구되었음.

1) 이 글에서 스피노자의 『윤리학』을 다음과 같은 약자들로 인용한다.

A = axiom ; P = proposition ; D = definition ; Dem = the demonstration of the proposition ; C = corollary ; S = scholium ; Post = postulate ; L = lemma ; Exp = explanation ; Pref = Preface ; App = Appendix. 예를 들어 '『윤리학』 1D1'은 '1부 정의 1', '『윤리학』 2P13S'는 '2부 정리 13의 주해', '『윤리학』 2P31Dem'는 '2부 정리 31에 대한 증명'을 의미한다.

여겨진다. 그러나 스피노자의 체계에서 이 이론들은 조화를 이루기 어려운 이론들이 아니라, 오히려 분리될 수 없고 분리되어서는 안 되는 이론들이다. 그의 형이상학적 체계에서 이 이론들은 서로를 수정하면서 조화롭게 융해되어 있다. 이러한 점은 그가 과학과 종교 사이의 간격을 메워보려는 시도로 이해할 수 있다. 이 글의 목적은 이러한 스피노자 형이상학의 정체성을 밝히고, 그것이 근대 과학적 세계관에 어떠한 기초를 제공하고 있는지를 살펴보는 데 있다.

근대의 시대 정신은 계몽주의로 설명할 수 있다. 계몽주의는 인간 이성에 대한 신뢰를 바탕으로 인류가 좀더 나은 삶을 위해 우주의 비밀, 즉 우주의 법칙을 밝혀내고 자연을 정복할 수 있다고 본다. 그래서 계몽주의는 자연과 사회를 변화시켜 인간이 행복한 상태에 도달할 수 있다는 신념을 가지고 있다. 오늘날 우리가 살고 있는 과학 문명이 고도로 발달된 세계도 이성의 시대, 즉 근대의 산물이다. 그리고 이 근대는 종교 개혁, 르네상스, 과학 혁명을 바탕으로 시작되었다. 이 중에서 과학 혁명은 천문학과 역학에 의해 주도되었고, 중세의 목적론적 자연관을 기계론적 자연관으로 바꾸어놓았다.

코페르니쿠스, 케플러, 갈릴레오 등의 과학적 탐구는 중세의 목적론적 세계관을 기계론적 세계관으로 바꾸어버렸고, 우주의 운행은 통일적인 법칙을 따르고 있다는 것을 입증하였다. 예를 들어 중세에는 사계절의 변화를 신의 섭리로 이해했지만, 근대 과학은 이를 지구의 공전과 자전으로 설명하고 있다. 이렇게 자연의 모든 것을 신의 섭리로 이해하는 중세의 자연관은 목적론적 자연관으로 나타난다. 중세에는 자연의 모든 대상이 신의 섭리에 의해 자신이 가지고 있는 목적을 성취하는 방향으로 나아간다고 생각하였다.[2] 그러나 이성으로 진리를 인식할 수 있다고 생각하는 근대 과학자들에게 신의 섭리는 더 이상 설득력이 없게 되었고, 형이상학적 사변에 불과한 것으로 간주되었다. 그들은 인간 이성과 모순되는 모든 내용들을 제거하면서 자연에 대해 탐구하였다. 그래서 근대 과학은 자연의 모든 사물들에서 목적이나 의미 등과 같은 정신적인 요소들을 제거했다. 이제 자연은 더 이상 살아 있는 유기체적 자연이 아니라 하나의 거대한 기계가 되었다. 물리적 법칙에 따라 작동되는 기계처럼 자연은 인과적으로만 질서지워지고 연결되어 있다. 목적론적 자연관에서 기계론적 자연관으로 변화된 것이다.

이러한 변화는 신의 존재를 가정하지 않고도 자연의 모든 현상과 존재를 설명할 수 있게 해주었다. 기계론적 자연관은 자연을 신비화하지 않고 목적이나 의미를 제거했기 때문에 자연을 어떤 질적인 관점이 아닌 양적인 관점에서만 바라볼 수 있게 되었다. 자연을 수로 나타낼 수 있기 때문에 수학적인 논리와 측량의 방법으로 자연을 탐구할 수 있게 되었다. 다시 말해 자연 전체를 하나의 독자적인 물질로 간주하고, 물리적인 법칙들을 수학으로 설명하게 된 것이다. 이렇게 근대는 이성의 주체를 인간으로 파악함으로써 신의 섭리가 아닌 과학 법칙으로 자연을 설명할 수 있게 되었다.

이제 근대 철학은 이러한 과학적 세계관에 형이상학적 토대를 세우기 위해 실체 개념을 새롭게 정립할 필요성을 느끼게 되었다. 목적론적 자연관이 폐기되고, 기계론적 자연관이 확립됨으로써 새로운 세계관에 맞는 새로운 실체 개념이 필요하게 된 것

---

2) 중세의 세계관에 대해서는 다음의 책을 참조하기 바란다. 와다나베 마사오, 『과학자와 기독교』, 오진곤·손영수 역, 전파과학사, 1995, 30-35쪽.

이다. 이제 실체 개념은 과학과 이성의 시대, 즉 근대라는 시대적 상황과 맞물려 합리론 철학에서 새롭게 정립되면서 활발하게 그 논의가 전개된다.

2. 이원론적 세계관

데카르트는 신이라는 무한 실체와, 정신과 물체라는 두 개의 유한 실체를 내세웠다. 이러한 실체의 구분은 자연이라는 거대한 기계의 법칙들을 발견하기 위해 의도된 것으로 보인다. 그의 신관은 이신론(理神論)적이다. 다시 말해 신이 이 세계를 무로부터 창조해서 법칙을 부여한 다음, 이 세계로부터 초월해 있다는 것이다. 따라서 이 세계는 법칙에 의해서만 인과적으로 움직일 뿐이다. 데카르트의 이러한 신관은 신을 자연과 분리된 실체로 인정하게 만들었다. 이러한 신관과 실체관은 종교를 인정하면서도 과학을 종교로부터 분리하여 자연에 대한 과학적 탐구를 자유롭게 해줄 수 있는 장점을 가진다. 그러나 신을 세계로부터 분리하는 것만으로 모든 문제가 해결되지 않았다. 그는 신과 분리된 세계를 또다시 나누어야 했다. 왜냐하면 목적이 없는 자연이라는 기계에 정신을 포함시킬 수가 없었기 때문이다. 이제 세계는 정신의 세계와 물질의 세계로 분리된다. 신의 세계로부터 분리되고 또한 정신의 세계로부터 분리된 물질의 세계에서는 모든 대상을 수로 나타내는 데 아무런 문제가 없었다. 마음껏 자연 법칙들을 탐구할 수 있는 과학의 세계가 만들어진 것이다.

그런데 기계론적 세계관의 물체 개념에는 흙이나 돌 같은 것뿐만 아니라 식물, 동물과 같은 것들도 포함되어 있다. 생명의 유무에 따른 구별, 즉 흙이나 돌 같은 이른바 '생명이 없는 것들'과 식물이나 동물 같은 '생명이 있는 것들' 간의 구별은 더 이상 유효하지 않게 된 것이다. 이는 죽어 있는 것으로 여겨지는 것이든 살아 있는 것으로 여겨지는 것이든 크기, 모양, 운동이라는 동일한 원리에 의하여 설명될 수 있다는 점에서는 구별되지 않는다는 것을 의미한다. 이처럼 근대 과학의 기계론은 영혼이나 정신과 같은 형상의 원리를 추방함으로써 이 세계를 물질만 존재하는 기계적 세계로 만들었다. 그러나 문제는 인간의 경우다. 인간 역시 신체를 가진 존재라는 점에서 물체의 범주에 들어간다. 그렇다면 인간을 설명할 때 영혼이나 정신은 더 이상 필요가 없다는 말인가? 데카르트는 기계론적 세계에서 추방된 영혼이나 정신을 인간에게 귀속시킴으로써 사유하는 실체로서의 '근대적 인간'을 만들었다.3) 그렇지만 데카르트는 연장하는 실체인 신체도 인간의 본질을 구성하고 있다는 사실을 부인할 수가 없었다. 그래서 그에게 인간만은 연장 실체인 신체와 사유 실체인 정신을 가진 예외적인 존재가 되었다. 그러나 한 인간이 두 개의 실체가 된다는 사실은 쉽게 이해할 수 없다. 더구나 이 때문에 한 인간이 두 개의 다른 법칙, 즉 기계적 세계의 법칙과 정신 세

---

3) 데카르트의 자아 개념을 사유하는 자아로 규정하는 것은 일반적인 관점이다. 예를 들어 김정주는 "그러므로 자아는 사유하는 실체로 규정된다. 데카르트는 사유하는 자아를 물체로부터 독립해 있는 실체로 규정하고, 이 자아는 연장되어 있지 않고 따라서 합성되어 있지 않기 때문에 단순한 실체라고 한다"고 말한다(김정주, 「데카르트와 칸트의 "Cogito"」, 한국칸트학회, 『칸트연구』 제4집, 141쪽). 그러나 우리는 데카르트의 자아 개념에 신체도 포함되어 있다는 점을 간과해서는 안 된다. 그리고 이 정신과 신체의 관계가 데카르트가 안고 있는 문제점 중의 하나인 것이다.

계의 법칙(자유 의지)을 동시에 따라야 하는 모순된 결과에 직면하게 되었다. 데카르트의 근대적 인간은 두 개의 법칙 사이에서 딜레마에 빠진 인간이 되어버린 것이다.

이처럼 데카르트의 세계관은 정신과 물질을 두 개의 실체로 인정했다는 점에서 문제가 발생한다. 물질적 세계는 이성에 의한 과학적 탐구가 가능한 합리적 세계이지만, 다른 두 세계는 합리적으로 설명하기 어려운 세계다. 사실상 세 개의 세계가 실재한다는 관점은 합리적 세계관이 될 수 없다. 합리적 세계관에 따르면 이 세계는 존재하는 모든 것들이 하나의 법칙에 의해 인과적으로 연결되어 있다. 이러한 세계 이외의 다른 세계의 실재를 인정한다는 것은 합리적 사고라고 할 수 없다. 데카르트는 신이 창조한 세계를 양분해서 정신 세계와 분리된 물질 세계를 설명했다. 그리고 그 덕분에 우리는 자연을 과학적으로 탐구할 수 있게 되었다. 하지만 데카르트는 각각 다른 세 세계(신의 세계, 정신 세계, 물질 세계)의 관계를 합리적으로 설명하지 못함으로써 존재론적인 문제뿐만 아니라 인식론적 문제와 심신론적 문제 등을 야기했다.

3. 일원론적 세계관

데카르트가 해결하지 못한 대부분의 문제는 세계를 신으로부터 분리했을 뿐 아니라 다시 세계를 정신과 물체로 분리했기 때문에 발생한 것이다. 스피노자의 과제는 이러한 데카르트의 문제들을 해결하는 것이었다. 그 문제들을 근본적으로 해결할 수 있는 방법은 하나의 세계, 즉 하나의 실체만을 인정하는 것이다. 관념론, 유물론, 무신론 등은 그러한 방법들이다. 특히 현대 철학은 주로 유물론적인 방법으로 데카르트의 문제들을 해결하려고 한다. 이것은 신과 정신을 부정함으로써 세계를 물질로 단순화하는 방법이다. 그러나 스피노자는 다른 것을 부정함으로써 하나의 세계를 만드는 방법은 임시 방편일 뿐 진정한 해결책이 될 수 없다고 생각하였다. 그는 정신과 물질 그리고 신마저도 포함된 하나의 세계를 제시함으로써 데카르트의 잘못된 세계관에서 발생하는 문제들을 해결하고자 하였다. 따라서 스피노자에게는 하나의 실체, 즉 신만 있고 이 신이 곧 자연이다.

스피노자의 실체 개념은 데카르트와의 비교를 통해서 조금 더 구체적으로 설명될 수 있다. 우리는 데카르트가 실체를 무한 실체와 유한 실체로 구분하는 것을 보았다. 이러한 구분은 자연을 물질적 자연으로 만듦으로써 자연의 여러 법칙을 발견하는 것이 용이하게 되었다. 그리고 이것은 근대 과학이 발전하는 토대가 된다.

그러나 데카르트는 자연에서 정신을 떼어내어 사유하는 실체를 만듦으로써 다음과 같은 난관에 봉착하게 된다. 그는 자연에서 분리한 정신을 (자연의 일부인) 인간에게 귀속시켰다. 그래서 인간은 사유하는 실체(정신)인 동시에 연장된 실체(육체)가 되었다. 하나의 개별체인 인간이 동시에 두 개의 실체가 된다는 것은 쉽게 이해할 수 있는 주장이 아니다. 그래서 데카르트는 송과선이라는 가설을 내세워 두 실체, 즉 정신과 육체의 관계를 설명했다. 그는 뇌의 뒷부분에 있는 송과선을 통해 정신이 자신의 의지를 육체에 전달하고, 또한 육체가 자신의 활동을 정신에 전달한다는 가설을 만들었다. 그러나 이러한 가설은 사람들을 전혀 만족시킬 수 없었고, 하나의 문제점으로 남게 되었다.

스피노자의 과제는 데카르트의 이러한 문제점을 극복하는 것이었는데, 그의 해결 방법은 의외로 간단하다. 정신을 다시 자연으로 귀속시켜 데카르트의 물질적 자연을 정신과 물질을 포함하는 자연으로 만드는 것이었다. 데카르트가 정신을 자연에서 떼어내어 인간에게만 포함시킨 이유는 인간 정신이 지닌 자유 의지가 기계론적 자연관과 모순되기 때문이었다. 스피노자는 자유의지를 인간 정신의 상상이나 착각으로 간주하면서 부정하였기 때문에 기계적인 자연에 정신을 포함시키는 데 전혀 문제가 없었다. 그 결과 정신과 물체로 분리되지 않은 하나의 실체를 주장할 수 있었다. 그리고 그의 자연관과 범신론에 의해 그 하나의 실체는 다름아닌 신이 된다. 즉, 그에게 실체는 신과 동일시되며 이 실체, 즉 신은 유일성을 지니고 있다. 데카르트에게는 신이라는 무한 실체와 정신과 물체라는 유한 실체가 있다. 반면에 스피노자에게서는 여러 실체들이 하나의 실체로 단순화된 것이다. 이처럼 스피노자의 실체 개념은 신의 문제와 정신의 문제 등을 기계론적 세계관에 잘 융해시키고 있다.

4. 실체 일원론

스피노자는 다음과 같이 실체를 정의하고 있다: "실체란 그 자체로 존재하며, 자기 자신에 의해서 이해되는 것을 말한다. 다시 말하면 자신의 개념을 형성하기 위하여 다른 어떤 개념도 필요로 하지 않는 것이다."[4] 실체에 대한 스피노자의 정의는 실체의 전통 철학적인 의미인 '논리적 독립성'을 포함하고 있을 뿐만 아니라 '인과적 자족성'의 의미도 포함하고 있다. 위의 정의에서 "자기 자신에 의해서 이해되는 것"이라는 구절은 '그 개념이 그 이외의 어떤 개념으로부터도 형성된 것이 결코 아닌 것'으로 이해된다. 스피노자는 '그 자체로 존재한다'는 전통적 정의를 더 엄격하게 적용하고, 나아가 '자기 자신에 의해서'라는 인과적 자족성을 자신의 정의에 포함하고 있다. 실체 개념을 정의할 때, 데카르트부터 '인과적 자족성'의 의미가 포함되기 시작한 것이다. 데카르트는 실체를 '존재하기 위해서 다른 어떤 것도 필요로 하지 않고 존재하는 것'이라고 정의하고 있다. 그러므로 실체란 인과적으로 자존적인 어떤 것이다. 이에 따르면 신만이 실체가 된다. 그러나 데카르트는 그 정의를 실제로 적용할 때, 의미를 약화시킴으로써 자신의 정의에 충실하게 따르지 않았다. 그는 실체란 '존재하기 위해서 신의 도움만을 필요로 하는 것들'이라고도 정의한다. 이는 실체의 개념을 창조된 피조물에까지 확대시킨 것이다. 데카르트와는 달리 스피노자는 이 정의를 더욱 엄격하게 적용함으로써 신만이 실체라고 주장한다. 스피노자에 따르면 신 이외의 어떠한 실체도 존재할 수 없으며, 생각할 수 없다.[5] 따라서 스피노자에게 실체는 유일하며 이 유일한 실체가 곧 신이다. 그는 『윤리학』 1부에서 신에 관하여 고찰하면서, 그의 유일 실체관을 다음과 같이 전개시키고 있다.

(1) 자연 안에는 동일한 본성 또는 속성을 가지는 두 개 이상의 실체는 존재할 수 없다.[6]

---

4) E1D3.
5) E1P14.
6) E1P5.

(2) 신은 절대적으로 무한한 존재며, 즉 각각의 속성들이 실체의 영원하고 무한한 본질들을 표현하는 무한한 속성으로 이루어진 실체다.[7]

그는 위의 두 가지 전제로부터 실체일원론을 다음과 같이 증명하고 있다.

(3) 만약 신 이외의 다른 실체가 존재한다면, 그 실체는 신이 가지고 있는 속성들 중의 어떤 속성들을 소유할 것이다. 왜냐하면 위에서 보듯이 신은 무한한 속성을 가지고 있기 때문이다.

(4) 그렇다면 같은 속성을 가진 두 개의 실체가 존재하게 된다.

(5) 그러나 이것은 동일한 속성을 가지는 두 개 이상의 실체는 존재할 수 없다는 정리 5(위의 1번)에 의하여 부당하다.

(6) 따라서 신 이외에는 다른 어떤 실체도 존재할 수 없고 인식될 수 없다.

이와 같은 방식에서 스피노자는 자연 안에는 오직 하나의 실체, 즉 신만이 존재한다는 실체일원론을 주장한다.

스피노자는 『윤리학』 2부를 "사유는 신[실체]의 속성이거나 신은 사유하는 것이다"[8]라는 명제로 시작한다. 사유를 가지고 신을 개념화하는 작업은 철학사에서 계속되었다. 사유는 아리스토텔레스의 부동의 원동자가 지니는 주요 특성이며, 데카르트에게 이르기까지 신은 사유하는 비물질적인 것으로 간주되었다. 전통적인 신은 어떤 물질성도 혼합되지 않았을 뿐 아니라 연장도 없는 오직 사유하는 것이다. 그러나 스피노자는 정리 2에서 "연장은 신[실체]의 속성이거나, 신은 연장하는 것이다"[9]라고

7) E1D6.
8) E2P1.
9) E2P2.

진술한다. 이렇게 스피노자에게 실체, 즉 신이 사유의 속성뿐만 아니라 연장의 속성도 가지고 있다. 사실상 실체, 즉 신에게는 무한히 많은 속성이 있으나, 그 중에서 우리 인간이 인식할 수 있는 속성은 '사유'와 '연장'뿐이다. 그러므로 신은 '사유하는 것'으로서, 그리고 '연장된 것'으로서 우리에게 나타난다. 이처럼 스피노자는 무한히 많은 속성들을 가정하고 주장하면서도, 구체적으로 우리에게 드러나는 사유와 연장의 속성만 가지고서 자연과 인간, 다시 말해 전체와 부분의 관계를 설명하면서 자신의 체계를 형성한다. 데카르트에게 사유와 연장은 각각 유한 실체인 정신과 물체의 속성이다. 따라서 정신은 사유하는 실체이고, 물체는 연장된 실체다. 스피노자는 데카르트의 사유와 연장이라는 두 가지 성질을 계승한다. 그러나 정신과 물체를 실체로 인정하고 각각 사유와 연장을 속성으로 본 데카르트의 이원론적 견해에 반대하면서 사유와 연장을 동일한 실체의 두 속성으로 보고 있다. 즉, 데카르트에게서 유한 실체였던 정신과 물체는 스피노자에게서는 그 실체성을 상실한 채, 실체의 양태에 불과하게 되었다.

스피노자에게서 '속성'은 실체와 양태를 연결하는 개념이다. 양태란 실체가 변한 모습이다. 다시 말해 양태란 실체가 속성들을 통해서 여러 가지 형태로 나타난 것이다. 따라서 양태는 실체 안에 존재하며, 실체에 의해 이해될 뿐이다. 실체가 그 자신만으로 존재하고 다른 것을 필요로 하지 않는 반면에, 양태란 다른 존재, 즉 실체가 있음으로써 존재가 가능한 것이다. 이처럼 양태는 실체를 떠나서는 존재할 수도 없고 이해될 수도 없다. 또한 양태는 실체 안에 포함되지만 단순히 실체의 일부분으로 존재하는 것이 아니라 변화된 상태로 존재한다. 세계를 구성하고 있는 모든 개물(個物)은 바로 실체의 양태들이다. 양태가 실체로부터 변화하는 것은 필연적이고, 양태는 무한한 방식으로 무한히 많이 산출된다. 인간도 실체가 아니라 이러한 양태다. 스피노자는 인간이 자연에서 유일한 공간을 소유하고 있는 것이 아니라 자연의 일부분으로 존재할 뿐이라고 보았다.

또한 그는 양태를 무한 양태와 유한 양태로 분류하여 설명하고 있다. 다시 무한 양태는 직접적 무한 양태와 간접적 무한 양태로 구분된다. 직접적 무한 양태는 실체의 절대적 본성에 의해서 생겨나는 양태로서 사유의 속성에 따르는 지성(신의 절대 무한 지성)과 연장의 속성에 따르는 운동과 정지가 있다. 간접적 무한 양태란 유한한 개물의 전체를 의미하는 것으로서 전 우주의 얼굴이다. 그리고 유한 양태는 특수한 각각의 개별적인 사물들이다. 이렇게 절대적으로 무한한 신으로부터 — 신의 사유와 연장이라는 속성으로부터 — 직접적 무한 양태가 따라나오고, 직접적 무한 양태로부터 간접적 무한 양태가 따라나온다. 그리고 이 간접적 무한 양태로부터 유한 양태가 따라나온다. 그러므로 스피노자에게 존재하는 것은 엄격히 실체(신, 자연)와 신적 본성의 필연성(자연의 법칙)으로부터 도출되는 양태뿐이다. 이러한 우주의 체계에 대한 스피노자의 설명에 따르면 자연은 하나의 법칙에 의해 체계지워져 있다. 이를 통해서 자연을 초월한 어떠한 실재도 인정하지 않는 스피노자의 합리적인 자연관을 볼 수 있다.

5. 결정론적 세계관

스피노자는 『윤리학』 제1부 부록에서 목적론적인 신의 개념을 부정한다. 스피노자에 의하면 많은 사람들은 모든 자연물이 어떤 목적을 위하여 움직이고 있다고 상정하고 신 자신이 모든 것을 어떤 일정한 목적에 따라서 인도한다고 확신한다는 것이다. 그러나 스피노자는 이 같은 견해는 속견이고 큰 오류라고 지적하면서 모든 목적 원인은 인간의 환상 이외의 아무것도 아니라고 주장한다. 왜냐하면 신은 의지의 자유로 인하여 작용하지 않으며, 신이나 인간의 의지는 다른 사물과 동일하게 신적 본성의 인과적 필연성으로부터 생기기 때문이다. 스피노자는 우리가 필연적이고, 오로지 인과적으로만 제약되어 있는 순서 속에서, 수학적으로만 이해될 수 있는 기계론을 꿰뚫어보지 못하기 때문에 목적인을 인정하는 것이라고 믿는다.[10] 신이란 절대 무한한 존재며 자신의 본성에 존재한다는 것이 포함되어 있기 때문에 신의 존재는 필연적일 수밖에 없다. 스피노자는 신에게 지성이나 의지 또는 그 밖의 모든 인간적인 특색을 인정하지 않았다. 햄프셔(Stuart Hampshire)는 스피노자가 신의 의지의 행동이 우주를 창조하였다는 점, 즉 인격적인 신의 가능성을 부인하였다는 점에서 무신론자였다는 말까지 하고 있다.[11]

그러므로 스피노자에게 존재하는 모든 것은 신적 본성의 필연성, 즉 우주의 법칙에서 생긴다. 그러므로 자연에는 우연적인 것이 하나도 없고, 존재하는 모든 것은 일정한 방식으로 작용할 수 있도록 신의 본성의 필연성에 의해 결정되어 있다.[12] 신(실체, 자연)은 모든 사물의 존재의 원인일 뿐만 아니라 모든 사물의 본질에 대한 작용 원인이다.[13] 다시 말하면 개물은 결과로서만

---

10) E1App.
11) Stuart Hampshire, *Spinoza* (New York ; Penguin Books, 1951), p.53.
12) E1P29Dem.

있는 것이 아니고 결과로 있으면서 어떤 작용을 하게끔 되어 있는데, 이것도 실체의 필연적인 원인에 의한 것이라고 스피노자는 말하고 있다. 신으로부터 결정받지 않은 사물은 자신을 작용하도록 결정할 수 없다.[14] 세계의 모든 존재와 작용, 다시 말해 만물의 질서는 실체에서 연유한 것이다. 이것을 그는 '자연의 질서'라고 부른다.[15] 따라서 모든 것은 실체의 본성이 지닌 필연성에 의해서 존재하도록 결정될 뿐만 아니라, 일정한 방법에 의해 존재와 작용으로 결정되므로 우연적인 것은 하나도 존재할 수 없다. 스피노자는 마치 삼각형의 본성에서 그 내각의 합이 두 직각이 되는 것이 필연적인 것과 같이 양태는 실체의 필연적인 결과라고 본다.[16] 이처럼 우리는 스피노자의 형이상학적 체계가 실체-양태 관계의 인과적 필연성이라는 논증에 의해서 모든 것이 설명될 수 있음을 볼 수 있다. 베넷은 이러한 그의 형이상학적 체계가 엄격한 결정론이라고 말한다.[17] 그리고 스피노자의 많은 해석자들이 이 견해에 동의한다. 실체와 속성과 양태의 관계는 영원성 속에서 필연적인 관계를 맺고 있으며, 이것들이 이루는 자연 전체는 필연적인 인과 법칙에 따라서 움직이는 기계론적 체계로서 아주 잘 짜여진 계획처럼 존재하고 있다. 스피노자는 자연 전체를 신적 본성의 필연성에 근거해서 결정론으로 설명하고 있다. 그리고 이러한 결정론은 모든 현상을 인과 관계로 설명하고 법칙을 발견하려는 과학적 세계관의 기초가 된다.

---

13) E1P25.
14) E1P26.
15) E1P7S.
16) E1P17S.
17) J. Bennett, *A Study of Spinoza's Ethics* (Cambridge : Cambridge University Press, 1984), p.112.

6. 범신론적 세계관

스피노자에게 모든 것은 법칙과 질서에 따라 존재하고 발생할 뿐, 단지 우연이나 변화에 따르지 않는다. 그는 존재하는 모든 것들을 유기적 우주 안에서 하나로 연결하고자 노력하였다. 그에게 우주 전체는 합리적으로 질서지워지고, 인과적으로 상호 연결된 하나의 존재다. 그리고 그것 이외는 아무것도 존재하지 않는다. 이렇게 스피노자는 우주를 통일된 하나의 단일체, 즉 하나의 실체로 인정하고 있다. 이는 그의 철학에서 가장 기본적이고 중요한 개념이다. 그리고 이 개념은 어떤 사물이나 사건에 대해 그 원인을 철저하게 끝까지 이해하려고 노력함으로써 더 분명하게 이해될 수 있다. 단순한 하나의 사물조차도 그것과 관계된 원인들은 멀리, 그리고 넓게 확산되면서 체계적으로 잘 조직된 인과적 연쇄를 이루고 있다.

어떤 대상, 사건, 경험이 고려되든지 그것들은 다른 사물, 사건, 경험들에 의존해 있고, 그것들은 또 다른 무수한 사물, 사건, 경험에 의존해 있다는 것을 발견할 수 있다. 이러한 계속되는 의존 관계는 다른 어떤 것에도 의존하지 않는 절대적으로 독립적인 존재에 이를 때까지 무한히 계속될 것이다. 따라서 인과적 연쇄가 무한히 계속되지 않기 위해서 독립적인 존재, 다시 말해 자기 의존적인 존재가 있어야 한다는 것에 동의할 수 있게 된다. 그런데 새로운 문제가 제기될 수 있다. 즉, “자기 의존적인 존재는 무엇인가?” 또한 “이 존재는 자기에게 의존하고 있는 대상, 사건, 경험들의 세계와 어떤 관계에 있는가?”라는 문제가 제기된다. 일반적으로 자기 의존적인 존재인 절대자가 무로부터 세계를 창조하고, 그 세계가 스스로 유지되도록 법칙을 부여하고, 세계로부터는 이탈해 있다고 대답할 수 있다. 또한 절대자는 자신이 창조한 세계에 때때로 기적적인 방법으로 개입하는 전능하고 초월적인 창조자다. 이러한 이신론(理神論)적 생각은 스피노자 당시에 거의 일반적이었다. 데카르트 역시 이신론자로서 초월적 절대자의 무로부터의 창조를 인정하였다.

그러나 외부적 창조자와 무로부터의 창조에 대한 주장들은 스피노자를 만족시키지 못했다. 이것은 그의 철저한 합리적 세계관과 상충된다. 그에게 세계는 합리적으로 질서 잡혀져 있고, 인간의 이성으로 이해 가능한 세계다. 따라서 이 세계를 초월해 있는 다른 존재나 세계를 인정하는 것이나 그 초월적 존재가 이 세계를 창조했다고 생각하는 것 등은 모두 인간의 상상력에 불과하다. 또한 무로부터의 창조와 같은 최대의 기적을 인정하는 것은 이 세계를 제대로 이해하는 데 방해가 될 뿐만 아니라 세계에 관한 설명을 더 어렵게 만든다. 무로부터의 창조를 합리적이라고 설명하는 것은 거의 불가능하기 때문이다. 따라서 스피노자의 합리적 세계관에서 '초월적 창조자'와 '무로부터의 창조' 개념을 찾아볼 수 없는 것은 당연하다.

그에 따르면 이 세계에 존재하는 모든 것들이 궁극적으로 의존할 수 있는 절대적 존재, 즉 자기 의존적인 존재가 있어야 한다. 그러나 우주를 초월한 곳에서 절대적 존재를 찾는 신비적 방법은 문제 해결에 도움이 안 된다. 그래서 스피노자는 각각의 사물, 사건, 경험 등의 절대적인 토대를 우주 안에서 찾으려고 시도했고, 그 토대는 다름아닌 각각의 사물, 사건, 경험 등의 모든 체계적인 통일이다. 그래서 스피노자는 '이 세계 내에 존재하는 모든 것들이 체계적으로 통합된 전체'를 자기 의존적 존재로 간주한다. 이 '체계적으로 통합된 전체'로서의 존재는 다른 어떤 것에도 의존할 필요가 없는 자기 의존적인 존재이고, 세계의 모든 사물, 사건, 경험들은 이 존재에 의존하고 있다. 이러한 관점은 무로부터의 창조의 문제를 피할 수 있게 한다. 이 세계, 즉 자연은 무로부터 창조된 것이 아니라 자기 자신을 스스로 생성하고 소멸하는 것이다. 따라서 스피노자에게는 세계 스스로의 변화 생성이 곧 창조가 된다. 그리고 이 상호 연결된 시스템으로 이해되는 존재는 자연이라고 불린다. 스피노자는 무로부터의 창조를 부정하고, 초자연적인 요소들을 제거함으로써 자연 이외의 어떤 실재성도 인정하지 않았다. 자연은 자존적이고, 스스로 유지되고, 완전히 실재하는 모든 것이다. 그리고 그 모든 것은 하나로 통합되어 있는 단일한 자연이다.

스피노자는 우주를 초월한 어떤 존재도 인정하지 않았지만, 그 대신 존재하는 것이라고 불리는 것은 무엇이든지 우주 체계에 포함시키려고 시도하였다. 그래서 그는 물질을 부정하는 관념론, 정신을 부정하는 유물론, 또한 신의 실재성을 부인하는 무신론 등의 허울만 좋은 단순성을 거부하였다. 스피노자에게 정신, 물질 또한 신마저도 우주 체계에서 자신들의 자리를 가진다. 범신론적 해석자들에 의하면 스피노자에게 신의 자리는 바로 자연의 전 체계다. 왜냐하면 신은 완전한 자존적인 존재로서 이해되는데, 그의 합리적 세계관에서는 우주 체계, 즉 자연이 그러한 존재이기 때문이다. 따라서 '하나면서 모든 것'이 신이고, 신은 '모든 것인 하나'가 된다. 이렇게 스피노자가 신과 자연과 동일시하기 때문에 학자들은 그의 학설을 범신론(pantheism)이라고 규정한다.

그의 범신론적 신관은 인격신, 초월적 원인, 무로부터의 창조를 부정함으로써 신적 본성의 필연성과 우주의 제일 법칙을 동일시하게 한다. 소산적 자연 안에 있는 모든 존재는 능산적 자연의 필연적인 법칙, 즉 신적 본성의 필연성에 의해서 결정되어 있다. 따라서 과학적 탐구에 의해 (소산적) 자연 현상들의 법칙들을 많이 발견하는 것만이 우주의 제일 법칙을 알 수 있는 유일한 길이 된다. 또한 그 길이 곧 신적 본성이 지니는 필연성을 인식하는 길이 된다. 이것은 과학적 설명이 곧 종교적 설명이 되고, 종교적 설명이 바로 과학적 설명이 된다는 것을 의미한다. 즉, 종교와 과학의 간격이 없어짐으로써 신에 대한 인식이 우주의 법칙에 대한 과학적 탐구만으로 가능하다는 결론에 다다르게 된다. 이렇게 스피노자의 범신론적 신개념은 과학과 종교 사이에 다리를 놓고 있다. 그래서 신에 대한 인식이 우주의 법칙에 대한 과학적 탐구만으로 가능하다는 결론에 다다르게 된다.

7. 과학적 인식

스피노자는 인식을 세 종류로 나눈다. 첫째는 상상에 의한 인식이고, 둘째는 이성에 의한 인식이고, 셋째는 직관에 의한 인식이다. 이 중 두 번째 이성에 의한 인식에 의해 스피노자가 의미하는 것은 다름아닌 과학에 의한 인식이다. 우리는 이 세 종류의 인식을 고찰해봄으로써 과학적 인식에 대한 스피노자의 입장을 알 수 있게 될 것이다.[18]

(1) 상상력에 의한 인식 : 상상에 의한 인식에는 소문에 의한

18) 인식의 세 가지 단계는 E2P40S2에 설명되어 있다.

인식과 막연한 경험에 의한 인식이 있다. 소문에 의한 인식은 나의 생일이나 이러이러한 부모에게서 태어났다는 것이나 그 밖의 비슷한 것에 대해 들어서 알고 있는 지식이다. 그리고 막연한 경험에 의한 지식이란 우리들이 경험한 세계와 모순되는 다른 세계를 지각하지 못했다는 이유로 이를 받아들이는 지식이다. 예를 들어 우리는 막연한 경험에 의해 미래에 죽을 것을 안다. 이것은 우리가 사람들이 죽는 것을 보았기 때문에 아는 것이다. 또한 막연한 경험과 관찰에 의해 우리는, 기름은 불꽃을 내기에 알맞은 것이고 물은 불꽃을 끄기에 알맞은 것임을 안다. 이런 식으로 우리는 인생을 살아가는 데 필요한 거의 모든 것을 상상에 의한 인식으로 알게 된다. 그러나 막연한 경험과 관찰에서는 대상들을 분리해서 인식하기 때문에 그것들이 연결되는 관계나 법칙을 밝혀낼 수가 없다.

(2) 이성에 의한 인식 : 스피노자에게 첫 번째 인식은 항상 오류의 가능성을 안고 있다. 반면에 두 번째와 세 번째 종류의 인식은 필연적으로 참이다. 두 번째 인식인 '이성에 의한 인식'의 예를 스피노자는 다음과 같이 제시한다. 현상들의 어떤 공통 개념을 기초로 해서 이성의 도움을 받아 우리는 시력의 본성을 알게 된다. 그래서 시력에는 동일물이라도 멀리 떨어져서 보면 가까이 볼 때보다 작게 보이는 특성이 있다는 것을 알게 된다. 그렇다면 우리는 이것에 근거해서 태양이 눈에 보이는 것보다 훨씬 크다거나 이와 비슷한 결론을 내릴 수 있다. 이 두 번째 인식은 현상들이나 사물들에 공통적으로 있는 개념들을 기초로 하고 있는데, 우리는 이성의 도움에 의해 이 공통 개념들을 토대로 사물들의 법칙들과 연결된 관계들을 발견하게 된다. 이처럼 이성에 의한 인식은 다름아닌 과학적 인식의 단계다. 이 인식은 무수한 법

칙과 무수한 연결 고리의 관계들을 끝까지 추구하고 밝혀낸다는 점에서 첫 번째 단계의 인식보다 훨씬 월등하다. 그러나 이 인식은 전체로서의 우주 체계에 관한 전반적인 관점을 주지 못한다는 점에서 매우 추상적이다. 그리고 이 과제는 세 번째 종류의 인식만이 수행할 수 있다.

(3) 직관에 의한 인식 : 스피노자는 세 번째 인식인 직관에 대해 다음과 같이 설명한다. 선분 A가 선분 C와 평행이고 선분 B가 선분 C와 평행이면, 선분 A와 선분 B가 평행하다는 것을 우리는 직관에 의해 안다. 그리고 2에 대한 3의 관계처럼 4에 관계되는 수를 구할 때, 우리는 직관으로 6이라는 것을 안다. 이렇게 직관은 어떠한 추론 과정을 거치고 않고 한 번에 아는 것을 의미한다. 그런데 스피노자는 이 직관에 의한 인식을 전체로서의 우주 체계에 대한 인식에 적용시킨다. 즉, 신적 본성의 필연성을 직관으로 인식할 수 있다고 주장한다. 그러나 이 직관지에 대해 스피노자가 언급한 내용이 너무 적기 때문에 많은 논란이 있어왔다. 스피노자는 신적 본성의 필연성을 인식하는 직관을 어떤 영감으로 인해 얻을 수 있는 신비적인 직관으로 해석될 수 있는 여지를 남겨놓고 있을 뿐 아니라, 이 직관에 의한 인식을 이성에 의한 과학적 인식과 심지어 상상에 의한 인식과도 연관시키고 있다.

인식의 세 단계를 비유적으로 새로운 언어를 배우는 과정으로 설명해보자. 우리는 처음에 알파벳을 배우고, 그럼 다음 문법에 따라 한 단어에서 글자들이 어떻게 조합을 이루는지 배운다. 또한 한 문장에서 단어들이 어떻게 조합되는지 배운다. 그런 다음, 마침내 문장과 문단의 의미를 한눈에 알게 된다. 이와 유사하게 우리는 자연이라는 커다란 책을 배운다. 처음에 우리는 독립적인 사실과 사건들을 관찰하게 되고, 그런 다음 그것들의 연결 고리와 법칙들을 이해하게 된다. 그리고 마침내 자연 전체에 대한 직관을 얻게 된다.[19] 이렇게 직관에 의한 인식은 과학적 인식의 단계를 거쳐 이루어지는 것이다. 그리고 이것은 모든 것 안에 있는 신, 그리고 신 안에 있는 모든 것을 인식하는 통찰력이다. 이처럼 스피노자는 인간 이성에 근거한 과학적 인식이 미래의 어느 날 우주의 제일 법칙을 발견할 수 있다는 가능성을 열어놓고 있다.

8. 맺음말

근대 과학 혁명이 야기한 기계론적 자연관은 사실상 신의 존재를 가정하지 않고도 모든 것을 설명할 수 있다고까지 생각하게 되었다. 더 나아가 근대 과학자들은 이성에 대한 절대적인 신뢰를 바탕으로 신이 초자연적으로 세계를 중재하지 않으며, 이성에 따라 사는 것이 신의 뜻에 따라 사는 것이라고 주장하였다. 이제 세계의 중심이었던 신은 근대적 세계관에서 점점 그 주변부로 밀려나가게 된 것이다. 따라서 기계론적 자연관은 수시로 자연사와 인간사에 개입하는 기독교의 인격신 개념과 양립할 수 없게 되었다. 이렇게 근대 과학이 자연을 바라보는 관점이 목적론적 자연관에서 기계론적 자연관으로 변화하면서 당시의 과학과 기독교는 대립과 갈등을 겪게 된다. 즉, 근대 과학과 기독교는

---

19) A. Wolf, “Spinoza”, *Journal of Philosophical Studies*, vol. 2 no. 5 (1927), 18쪽.

서로 다른 두 개의 세계관을 가지고 정면으로 대립하게 된 것이다. 이러한 상황에서 철학의 과제는 과학과 기독교를 모두 포괄할 수 있는 세계관을 마련하는 것이었다. 이러한 시도는 주로 17세기 합리론자들에 의해 이루어졌다. 그 중 스피노자는 기계론적 자연관을 수정 보완하고, 신과 종교관을 새롭게 정립함으로써 과학과 기독교적 사유의 토대가 될 수 있는 형이상학적 세계관을 제시하였다.

교황 요한 바오로 2세는 과학과 종교에 대해 이런 말을 한 적이 있다. "과학은 종교로부터 그릇된 생각과 미신을 추방하여 종교를 정화시킬 수 있으며, 종교는 과학으로부터 맹목적 심취와 그릇된 절대화의 위험을 제거하여 과학을 정화시킬 수 있다. 과학과 종교는 서로 상대방으로부터 장점을 취함으로써 한층 넓은 세계, 곧 과학과 종교가 함께 번영할 수 있는 세계로 나아갈 수 있다."[20] 화이트헤드(A. N. Whitehead)는 『과학과 근대 세계』에서 과학과 기독교의 갈등을 인정하면서도 그것을 긍정적으로 보았다. 왜냐하면 이러한 충돌을 통해 종교는 한층 더 심화되고 과학은 더 정밀하게 될 것이기 때문이다.[21]

그러나 과학과 기독교가 서로 조화되기 위해서는 서로 만날 수 있는 접점이 필요하고, 근대에는 철학이 그 역할을 담당하고 있었다. 사실 과학과 기독교는 자신의 방식으로 진리를 향한 끈질긴 도전과 시도를 해왔다.[22] 이러한 과학과 기독교가 힘을 합

20) "Message of his Holiness John Paul II." in *John Paul II on Science and Religion : Reflections on the New View from Rome*, ed. Robert John Russell, William R. Stoeger, S. J. and George V. Coyne, S. J.(Vatican Observatory, 1990), p.M13.

21) 화이트헤드, 『과학과 근대 세계』, 오영한 역, 삼성출판사, 1982, 215-217쪽.

22) 호트는 과학적이든 종교적이든 우리의 이해는 우주든 신이든 실제 세계를

쳐 세계의 참 모습에 관해 탐구를 하기 위해서는 인문학 분야의 협조가 필요하다. 특히 철학은 과학과 기독교적 사유가 만날 수 있는 토대를 제공해줌으로써 과학과 기독교 간의 대화를 풍요롭게 해줄 수 있을 것이다. 현대 물리학자이자 종교학자인 바버(Ian G. Barbour)는 과학과 종교의 조화 가능성에 대해 철학의 역할을 강조한다. 그는 철학이 정교하게 다듬어진 일관성 있는 세계관을 세우는 데 기여한다면 과학과 기독교의 체계적인 통합이 가능해질 것이라고 주장한다. 또한 철학자들이 세운 포괄적인 세계관은 과학과 기독교의 공통적인 반성을 위한 광장 역할을 할 수 있다고 주장한다.[23)]

스피노자의 형이상학은 바버가 기대하는 과학과 종교를 조화시킬 수 있는 세계관을 제공하고 있다. 앞에서 보았듯이, 그의 형이상학적 세계관에서는 과학적 설명이 곧 종교적 설명이 되고, 종교적 설명이 바로 과학적 설명이 된다. 신에 대한 인식이 우주의 법칙에 대한 과학적 탐구만으로 가능하다는 결론에 다다르게 됨으로써 과학과 종교 사이에 다리를 놓고 있다. 이렇게 합리론, 결정론, 범신론, 인식론 등이 함축되어 있는 스피노자의 일원론적 세계관은 근대 과학적 세계관의 형이상학적 기초가 될 뿐만 아니라, 과학적 사유와 종교적 사유가 만날 수 있는 토대를 제공해주고 있다.

향하고 있다고 말한다. 그러나 그는 우주와 신이 인간의 마음이 담기에는 너무 거대하기 때문에 과학과 종교는 항상 수정할 준비가 되어 있어야 한다고 주장한다. 존 호트, 『과학과 종교, 상생의 길을 가다』, 구자현 역, 김영사, 2003, 33쪽.

23) 이언 바버, 『과학이 종교를 만날 때』, 이철우 역, 김영사, 2002, 70쪽. 폴킹혼(John Polkinghorne)도 바버와 유사한 관점을 가지고 있다. 그의 입장은 다음을 참조하기 바란다. 존 폴킹혼, 『과학 시대의 신론』, 이정배 역, 동명사, 1998, 88-114쪽.

□참고 문헌

▹1차 문헌

Descartes, Rene, *The Philosophical Works of Descartes*, 2 vols. Translated by E. S. Haldane G. R. T. Ross, Cambridge : Cambridge University Press, 1979.

Spinoza, Baruch, *The Chief Works of Benedict de Spinoza*. 2 vols. Translated by R. H. M. Elwes, London : Chiswick Press, 1883.

______________, *The Collected Works of Spinoza*. Vol. 1. Edited and translated by Edwin Curley. Princeton : Princeton University Press, 1985.

______________, *Ethics*. Translated by James Gutmann. New York and London : Hafner Press, 1949.

______________, *Spinoza Opera*. 4 vols. Edited by Carl Gebhardt. Heidelberg : Carl Winter, 1925.

▹2차 문헌

김정주, 「데카르트와 칸트의 "Cogito"」, 한국칸트학회 『칸트연구』 제4집, 141쪽).

와다나베 마사오, 『과학자와 기독교』, 오진곤 · 손영수 역, 전파과학사, 1995.

이언 바버, 『과학이 종교를 만날 때』, 이철우 역, 김영사, 2002.

존 폴킹혼, 『과학 시대의 신론』, 이정배 역, 동명사, 1998.

존 호트, 『과학과 종교, 상생의 길을 가다』, 구자현 역, 김영사, 2003.

화이트헤드, 『과학과 근대 세계』, 오영한 역, 삼성출판사, 1982.

Bennett, J. *A Study of Spinoza's Ethics*. Cambridge : Cambridge University Press, 1984.

Hampshire, Stuart, *Spinoza*. New York ; Penguin Books, 1951.

Russell, Robert John, William R. Stoeger, S. J. and George V. Coyne, S. J. eds. *John Paul II on Science and Religion : Reflections on the New View from Rome*, Vatican Observatory, 1990.

Wolf, A. "Spinoza", *Journal of Philosophical Studies*, vol. 2 no. 5 (1927).

제 2 부

근대 과학의 비판적 정초

흄 · 칸트 · 파스칼 · 멘 드 비랑

과학적 탐구를 정당화하는 작업은 명시적으로든 암묵적으로든 서양 근대 철학의 주요한 동기를 이루고 있다. 그러나 이 작업은 동시에 비판적 관점에 노출되어 있기도 하다. 데이비드 흄과 같은 경험론의 마지막 주자는 이 점에서 양면적 특성을 보여준다. 그가 자연과학의 확실성에 대해 회의론을 견지한 것은 잘 알려진 사실이지만, 이와 같은 비판적 관점은 무엇보다도 과학을 절대적 이성에 의해 정초하려는 합리론의 입장에 경종을 울린다는 면에서 의미가 있다. 흄 역시 근대 자연과학의 방법과 성과들에 자극되고 고무되었음을 감추지 않는다. 그러나 이성의 한계를 제시하고 좀더 겸손한 과학을 꿈꾼 점에서 근대 정신의 또 다른 일면을 보여준다. 그는 과학의 방법을 경험적이고 개연적인 방식으로 인문·사회과학의 주제들에 확대 적용하려 시도한 초창기의 인문사회학자로 이해될 수 있다. 이 장에서 우리는 우선 흄 철학의 이 이중적 공헌을 중심으로 조명할 것이다.

다음에 살펴볼 칸트는 주지하다시피 흄의 경험적이고 비판적인 관점에 자극을 받아 새로운 종합을 시도한 근대 철학의 거장이다. 그는 합리론과 경험론에 각각 문제점을 지적하고 자신의 독특한 비판 철학의 관점으로 재통합을 시도한 점에서 근대적 합리주의의 비판자인 동시에 선험적 방법을 강조한 면에서는 합리주의를 새롭게 재건한 인물로 평할 수 있다. 이런 점에서 우리는 비판적 정초를 다루는 이 장에서 칸트와 당대 과학의 관계를 중점적으로 살펴볼 예정이다. 칸트는 비판 철학을 수립하기 이전에는 뉴턴 역학의 명료함에 자극을 받아 그 스스로가 자연과학적 연구에 몸을 담았던 적이 있다. 당시에는 합리주의 철학자인 라이프니츠와 볼프의 영향 아래 있었지만 흄의 인과율 비판에 관한 논의를 접하고 다른 길을 모색하게 된다. 이 독자적인 길로부터 출발하여 그는 비판 철학, 넓게는 인식론 중심의 근대적 전통을 완성하게 된다. 칸트가 완성한 입장은 뉴턴 역학이 맹위를 떨치던 19세기까지 견고한 성역으로 간주되었다. 하지만 오늘날에는 과학 내부의 혁명적 변화로 인해 많은 비판과 도전을 받고 있는 것도 사실이다.

한편, 파스칼은 과학적 합리주의 자체를 문제삼은 최초의 인물이다. 그는 과학적 지식이 함축하는 합리주의적 인식론이 어디까지 갈 수 있는지를 끊임없이 자문한 점에서 근대 과학과 철학에 대한 가장 급진적인 비판자라고 할 수 있다. 파스칼은 그 자신이 수학자이자 과학자였음에도 불구하고 과학이 우리가 가진 지식의 전부인지 그것이 인간의 모든 문제들을 근본적으로 해결할 수 있는지, 삶의 진정한 행복을 줄 수 있는지 하는 문제들에 진지하게 대답을 추구한 사상가다. 그는 '사실(le fait)'의 참된 의미를 찾고자 했고, 이성의 역할은 이러한 사실이 어디까지 확실한지를 판단하거나 자아 및 객관 세계 전체를 설명하는 데는 분명한 한계가 있다고 판단한다. 이렇게 해서 그는 근대의 과학적 합리주의에 반해서 반(反)합리주의의 입장으로 대표되는 새로운 지평을 연다. 그는 이른바 '섬세의 정신(l'esprit de finesse)' 혹은 '마음(le coeur)'의 인식을 제시하면서 합리적 인식의 이면을 탐험한다.

파스칼과 멘 드 비랑으로 이어지는 프랑스 정신주의의 입장은 우선 데카르트의 수학주의적 세계관이나 뉴턴의 인과론적 기계론에 맞서서 인간학적 관점에서 과학적 사유의 근거를 묻는다. 특히 멘 드 비랑은 인간 내면성에 관한 심층적 관찰 위에서 데카르트의 사유 실체를 비판하고, 의지의 철학의 관점에서 심리적 인과성의 이론을 제시한다. 뿐만 아니라 그는 인간 신체에 대한 구체적 관찰에 의거해서 데카르트 전통의 유물론적 생리학 및 당대에 태동하던 생기론적 생리학을 동시에 비판하면서 과학적 사유의 한계를 제시한다. 멘 드 비랑은 전통적인 주지주의적 관점을 비판적 안목에서 극복하는 매우 드문 근대 철학자들 중 한 사람이다. 그는 의지, 운동, 욕망, 무의식 등에 대한 구체적 탐구 사례를 통해 인식과 신체의 관련성을 드러내고, 주관성의 의미를 추상성에서 구체성으로 끌어내림으로써 베르그송 등 현대 프랑스 철학자들에게 생생한 영향을 간직하고 있다. 우리는 이와 같이 근대 과학의 합리주의 전통을 나름대로 비판하고 그것을 재건하거나 다른 인식 기능과의 조화를 찾는 방향으로 길을 연 네 사람의 철학자들을 제2부에서 소개한다.

제 6 장

흄의 철학과 근대 과학 : 과학의 확장과 그 인식론적 기초*

최 희 봉

1. 머리말

이 논문의 목적은 데이비드 흄(David Hume)이 근대 자연과학과 어떻게 관련되는지를 탐구하는 데에 있다. 그러므로 이 논문은 흄과 근대 자연과학을 크게 수평적 수직적으로 관련짓는다. 먼저 수평적인 관련에서 보면, 흄은 근대 자연과학의 방법과 성과들에 자극되고 고무되어 이러한 탐구 방식을 흄 당시 불모지였던 인문 · 사회과학의 주제들에 확대 적용하려 시도한 초창기의 인문사회학자로 이해될 수 있다. 수직적 관련에서 보면, 흄은 과학적 지식의 인식론적 기초와 밀접히 결부되어 있다. 즉, '과학적 지식의 정당화 문제'라고 하는 근대 인식론의 대표적인 탐구

* 이 논문은 2002년도 기초 학문 육성 인문 사회 분야 지원 사업의 일환으로 한국학술진흥재단의 지원(KRF-2002-074-AM1518)에 의해 연구된 것으로, 『범한철학』(범한철학회) 제34집(2004년 9월)에 실렸던 것임.

과제를 철저히 구명(究明)한 선두 철학자 그룹에 속하는 인물이다. 이렇듯 17~18세기 자연과학이 흄의 철학에 종적 · 횡적으로 미친 영향을 재확인하고 재인식하는 일이 이 논문의 일차적인 목적이다.

이러한 탐구를 위해 논자는, 먼저 흄과 근대 과학의 수평적 관계의 고찰로서 흄 철학의 과제와 방법에 미친 뉴턴 과학의 영향을 살펴본다. 그 첫 번째 절에서 논자는 뉴턴의 실험 철학의 출현 배경과 그 내용을 살펴보며, 나아가서 뉴턴이 가설을 거부하는 입장의 배경과 그 진의를 검토한다. 이렇게 보면 뉴턴의 새로운 과학은 그 출발부터 건설적 측면과 더불어 비판적, 파괴적 측면도 지닌 것으로 드러난다. 두 번째 절에서 논자는 흄의 『논고』 서론에서 보이는 철학의 과제와 방법에도 이 두 가지 측면이 관찰되고 있음에 주목하여, 이 두 측면에서 관찰되는 뉴턴 과학의 영향을 검토한다.[1)]

다음으로 수직적 관련을 살펴보기 위해 근대의 새로운 과학적 지식의 기초가 되는 근본 신념들의 정당화 문제에 대한 흄의 견해를 살펴본다. 과학적 지식의 기초에 관한 인식론적 탐구는 근대 철학의 중요한 과제였으며, 경험론의 대표자인 흄은 근대 합리론자들이 시도한 과학의 형이상학적 정초 작업과는 다른 방식으로, 즉 경험론적인 방식으로 근대 과학의 토대 문제에 접근한다. 이에 대한 흄의 논의를 그가 『논고』에서 다룬 주제들의 순서대로 살펴볼 것이다. 인과성, 물리적 대상의 존재, 자기 동일적 자아의 문제가 그것이다.

혹자는 흄 철학에 미친 자연과학의 영향에 관한 연구가 흄 연

1) David Hume, *A Treatise of Human Nature*, ed. L. A.Selby-Bigge, M. A. London : Oxford Uni. Press, 1889. 이하 본문에서는 『논고』 또는 'T'로 약칭함.

구에서 지엽적인 문제라고 생각할지 모른다. 근래의 흄 연구에서 흄의 철학은 대체로 자연주의 또는 회의주의로 규정되며, 이에 관한 논의가 주류를 이루고 있다. 이런 현실을 반영하는 듯 국내 흄 관련 논문에서 근대 과학과 흄을 주제로서 다룬 것들을 찾아보기 어렵다.[2] 그러나 이 주제에 관한 탐구는 흄 철학의 성격을 규정하고 이해하는 데 중요한 몫을 한다는 것이 논자의 견해다. 이는 특히 흄을 자연주의자로 규정할 때 더욱 그러하다. 이 몫을 해내는 것이 이 논문의 또 다른 목적이라고 하겠다.

2. 흄 철학과 근대 과학

1) 뉴턴의 실험 철학과 가설

이 절에서는 뉴턴의 새로운 과학의 발생 배경 및 그 성격을 살펴보고, 또한 뉴턴의 '가설'에 대한 입장을 살펴본다. 이 두 가지는 다음 절에서 살펴볼 흄의 철학, 그 과제와 방법을 이해하는 데 중요한 맥락을 제공할 것이다. 특히 뉴턴의 새로운 과학은 기존의 데카르트적 선험적 사변적 방법에 대한 반발과 대안 모색의 결과였음을 고려할 때, 그것은 파괴적 측면과 건설적 측면을 지닌다. 논자는 이러한 두 측면이 흄에게도 적용될 수 있으며 이 두 측면에서의 뉴턴의 영향을 다음 절에서 살펴볼 것이다. 이 절에서 먼저 뉴턴 과학의 출현 배경과 그 적극적 건설적 측면을

2) 흄의 철학을 거시적으로 다룬 글들에서 근대 과학의 영향에 대한 간략한 소개를 담고 있는 글은 다음과 같다. 김효명, 「흄의 자연주의」, 『철학적 자연주의』, 한국분석철학회 편, 1995, pp.11-35, 13-19 참고.

살펴보고, 다음으로 그 비판적 파괴적 측면으로서 가설을 거부하는 뉴턴의 입장을 살펴본다.

고대 그리스에서 시작된 서양 철학의 근저에는 하나의 '질서 있는 체계(cosmos)'가 존재하며, 우리는 궁극적으로 이 체계에 대한 지식에 도달할 수 있다는 생각이 깊게 뿌리 박혀 있었다. 다시 말해서 세상 만물의 근본 이치(rationale)가 존재하며, 이것은 인간에 의해 파악될 수 있다는 신념이 서양 철학의 근원적인 전제인 것이다. 이런 신념은 중세에 와서 종교적 체계의 근저를 형성하게 되었으며, 나아가서 서양 근대의 과학적 사고에까지 전달되었다. 16~17세기, 과학 혁명을 거치면서 비로소 과학이 종교적 체계의 자리를 대신하게 되었지만, 이 과학도 이러한 우주의 궁극적인 근본 이치를 밝히는 체계의 한 모델로 이해되었다.

그렇다면 근대의 사상가들은 당시의 과학적 모델을 어떻게 이해했을까? 데카르트, 스피노자, 라이프니츠와 같은 합리론자들은 과학이 지닌 수학적 성격에 주목했다. 이들은 수학이 자연과학의 핵심이라고 보고, 수학이 그 증명적 성격에 기초하여, 제일원리 또는 공리로부터 어떻게 결론들이 추론되는지를 증명함으로써 과학의 결과들을 입증할 수 있다고 생각했다.

그런데 과학에 대한 이러한 이해는 중대한 변화를 겪는다. 코페르니쿠스가 제시한 행성 운동에 관한 이론이 수학에 대한 단순한 신앙을 매우 복잡한 것으로 만들었다. 우리가 이미 잘 알고 있듯이, 코페르니쿠스는 지동설을 가지고 프톨레마이오스의 천동설에 도전했던 것이다. 그러나 1543년에 출판된 코페르니쿠스의 이론은 18~19세기까지도 완전히 수용되지 못했다. 수백 년 동안 코페르니쿠스와 프톨레마이오스의 두 체계가 물리적 현상들을 모두 설명했으며, 둘 다 정교한 수학적 형식 갖추고 있었다. 이런 사실은 과학에 대한 더욱더 정교한 개념이 필요하다는 것을 보여준다.

이러한 상황에서 과학에 대한 더욱더 새로운 모델을 제시한 사람이 바로 뉴턴이었다. 그는 실험 구상의 천재였다. 그는 다수의 경쟁 이론들이 저마다 수학적 설명 체계를 갖추고 있을 때, 어떤 이론이 맞는지를 결정하기 위해서는 테스트가 필요하다는 것을 깨닫고 새로운 방법의 필요성을 제안했던 것이다. 또한 이러한 방법론적 필요성을 제안하는 데 그치지 않고, 실제로 그런 실험을 고안하는 데 주력했다. 실로 뉴턴의 위대성은 실험을 통한 테스트의 중요성을 간파한 데 있는 것이다. 그리하여 뉴턴의 이런 새로운 접근에 대해 "실험 철학(experimental philosophy)"이라는 타이틀이 붙은 것은 당연한 것이었다. 뉴턴의 실험적 방법이 스콜라주의적 방법, 데카르트주의적 방법과 근본적인 대조를 이루었기 때문이다.[3)]

이런 뉴턴의 실험 철학에 큰 영향을 받은 사람 가운데 대표적인 인물이 흄이다. 흄의 새로운 철학으로서의 인간학의 구상과 실험적 방법의 적용에 관해서는 다음 절에서 살펴볼 것이다. 한편, 이에 앞서 뉴턴에 관련된 한 가지 사항을 더 살펴본다. 이는 흄에게도 적용되는 흥미로운 대비가 될 것인데, 뉴턴의 '가설'에 대한 거부가 그것이다.

뉴턴의 새로운 과학은 건설적인 측면과 더불어 당대의 과학에 대한 비판적이고 파괴적인 측면도 가지고 있다. 이러한 측면을

---

3) 서양근대 철학회 편, 『서양 근대 철학』, 창작과비평사, 2001, p.66 참고. 그리고 뉴턴의 『프린키피아』 제2판의 편집자 코테스((Roger Cotes)의 서문 xx 참고. Florian Cajori, trans., *Sir Isaac Newton's Mathematical Principles of Natural Philosophy and His System of the World*, University of California Press, 1962, xx-xxxiii.

단적으로 보여주는 것이 그의 가설에 대한 거부다. 논자는 이에 대한 뉴턴의 견해가 흄의 새로운 철학의 구상이 지닌 비판적이고 파괴적인 측면과 흥미로운 대비를 이루고 있음을 부각하고자 한다. 이를 위해 뉴턴의 가설에 관한 견해를 살펴보자.[4]

뉴턴이 그의 체계에 중력 개념을 도입했을 때, 그 개념은 기계론적 원리들과 상충됐다. 기계론적 원리들에 따르면, 원인들은 충격과 압력에 의해서만 작용한다. 그런데 뉴턴은 중력을 물체에 적용함으로써, 충격과 압력으로 설명될 수 없는 힘을 도입하는 셈이었다. 엄격한 원자론자들과 데카르트주의자들은 이 점을 비판했다. 기계론적 인과 관계는 이미 알려져 있으며, 이 원리들이 설명 원리로 사용될 수 있다는 것이다. 그런데 '원격 작용(action at distance)'인 중력은 그 자체로 이해되지 못하며, 실로 설명 원리로 사용되기 어렵다는 것이다. 이렇게 뉴턴은 과학에 "신비적인 성질(occult property)"을 도입했다 하여 비난받았다.[5] 뉴턴주의자들의 "가설을 만들지 않는다"는 슬로건의 의도는 이러한 비난을 반박하는 것이었다.[6]

이에 대해 조금 더 상세히 살펴보자. 데카르트에 따르면, 원격 작용처럼 보이는 것은 기계론적 원리들로 설명되어야 하며, 이 원리들은 물체의 본질적 속성에 조회함으로써 설명되어야 한다. 이런 방식으로만이 진정한 체계적인 설명이 이루어진다. 물질 현상에 대한 모든 설명은 다른 설명들과 연관되어 있으며, 이런 설명들이 합쳐져서 물체 자체의 본성에 관한 체계를 형성한다. (데카르트의 견해와 대조적으로 뉴턴의 설명 과정은 잠정적이

4) 이하 내용은 위의 코테스((Roger Cotes)의 서문 참고. 앞의 책. xxi-xxxiii.
5) 앞의 책. xxvi.
6) 앞의 책. xx.

며, 개별 현상들은 그 자체로 설명되지 않는 원리들에 의해 설명되고 있다.) 그리하여 데카르트는 물체의 본질은 순전한 연장성에 있다고 주장함으로써 출발한다. 연장은 연속적이며 틈새를 허용하지 않는다. 데카르트는 원자를 연속적 물체 안에서의 소용돌이로 설명한다. 하나의 원자 또는 소용돌이는 관련 원자들 사이에 연속해 있는 물체를 따라 진행되는 진동을 통해 다른 하나에 영향을 미칠 수 있다. 그는 행성의 체계에 대해서도 이와 유사한 설명을 채택한다.[7)]

뉴턴은 이러한 데카르트의 견해에 반대한다. 그에 따르면, 만일 데카르트의 견해가 참이라면, 관찰에 의해 테스트될 수 있는 결과들을 산출할 것이다. 그런데 실제로 보면, 뒤따르게 될 결과들은 관찰될 수 없으며, 그나마 관찰되는 것들은 그의 견해와 상충되는 것들뿐이다. 그러므로 그의 견해가 아무리 정합적이고 자체적으로 만족스러운 듯이 보일지라도 그런 견해는 거절되어야만 한다. 게다가, 만일 우리가 현상들의 설명에 기여하는 어떤 원리를 찾아낸다면, 그리고 관찰을 통해 확인할 수 있는 결과들을 얻는다면, 그렇다면 적어도 잠정적으로는 그 원리를 받아들여야 한다. 아무리 그 원리가 불만족스럽거나 설명력이 떨어진다 하더라도 말이다. 이것이 '뉴턴은 가설을 만들지 않는다'는 말의 진정한 의미며, 이 슬로건은 바로 이런 맥락에서 이해되어야 한다. 올바른 과학적 설명은, 뉴턴이 가설(hypothesis) 또는 사변(speculation)이라 부르는, 물체의 궁극적 본성에 대한 추정적 견해에 의해 결정되는 것이 아니다. 물체를 탐구할 때 그는 그 궁극적 본성을 밝히는 것이 아니라 물질적 현상을 밝히고자 하며, 이

7) 르네 데카르트, 『철학의 원리』, 원석영 옮김, 아카넷, 2002. 「세 번째 부분 : 가시 세계에 관하여」, pp.173-178 참고.

렇게 하는 것이 올바른 설명을 낳는다고 강조한다. 그러므로 뉴턴이 중력을 도입한 이유는, 그 본성을 이해했기 때문이 아니라 그 현상들을 다른 방식으로는 설명할 수 없다고 확신했기 때문인 것이다. 그는 중력의 본성에 관해 문제가 제기될 수 있음을 부인하지 않는다. 그의 요점은 그 물음들은 다른 성격의 물음들이라는 것이다. 그 물음들은 그가 최초에 답하고자 했던 물음들이 아닌 것이다.

2) 흄, 인문학의 뉴턴

논자는 앞 절에서 뉴턴 과학의 출현 배경과 실험 철학의 건설적 성격을 살펴보고 나아가서 그 비판적, 파괴적 성격에 대해서 살펴보았다. 이 절에서는 이러한 뉴턴 과학이 흄의 철학에 미친 영향을 살펴본다. 그에 따라 논자는 이 절에서의 논의를 『논고』의 서론에 나타난 흄의 철학의 과제와 방법에 한정될 것이다. 그 진행에서 먼저 흄의 인간학을 구상하게 된 배경으로서 당대의 잘못된 학문 풍토를 배척하고 거부하는 내용을 살펴보고, 이에 대한 대안으로서 인간학의 확립에 관한 건설적 요소를 검토한다. 이 양 측면에는 당대 뉴턴 과학의 영향이 깊이 자리잡고 있음을 밝힐 것이다. 여기서 우리는 첫 번째 절에서 살펴보는 흄의 사변적 형이상학의 부정이 뉴턴이 당대의 사변적 원리로서의 가설을 거부하는 입장과 같은 맥락에 있음을 알 수 있다.

(1) 사변적 형이상학의 부정

흄은 『논고』 서론에서 당대 철학의 혼란, 그 치유책 및 참된 철학이 무엇인지에 대해 말하고 있다. 이러한 흄의 논의에서 뉴턴의 영향을 볼 수 있다. 흄에 따르면, 뉴턴의 방법을 따르고, 인간 본성의 학을 발전시킴으로써 철학의 혼란과 무질서가 치유될 수 있다는 것이다.

흄은 『논고』 서론의 서두를 당시의 철학 또는 형이상학의 불만족스러운 상황을 지적하는 것으로 시작한다. 이런 상황 속에서 철학은 사람들로부터 신뢰를 잃고 외면 당하고 있다는 것이 흄의 현실 진단이다. "신용만으로 받아들인 원리들, 이것들로부터 어설프게 추론된 결과들, 부분적으로는 정합성 전체적으로는 명증성의 결핍, 이런 것들은 가장 저명한 철학자들의 체계들 곳곳에서도 발견되며, 철학 자체를 망신시키고 있는 듯하다"(T xiii). 이런 현실에서 철학자들마다 온갖 궁극적 물음들에 대해 견해를 내세우고 있지만 그것들은 모두 저마다 달랐다. 당연히 철학에서는 논쟁이 끊이지 않고, 이런 잡다한 논쟁에서 "승리는 미늘창과 검으로 무장한 군인들이 아니라 군대의 나팔수, 고수와 같은 악대가 가져가고 만다"(T xiv)는 흄의 지적은 풍자적이면서도 날카롭다.

당대의 철학 현실에 이런 불만족스럽고 혼란스런 사태를 초래한 장본인으로 흄은 형이상학을 지목하면서 이에 대한 불신의 풍조를 우려한다. "내 견해로는 이런 상황에서 온갖 종류의 형이상학적 추론들에 반대하는 일반적 편견이 생겨나고 있다. 심지어 학자로 자처하면서 다른 학문 분야에 대해서는 정당한 가치를 부여하는 사람들 속에서조차 이런 일이 일어나고 있다"(T xiv)는 것이다. 이러한 형이상학적 추론들이 잘못된 이유는 궁극적인 원인들에 대한 추상적이고 사변적인 방식으로 진행된다는 데에 있다.

즉, 형이상학의 잘못은 크게 보아 두 가지로 구별된다. 그 첫째가 궁극적 원인들이 알려질 수 있다는 전제의 잘못이요, 둘째가 그 전제 위에서 사변적인 방식으로 탐구를 진행한다는 잘못이다. 이런 잘못에 대해 흄의 새로운 철학은 궁극적 원인들이 알려질 수 있음을 부정함으로써 인간 능력의 한계를 인식하고 추상적이고 사변적인 방식이 아닌 실험적인 방법을 채택하게 되는 것이다.

이렇듯 흄에게서 형이상학의 전제들에 대한 부정은 인간 한계의 철저한 인식을 동반하는데, 이것의 중요성에 대해서는 결론에서 살펴보기로 하고, 여기서는 흄의 말을 직접 전하는 것으로 그치겠다.

> "… 만일 진리가 어쨌든 인간 능력의 범위 내에 있다면, 그것은 아주 깊고 심원한 곳에 놓여 있을 것임이 분명하다. 그리하여 우리가 힘든 노력도 없이 — 가장 위대한 천재들도 극도의 노력을 기울이고도 실패했음을 볼 때 — 그 진리에 도달하리라 기대하는 것은, 분명 다분히 부질없고 주제넘은 짓으로 여겨져야 한다. 주장하건대 내가 지금부터 펼치고자 하는 철학에는 그런 소득에의 기대는 아예 없으며, 만일 [주장된] 진리가 과연 아주 쉽고 빤하다면, 나는 그런 진리 주장을 오히려 진리에 반하는 주제넘은 억측으로 간주할 것이다"(T xiv-xv).

흄은 이런 형이상학적 풍조에 대한 처방으로 뉴턴의 '새로운 과학'에 비견되는 자신의 '새로운 철학'을 제시하는 단계로 진행한다. 이 새로운 철학은, 예견하건대 인간 능력으로는 알 수 없는 그런 궁극적 원리들에 관한 추상적이고 사변적인 탐구가 아니라 우리가 가장 잘 이해할 수 있는 것, 즉 우리 자신의 본성에 대한 고찰이 될 것이다. 이러한 측면, 즉 흄 철학의 건설적 측면에 대해서는 다음 절에서 살펴보기로 하고 이 절은 비판적 측면의 의의를 살펴보는 것으로 일단락 지을 것이다.

흄의 철학이 지니고 있는 이러한 비판적 측면은 앞 절에서 살펴보았던 뉴턴의 자연 철학이 지닌 '가설'에 대한 비판적 입장과 일맥 상통한다. 뉴턴이 가설을 거부했을 때 이는 명백히 궁극적 원리에 대한 사변적 추정을 거부하고 궁극적 원리에 관한 한 우리의 한계를 인정해야 한다는 것이다. 뉴턴 방법의 본질은 궁극 원인들을 파악할 수 없는 자연과학들의 한계에 대한 인정에 있다. 뉴턴의 이런 태도와 깨달음은, 『논고』의 서론에서 흄이 표방하는 진정한 철학에 대한 견해와 흥미로운 비교를 유발한다. 흄 역시 당시 철학의 무질서하고 혼란스러운 상황의 원인을 사변적 형이상학에서 찾았다. 당시 철학의 진행 방식은 데카르트의 그것과 흡사했으며, 그러한 철학은 곧장 궁극 원인들을 파악하려 시도한다. 그 결과는 형이상학적 사변 철학일 뿐, 소득 있는 결실은 되지 못한다. 이런 상황 인식 아래에서 흄은 이런 잘못된 철학을 배격하면서 그 일환으로 인간 능력의 한계를 강하게 부각시키고 있다.

(2) 인간학의 확립

흄 자신이 말하는 철학의 과제는 그의 주저 『인간 본성에 관한 논고』의 제목이 말해주듯이, 인간 본성에 관한 탐구에 있다. 이는 흄 자신의 다른 표현으로 '인간학(science of man)'을 확립하는 것이다. 인간학의 내용을 '서론'을 중심으로 살펴보자.

흄 철학의 특징은 무엇보다 '인간학(science of man)' 또는 '인간 본성의 학(science of human nature)'이라는 말로 압축될 수 있으며, 이러한 인간학의 정신과 목표 그리고 탐구 방법을 포괄하는 표현이 바로 흄의 자연주의이기도 하다. 흄 인간학의 탐구 목표는, 인간 마음의 몇몇 뚜렷한 작용들을 이해하고 설명하는 일, 즉 어떻게 그리고 왜 이런저런 내용의 사고(추론), 지각, 믿음, 느낌 등이 마음에 발생하는지를 이해하고 설명하는 일이다. 흄은 『논고』의 서론에서 자신의 중심 목표를 "인간 본성의 원리들을 설명하는"(T xvi) 연구를 확립하는 것으로 본다.[8] 이러한 인간학의 몇 가지 특징들을 살펴보자.

무엇보다도 '인간 본성 탐구로서의 인간학'을 세우자는 흄의 생각은 기본적으로 건설적이고 낙관적이다. 이것은 주로 17세기 후반 영국에서 시작된 계몽주의의 영향에 기인한다. 이런 점에서 흄은 18세기 유럽 계몽주의의 선구적 인물이다. 계몽주의의 한없는 낙관론에 고취되어 그는 인간 본성에 관한 일반 이론을 확립하고자 하는 대담한 기획에 나선 것이다. 이와 관련해서 인정해야 할 중요한 것은 흄의 기획은 일차적으로 건설적이며 낙관적이라는 것, 즉 부정적, 파괴적, 회의적이 아니라는 것이다.

이 인간학은 주로 '도덕적 주제들'에 관심을 가진다. 이 도덕적 주제들은 '물리적 주제들'에 대조되는데, 후자가 자연 세계의 대

8) 흄의 중심 과제에 대한 이런 이해는 흄 연구가들 사이에서 널리 받아들여지는 견해다. 대표적인 사람들 몇몇의 견해를 살펴보면 다음과 같다. 스트로드는 흄을 "인간 본성에 관한 철학자"(Barry Stroud, Hume (London : Routledge & Kegan Paul, 1977) 1)로 특징짓는다. 포겔린 역시 이렇게 말한다. "흄의 일차적 의도(및 성과)는 건설적이다. 그의 목표는 '추론의 실험적 방법을 도덕적 주제들에 도입하는' 일을 통해 하나의 인간학을 개발하는 것이다"(Robert J. Fogelin, Hume's Skepticism in the Treatise of Human Nature (London : Routledge & Kegan Paul, 1985) 1).

상들과 현상들을 포괄한다면, 전자는 인간의 마음과 사회에서의 인간 관계를 포괄한다. 흄의 시대에는 인간과 독립된 자연 세계를 다루는 자연 철학(natural philosophy)과 인간 본성의 여러 측면을 다루는 도덕 철학(moral philosophy)을 구분하는 것이 통례였다. 이렇게 보면 흄의 '인간학'은 도덕 철학에 대한 또 다른 이름이며, 이는 오늘날 인문 · 사회 · 경제 · 역사 · 종교학을 포괄하는 학문에 해당한다. 즉, 그것은 (사고하고, 믿고, 지각하고, 느끼고, 언어를 사용하고 하는 등의) 다양한 인간 활동들, 즉 (흄의 용어로) 도덕적 주제들을 탐구 대상으로 삼는다.

흄은 『논고』 서론에서 인간 본성의 연구를 논리학, 윤리학, 문예 비평 및 정치학과 밀접히 연관시키고 있다. 다시 말하여 그는 전자가 후자들로 이루어진다고 말한다. "이 네 가지 학문, 즉 논리학, 도덕학, 문예 비평 및 정치학 안에 거의 모든 것, 우리가 어떻게든 중요하게 알게 되는, 또는 인간 정신의 개량이나 장식이 될 만한 거의 모든 것이 포함된다"(T xv-xvi). 그렇다면 『논고』 1권과 『인간 오성에 관한 탐구』에서 흄이 다루고 있는 것은 이 네 가지 중에서 논리학에 관련될 것이다. 흄 시대에 논리학은 "추론의 기술"로 여겨졌으며, 그 목적은, 흄이 말하듯이 "우리의 추론 직능의 원리들과 작용들 및 우리 관념들의 본성을 설명하는 것(T xv)"이기 때문이다. 실제로 서론에서 흄은 인간학을 "인간 오성의 범위와 힘"을 검토하고 "우리가 사용하는 관념들의, 그리고 추론을 통해 우리가 수행하는 작용들의 본성을 설명하는"(T xv) 것으로 기술하고 있다.

이제 서론의 다음 테마로 들어가서, 흄 인간학의 또 다른 뚜렷한 특징인 자연과학적 방법의 채택에 관해 살펴보자. 이것은 『논고』의 부제를 보면 확연히 드러난다. 그 부제는 "실험적 추론 방법을 도덕적 주제들에 도입하려는 시도"라고 되어 있다. 여기서 '실험적 방법'이 의미하는 바는 오직 경험에 의해 보장되고 지지되는 결론만 인정하겠다는 것이다. 이런 뜻에서 그는 "인간학은 반드시 경험과 관찰 위에 놓여야 한다"(T xvi)고 말한다. 그 이유로서 흄은 이렇게 말한다. "나에게 명백한 듯이 보이는 것은 마음의 본질이 외적 물체들의 그것과 마찬가지로 우리에게 알려져 있지 않다는 사실이며, 그렇기에 [물체의 경우와] 마찬가지로 마음의 힘과 성질들의 개념을 형성하는 일은 조심스럽고 정확한 실험 및 여러 다른 정황과 여건에서 결과하는 특정한 효과들의 관찰에 기초하지 않고는 그 어떤 다른 방식으로도 불가능함에 틀림없다"(T xvii).

이런 관련에서, 뉴턴 과학이 흄의 인간학에 지대한 영향을 미쳤다는 것은 흄 연구자들에게는 잘 알려진 사실이다. 실제로 흄은 그의 인간학을 뉴턴적 모델에 따라 진행한다. 이것은 다음의 글에서 분명히 드러난다. "도덕적 주제들에 대한 실험 철학의 적용이 자연적 주제들에 대한 적용 이래 꼬박 한 세기나 뒤에 이루어지고 있음을 고찰하는 것은 결코 놀라운 생각이 아니다. 왜냐하면 우리는 실제로 이 학문들의 발원 사이의 시간적 간격이 대체로 같다는 것을 발견할 수 있기 때문이다. 탈레스에서 소크라테스까지 이르는 시기를 헤아려보면 그 시간적 간격이 베이컨과 최근의 몇몇 잉글랜드 철학자들 사이의 간격과 거의 같다. 이 최근의 잉글랜드 철학자들은 인간학을 새로운 토대 위에 세우고 사람들의 주목을 끌고 대중의 호기심을 불러일으켰다"(T xvi-xvii). "실험 물리학의 아버지"(T 646)로서 베이컨과 더불어 시작된 근대 자연과학이 뉴턴에 의해 완성된 것을 고려할 때 로크, 샤프츠베리, 만드빌, 허치슨, 버틀러와 같은 "최근의 몇몇 철학자들"(T xvii, fn. 1)과 더불어 시작된, 뉴턴 프로그램을 도덕적 주제에 적용하려는 인간학의 시도는 흄에 의해서 완성된다. 따라서 흄은 인간학 또는 인문학에서의 뉴턴에 해당된다고 할 수 있겠다.

게다가 서론에서 흄은『수학 원리에 관한 자연 철학』3권에서 뉴턴에 의해 주어진 것들과 매우 유사한 추론 규칙들을 지지하는 듯이 보인다.[9]

> "비록 우리의 실험을 궁극에까지 추적함으로써 그리고 가장 단순하고 가장 적은 수의 원리들에 기초하여 모든 결과를 설명함으로써, 우리의 원리를 가능한 한 보편화시키도록 노력해야 할지라도, 여전히 우리가 경험을 넘어설 수 없음은 분명하다. 그리고 인간 본성의 궁극적인 근원적 성질을 발견했다고 주장하는 가설들은 모두 주제넘고 터무니없는 것으로 간주하여 우선적으로 거부해야 한다"(T xvii).

(3) 흄의 과학적 자연주의

이상에서 흄 인간학의 비판적 측면과 건설적 측면, 그리고 인간학의 과제와 방법에 나타난 흄의 견해는 뉴턴 과학의 영향을 고려할 때 그 의미가 분명해진다. 이렇게 뉴턴 과학과의 수평적 관련을 통해서 드러난 흄의 자연주의는 과학적 자연주의 또는 방법론적 자연주의의 모습을 띤다. 흄은 뉴턴의 탐구 정신과 기획에 자극을 받아 자신의 인간학을 구상하게 되었고, 뉴턴의 실험적 방법을 (오늘날 인문사회과학에 해당하는) 자신의 탐구 주제

9) 흄의 철학에 미친 뉴턴 과학의 영향을 가장 강하게 해석하는 흄 연구자인 케펄디는『논고』서론에 나온 이 인용문을 분석하여, 뉴턴의 4가지 추론 규칙과 세밀히 비교하고 있다. Nicholas Capaldi, David Hume : The Newtonian Philosopher (Boston : Twayne, 1975), pp.61-64 ; Hume's Place in Moral Philosophy (New York : Peter Lang, 1989) p.20 참고.

들에 적극적으로 적용시키고자 하였다는 점에서, 철학의 정신과 방법의 측면에서 당대의 자연과학으로부터 중대한 영향을 받았다. 이것이 흄 자연주의가 포함하고 있는 과학적 자연주의 요소다.

그러나 흄의 자연주의의 한 구성 요소를 과학적 자연주의라고 볼 때 유의해야 할 점이 있다. 즉, 이 측면이 너무 확대 내지 과장되어서는 안 된다는 점이다. 먼저 흄은 철학자들이 근대 과학에서 사용하는 수리 물리학 특유의 절차와 개념들을 자신의 인간학에 적용해야 한다고 제안하고 있지는 않다. 그는 이것은 불가능하다고 서론에서 분명히 못박고 있다.

> "내가 어느 상황에서든 한 물체가 다른 물체에 미치는 효과들을 탐색하다가 혼동 속에 빠질 때, 나에게 필요한 것은 단지 그 효과들을 그 상황에 적용하고는 이로부터 무엇이 결과하는지를 관찰하는 일이다. 그러나 도덕 철학에서 동일한 방식으로, 내가 고찰하고 있는 대상의 자리에 나 자신을 위치시킴으로써 어떤 의문을 해소시키고자 노력한다면, 이러한 반성과 선고찰은 나의 자연적 원리들의 작용을 방해할 것이며, 그리하여 현상들에 기초하여 어떤 적절한 결론을 형성하는 것을 불가능하게 만들 것임에 틀림없음은 명백하다. 그러므로 우리는 이런 도덕학에서는 인간 생활에 대한 주의 깊은 관찰을 통해 우리의 실험 결과들(experiments)을 수집하여야만 하며, 집단을 이루었을 때의, 사건들에 관련되었을 때의 그리고 즐거움을 느낄 때의 인간 행동에 기초해서, 세계의 일반적 과정에서 드러나는 모습 그대로의 결과들을 받아들여야 한다"(xix, 밑줄은 논자).

흄의 '실험(experiments)'이란 용어의 사용법은 '과학(science)'의 용어법과 마찬가지로 넓다. 오늘날 실험은 실험실과 같은 고립된 환경에서 관련된 요인들을 재생산함으로써 어떤 가설을 테스트하려는 시도를 의미한다. 흄이 인간학에서 실험을 말할 때, 그 의미는 오늘날과 다르다. 위의 인용문에서 볼 수 있듯이, 인간학에서는 이것이 불가능하다고 흄은 분명히 말하고 있기 때문이다. 그렇다면 도덕학에서 실험을 이야기 할 때 흄의 의미하는 바는 단순히 '시험에 부치다(테스트하다)', '사실에 견주어 확인하다'는 뜻으로 보아야 할 것이다. 따라서 흄에게서 실험은 자연과학자의 그것이 아니라 오히려 역사가의 실험에 더 적합한 그런 의미다. 인용문에서 보이는 흄의 견해는 통일 과학의 이념에 반대하는 사람들의 견해와 흡사하다. 학문의 방법과 절차는 그 탐구 대상에 적합해야 하며, 학문들은 그 주제가 다양하기에 서로 다른 탐구 방법을 요구한다는 것이 흄의 견해인 것이다.

3. 과학적 지식의 인식론적 기초들

앞 절에서 논자는 근대 과학, 특히 뉴턴의 탐구 정신과 방법을 인문사회과학의 주제들에 수평적으로 확대 적용하려는 흄의 기획을 집중적으로 살펴보았다. 이제 이 절에서는 흄과 근대 과학의 수직적 관련을 살펴본다. 철학자로서 흄은 근대 과학이 낳은 새로운 지식에 대해 그것의 철학적 기초를 탐구하는 작업과 밀접히 관련되어 있다. 그리고 과학이라는 근대의 대표적 지식 체계에 관한 한, 이런 작업은 당연히 인식론의 몫이 된다. 사실, 근대 과학이 생산한 새로운 지식 체계야말로 근대 인식론을 번성하게 만든 장본인인 것이다.

흄은 근대 인식론의 주된 과제 가운데 하나인, 과학적 지식을 떠받치는 근본 전제들의 정당화적 근거에 관한 문제에 직접적으로 개입되어 있다. 흄이 『논고』에서 탐구 대상으로 삼았던 인식론적 주제들은 다름아닌 당대의 전형적인 과학적 지식들의 전제들이었던 것이다. 이 절에서는 흄의 이러한 탐구들을 그가 『논고』에서 다룬 순서대로 살펴본다. 먼저 흄은 당시 동력학의 전제에 해당하는 인과성 개념에 대해 그 인식론적 근거를 묻는다. 다음으로 물리학적 탐구의 전제에 해당하는 물리적 사물의 존재 문제를 다룬다. 나아가서 심리학의 전제에 해당하는 '자기 동일적 자아'의 존재에 대해 그 정당화적 기초를 문제삼는다.

이러한 탐구의 결과로 흄이 도달하는 결론은, 그러한 과학적 지식들의 전제들은 일종의 '자연적 신념들'이라는 것이다. 이것들은 우리들의 사유와 실천의 밑바탕이 되는 것들로서 우리 지식의 출발점이 된다. 또한 이런 전제들에 대한 그의 자연주의적 설명을 통해 흄은 그것들을 상상력이 낳은 '습관'으로 설명한다. 즉, 그것들은 '인간 마음의 자연적 성향'으로서의 상상력의 산물이라는 것이다. 이러한 전제들은 정당화의 대상이라기보다는 인간 본능의 적나라한 사실로서, 이런 전제들에 대한 인식론적 탐구는 궁극적 정당화의 문제도 회의론의 대상도 아니며, 다만 인간 본성에 관한 사실의 기술로 끝난다는 것이다. 이제 다음에서 이러한 탐구의 상세한 과정을 살펴보자.

1) 인과적 신념

먼저 인과 관계에 대한 우리의 신념을 보자.[10] 우리가 두 개의

10) 『논고』 1권, 3장 참고.

사건들 사이의 인과적 고리를 과거에 경험해왔고, 지금 그 중 하나의 사건을 관찰한다면, 우리는 즉시 다른 하나도 반드시 발생할 것이라고 믿게 된다. 흄의 용어로 말하자면, 우리의 마음은 하나의 관찰로부터 다른 하나의 관찰되지 않은 신념으로 옮겨간다. 우리의 귀납적 사고의 밑바닥에서 일어나는 일이 바로 이러한 마음의 활동이다. 흄은 이러한 추론 작용(마음의 전이)의 적법성을 문제삼는다. 이러한 전이는 합리적 방식으로 정당화될 수 있는가? 이에 답하기 위해 우리는 그 추론을 정당화하는 어떤 이성적 논증이나 경험적 증거를 제시할 수 있어야만 한다. 경험적 증거의 제시는 이미 원리적으로 불가능하다. 문제의 신념은 그 자체가 관찰을 넘어선 어떤 것에 대한 우리의 신념이기 때문이다. 이성적 논증의 가능성은 자연의 일양성(the uniformity of nature)에 대한 우리의 신념을 비판하는 흄의 논증에 의해 제거된다.[11]

결국 흄의 결론은, "우리는 우리가 경험했던 대상들과 우리의 관찰 한계 너머에 있는 대상들 사이에 유사성이 있음에 틀림없다는 것을 가정할 뿐이지 결코 입증할 수는 없다"(T 91-92)는 것이다. 그러므로 우리는 경험을 넘어선 사건들에 관한 그 어떤 신념에 대해서도 정당성을 얻지 못한다. 다시 말해서, 귀납에 관한 흄의 결론은, 그 어떤 논증도 귀납이 의존하는 일양성 원리를 정당화할 수 없기 때문에 우리의 귀납적 추론을 정당화할 수 없다는 것이다. "대상들 자체에는 그것을 넘어선 결론을 추론해낼 근거를 우리에게 제공해줄 수 있는 그 어느 것도 없다. 그리고 대상들의 빈번한 또는 항시적 동반(constant conjuction)을 관찰한 후조차도, 우리는 그 어떤 대상에 대해 우리가 경험했던 것들

11) 앞의 책, pp.88-90 참고.

이상의 추론을 이끌어낼 아무런 이유도 가지지 못한다"(T 139). 결국 인과적 추론은 그 어떤 합리적 방법으로도 정당화될 수 없다는 것이 흄의 결론이다.

그러나 인과적 신념에 관한 흄의 탐구는 회의주의에서 끝나지 않는다. 흄이 한 걸음 더 나아가기 위해 주목한 것은, 이러한 신념이 이것에 상응하는 인상을 갖지 못할 지라도, 그리고 이성적으로 정당화되지 못할지라도, 사람들은 어쨌든 인과적 신념을 확고하게 유지한다는 사실이다. 비록 원인과 결과 사이에 항시적 동반(constant conjunction)만이 관찰된다 하더라도, 사람들은 원인과 결과의 필연적 결합(necessary connection)에 대한 확고한 믿음을 버리지 않는다. 이러한 인과 필연성에 관한 믿음은 자연적 신념에 해당되는 것이다. 예를 들어, '내일 태양이 떠오를 것이다' 또는 '모든 사람은 반드시 죽는다'는 사실을 그저 그럴 법한 일이라고 말한다면, 이는 터무니없는 소리처럼 들릴 것임을 흄은 분명하게 인정한다. 이러한 확고한 믿음은 뒤에서 살펴볼 물리적 대상 세계가 존재한다는 신념과, 지속적인 통일체로서의 자아가 존재한다는 신념에도 똑같이 적용된다.

그렇다면 이러한 확고한 믿음은 어디서 왔는가? 궁극적으로는 우리 마음의 자연적 경향성에서 왔다고 흄은 결론짓는다. 그에게 자연적 경향성이란 '상상력'이나 '본능'과 바꿔 쓸 수 있는 개념으로서, 우리 마음의 작용을 설명하는 근본 원리에 해당한다고 볼 수 있다.

2) 물리적 대상의 존재

다음으로 흄은 물리적 대상(즉, 외부 세계)의 존재에 대한 신념에 대해서도 그 이성적 정당화에 대해 극단적인 회의주의 논증을 제시한다.[12] 흄에 따르면, 우리는 우리에게 감각 경험의 '항시성(constancy)'과 '정합성(coherence)'이 주어질 때, 물리적 대상의 지속적이고 독립된 존재를 믿게 된다. 이런 신념이 경험적 증거에 의해 정당화될 수 없음은 명백하다. 흄에 의해 제기된 물음 자체가 이미 우리는 지속적이고 독립된 물리적 대상을 관찰하는 것이 아니라 우리의 감각 자료가 보여주는 항시성과 정합성만 관찰할 뿐임을 전제하고 있기 때문이다. 따라서 이성적 논증을 제공하는 방법만 남는다. 이에 대해 흄은 지각 표상설에 기초한 철학적 입장을 검토하고, 이런 입장의 난점을 지적함으로써 이성적 논증의 가능성을 부정한다.

철학적 체계는 일상적 체계와 동일한 기초 가정을 유지하고 있다. 흄에 따르면, "우리를 대상과 지각이라는 이중적 존재의 견해로 이끌 만한 오성 또는 환상의 원리는 결코 없으며, 우리는 단지 중단된 지각들의 동일성과 지속성에 대한 일상적 가설을 통함이 없이 그것[철학적 체계]에 도달할 수 없다"(T 211). 비록 그런 체계가 우리의 지각은 잠시적이고 사멸하며 감각 기관에 의존하다는 반성에 기초할지라도, 이성 혼자만으로는 지각들의 원인으로서 대상의 존재를 추론할 수 없다. 여기서 흄은 로크와 같은 표상적 실재론자들에 의해 자주 사용되는 '인과적 논증'을 비판하고 있다. 즉, "지각을 제외한 어느 것도 마음에 나타나지 않으므로 우리는 여러 다른 지각들 간의 원인과 결과의 관계 또는 연관은 관찰할 수 있을 지라도, 지각들과 대상들 간의 그것은 결코 발견할 수 없다"(T 212). 그러므로 흄은 지각의 존재 또는

12) 앞의 책, 1권 4장 2절('Of scepticism with regard to the sense') 참고.

성질들에 기초하여 대상의 존재를 지지하는 어떠한 논증도 구성할 수 없다고 결론짓는다.

이런 이유에서, 흄은 이러한 철학적 체계는 일상적 체계와 마찬가지로 상상력을 통해서 자신의 영향력을 획득한다고 주장한다. 사실상 전자의 체계가 그럴 듯하게 보이는 것은 상상력의 작용 때문이며, 그렇기에 전자는 상상력으로부터 자유로울 수 없다. 흄에 따르면, "철학적 체계는 이성에 대해서도 상상력에 대해서도 아무런 우위를 얻지 못한다"(T 213). 결국 철학적 체계가 지니는 그럴 듯함은 이것이 극복했다고 주장하는 일상적 체계에 토대를 두고 있는 것이다. 그러므로 흄의 결론은 인과적 신념의 경우와 마찬가지로 정당화에 대해 부정적이다. 지속적이고 독립적인 물리적 대상이 존재한다는 우리의 신념은 그 어떤 합리적 논증에 의해서도 정당화되지 못한다는 것이다.

그러나 앞서 살펴본 인과적 신념의 경우처럼, 흄은 물질 대상에 대한 신념을 부정하지 않는다. 이 신념 역시 일상인들에 의해 확고하게 받아들여지는 자연적 신념인 것이다. 흄은 '감각에 관한 회의주의에 대하여'라는 절의 서두부터 이를 분명히 밝혀두고 있는데, 그 신념은 우리의 의지를 넘어선 어떤 것으로서, "자연이 미리부터 마음에 심어놓아 피할 수 없게 만들어버린", 그래서 "우리가 우리의 모든 추론에서 당연히 받아들여야만 하는"(T 183) 것이라고 말한다.

3) 자아의 자기동일성

마지막으로 자아에 관한 신념에 대해서도 흄은 그 정당화 가능성을 부정한다.[13] 먼저 그러한 신념은 우리의 감각에 근거하지 않는다. 다시 말하여, 그것은 경험적 증거에 의해 정당화되지 못한다. 우리는 '자아'라고 하는 단일한 인상을 관찰할 수 없으며, 자아가 한 무리의 지각들이라 여겨진다면, 이것들 사이의 동일성의 관념을 관찰할 수 없다. 또한 그 신념은 이성에 근거하지도 못한다. 즉, 이성적 논증에 의해 정당화되지 못한다. 왜냐하면 '자아'라고 하는 실체를 가정함으로써 그 신념을 정당화하려는 그 어떤 형이상학적 이론도 유지될 수 없기 때문이다.

먼저 흄은 경험주의적 성격의 형이상학적 논제, 즉 영혼 또는 자아가 실체로서 존재한다는 논제를 검토한다. 즉, 흄이 첫 번째 과녁으로 삼는 것은 우리 저마다는 소위 자아라고 불리는 것을 우리 자신의 경험을 통해 직접 의식한다는 논제다. 흄의 관찰에 따르면 "우리는 자아라고 불리는 것을 매순간마다 직접 의식하며, 그 존재와 존재의 지속성을 느낀다고 생각하며, 그것의 동일성과 단일성에 관해 증명의 명증성 이상으로 확신하는 몇몇 철학자들이 있다"(T 251). 만일 이들의 주장이 맞다면, 자아에 관한 우리의 신념은 감각으로부터 직접 오는 것이 되며, 감각에 근거를 두고 있는 것이 된다. 그러나 흄은 이러한 가능성을 부정한다. 그러면서 그는 여느 때처럼 이렇게 묻는다: "이러한 관념은 어떤 인상으로부터 도출될 수 있는가?"(T 251)

나아가서 다음과 같이 논증한다. 자아의 관념은 우리의 인상에 준거하므로, "만일 어떤 인상이 자아의 관념을 일으킨다면, 그 인상은 우리 삶의 전 과정을 통해서 동일한 것으로서 불변적으로 지속되어야 할 것이다. 왜냐하면 자아란 그런 식으로 존재

---

13) 앞의 책, 1권 4장 6절('Of personal Identity') 참고.

한다고 상정되기 때문이다. 그런데 그런 항시적이고 불변하는 인상이란 없다." "결국", 흄은 결론짓기를, "그런 관념은 없다"(T 251). 이렇게 흄은 우리의 관념의 근거 또는 근원이 우리의 감각에 있을 가능성을 부정한다. 흄은 이 논점을 계속 진행하여 이렇게 말한다. "나로서는, 소위 나 자신이라는 것에 가장 근접해 들어갈 때, 나는 늘 더움이나 차가움, 밝음이나 그늘짐, 사랑이나 증오, 고통이나 쾌락 등의 몇몇 개별적 지각들만을 마주치게 된다. 나는 그 어느 순간에도 지각 없이는 나 자신을 결코 파악할 수 없으며, 지각 말고는 결코 아무것도 관찰할 수 없다"(T 252). 다시 말해서 흄에 따르면, 내성을 통하여, 자아의 관념의 근원이 되는 아무런 인상도 발견할 수 없다는 것이다. 우리 각자가 내부를 살펴볼 때, 우리는 다만 생각들, 느낌들, 바람들을 발견할 뿐이며, 우리의 자아들을 발견하지는 못한다는 것이다.

그러나 흄은 앞서 살펴본 인과적 신념이나 물리적 대상의 존재에 관한 신념과 마찬가지로 자아에 대한 신념도 피할 수 없는 어떤 것, 즉 자연적 신념임을 인정한다. 흄에 따르면, "이러한 실수를 하는 경향성은 너무도 커서 … 우리는 우리가 깨닫기도 전에 거기에 빠져든다 ; … 우리는 … 이런 치우침을 상상력에서 제거할 수 없다"(T 254)는 것이다. 뒤따르는 흄의 설명은 상상력이 어떻게 작용하여 우리에게 그러한 신념을 낳는가에 관한 설명이다. 그에 따르면, 자아의 관념을 일으키는 인상들은 '유사성'과 '인과성'의 성질을 보이는데, 이러한 두 가지 성질로부터 우리의 마음은 자연스럽게 '동일성'의 관념 쪽으로 이전해간다는 것이다.

4) 흄의 인식론적 자연주의

흄은 앞서 살펴본 세 가지 신념들은 궁극적으로 우리 마음의 자연적 경향성에서 왔다고 흄은 결론짓는다. 그에게서 자연적 경향성이란 '상상력', '본능'과 바꾸어 쓸 수 있는 개념으로서 우리 마음의 작용을 설명하는 근본 원리에 해당한다고 볼 수 있다. 사물이 인과적으로 움직인다고 하는 우리의 신념, 물리적 대상들로 이루어진 외부 세계가 존재한다고 하는 신념, 그리고 자기 동일성을 지닌 자아가 존재한다는 신념들도 결국은 이러한 인간의 본능적 경향성으로 인해서 생겼다고 하는 것이 근대 인식론의 주요 주제들에 대한 그의 인간학적 탐구의 최종 결론이다. 흄에게서 이것이 우리의 지식에 관해서 말할 수 있는 전부다. 흄의 이러한 탐구는 비단 인식론적 주제들에 한정되지 않는다. 도덕과 종교에 관해서도 흄은 마찬가지 방식으로 탐구한다. 이러한 탐구가 바로 흄이 주창한 '인간학'의 내용이며, 이런 점에서 흄은 무엇보다도 인간 본성(human nature)을 탐구한 철학자라고 할 수 있다. 그렇기에 경험주의자로 그리고 회의주의자로 널리 알려져 있는 흄에게 오늘날의 흄 연구자들이 추가적으로 부여하는 타이틀이 바로 '자연주의자'다.

앞서 살펴보았듯이 흄의 자연주의적 탐구는, 관찰과 실험의 방법에 기초하여 어떻게 우리가 이러저러한 신념을 가지게 되는가를 설명하는 쪽으로 진행한다. 이러한 탐구는 그가 우리의 감각 자료와 신념들 간에 뛰어넘을 수 없는 간격이 있다는 것을 지적한 후에 본격적으로 진행된다. 즉, 우리의 근본 신념들의 정당화 문제에 대한 그의 회의론적 논증 이후에야 비로소 그는 충분한 정당성을 가지고 그런 신념들을 인간 본성의 몇 가지 경향성들에 기초해서 설명해나간다.

우리는 여기서 흄과 콰인 사이의 유사성을 관찰할 수 있다.[14] 즉, 그들은 모두 규범적이라기보다는 기술적인 인식론의 형태를 제안하며, 그것은 양자가 모두 인간의 사고는 항상 증거를 넘어서며 따라서 이것들을 정당화될 수 없고 다만 '외적 자극'과 이에 대한 '주관 쪽에서의 반응'이라는 개념들에 기초해서 설명될 수 있을 뿐이라고 믿기 때문이다.

그렇지만, 지나쳐서는 안 될 흄 자연주의의 특징 또는 현대 지식론에서의 자연주의와의 차이점이 있다. 즉, 기초 신념들이 지니는 '흔들리지 않는 확신' 및 이 확신을 낳은 상상력의 작용이 그것이다. 흄의 인식론적 자연주의의 중심 논제는 '우리의 기초 신념들은 궁극적으로 인간 본성의 자연적 경향성에 뿌리박고 있다'는 것이다. 즉, 이런 신념들은 이것들이 우리의 이성이 아니라 우리의 인간 본성에 바탕을 두고 있기 때문에 우리에게 확고하게 유지된다는 것이다. 한마디로 그것들은 본능적 반응이다. 이런 특징이 흄 자연주의의 핵심이자 특징이며, 나아가서 바로 이것이 그 신념들의 흔들리지 않는 확신을 설명해주는 것이다.

14) 인식론적 자연주의를 놓고 흄과 콰인을 비교한 내용은 다음의 글 참고: 김효명, 「흄의 자연주의」, 『영국경험론』, 아카넷, 2001, pp.92-116 ; 최희봉, 「흄의 자연주의 : 흄과 '자연화된 인식론'」, 『철학연구』 제37집, 철학연구회, 1995, pp.147-169.

4. 맺음말

흄을 자연주의자라고 부를 때 그 의미를 정확히 규정하거나 이해하기는 결코 쉽지 않으며, 흄 연구가들마다 그 자연주의의 의미가 서로 다르다. 현재로서 논자는 흄 자연주의를 규정하는 가장 안전한 개념으로 '인간 본성'을 꼽겠다. 즉, 흄의 자연주의란 바로 '인간본성주의(human nature-ism)'를 말한다고 하면 가장 안전하리라는 것이 논자의 생각이다. 17~18세기 유럽 계몽주의의 흐름 속에서 인문학 쪽에서 진행된 인간 본성에 대한 탐구 계획을 흄이 자신의 과제와 방법으로 채택했다는 점에서, 그리고 인간 본성에 속한 개념들을 가지고 인간의 제 현상들을 설명한다는 점에서, 흄에게서는 '인간 본성'이 핵심 개념이다. 물론 이런 의미 규정으로 흄의 자연주의를 이해하기에는 그 외연이 너무 크고 그 내포가 너무 작다.

이런 이유에서 논자는 이 논문을 통하여 흄의 자연주의의 의미를 조금 더 분명히 이해해보고자 했으며, 이러한 시도는 흄 자연주의의 근대 과학적 측면과 인식론적 측면의 고찰을 통해서 이루어졌다. 이제 마지막 한 가지 고찰로 이 논문을 마치겠다. 흄과 근대 과학의 수평적 · 수직적 관련의 접점에 관한 것이 그것이다.

흄의 과학적 자연주의와 인식론적 자연주의의 접점은 무엇일까? 논자는 이것을 인간 능력의 한계에 관한 진정한 인식에서 찾고자 한다. 뉴턴 과학의 새로운 방법이 그랬듯이 흄이 도입한 방법이나 그 정신에서 우리는 인간 능력(이성적 감각적 능력)의 한계에 대한 철저한 인식을 본다. 또한 흄의 인식론적 자연주의에서 우리의 지식에 대한 궁극적 정당화의 한계에 대한 솔직한 자인(自認)을 본다.

흄이, 그리고 가설을 거부하는 뉴턴의 정신을 이어받은 과학이라면, 인간 인식의 한계에 대한 자각은 그 어느 탐구 영역에서든 그 어느 시대에서든 망각해서는 안 될 중요한 앎 중의 하나임은 분명한 것 같다. 그래서 다시 흄 『논고』의 서론에서 확인해보자.

> "절망은 즐거움과 거의 똑같은 효과를 갖으며, 그리하여 우리가 욕망 충족의 불가능성을 깨닫게 되자마자 그 욕망 자체가 사라져버린다. 이것처럼 분명한 것은 없다. 그렇기에 인간 이성의 궁극적 한계에 도달했음을 알게 될 때, 우리는 그 지점에서 멈추고는 그것으로 만족해한다. 비록 우리가 무지의 한가운데서 완벽하게 만족해하면서도 동시에 우리는 가장 일반적이고 가장 세련된 원리들을 설명할 근거를 제공할 능력이 없으며 다만 그런 원리들의 실재를 경험하기만 할 뿐이라는 것을 알고 있을지라도 말이다"(T xviii).

흄이 '인간 본성'에 대한 탐구를 통해 얻은 가장 값진 지식이란 다름아닌 '인간 본성의 한계', 즉 '인간이 지닌 본성상의 한계'에 관한 지식이라고 말한다면 이것은 그저 역설적 표현에 불과할 것인가?

□ 참고 문헌

김효명, 「흄의 자연주의」, 『철학적 자연주의』, 한국분석철학회 편, 1995.
______, 『영국경험론』, 아카넷, 2001.
르네 데카르트, 『철학의 원리』, 원석영 옮김, 아카넷, 2002.

서양근대 철학회, 『서양 근대 철학』, 창작과비평사, 2001.
최희봉, 「흄의 자연주의 : 흄과 '자연화된 인식론'」, 『철학연구』 제37집, 철학연구회, 1995, pp.147-169.
Cajori, Florian, trans., *Sir Isaac Newton's Mathematical Principles of Natural Philosophy and His System of the World*, University of California Press, 1962.
Capaldi, Nicholas Capaldi, *David Hume : The Newtonian Philosopher*. Boston : Twayne, 1975.
______, *Hume's Place in Moral Philosophy*. New York : Peter Lang, 1989.
Fogelin, Robert J., *Hume's Skepticism in the Treatise of Human Nature.* London : Routledge & Kegan Paul, 1985.
Hume, David, *A Treatise of Human Nature*, ed. L.A.Selby-Bigge, M. A. London : Oxford Uni. Press, 1978.
Stroud, Barry, *Hume.* London : Routledge & Kegan Paul, 1977.

제 7 장

칸트에게서 자연과학의 성립 가능성*

김 성 호

1. 문제의 제기

칸트를 좁은 의미에서의 과학철학자라고 부르기는 어렵다. 현재 우리가 일반적으로 사용하는 의미에 따를 때 과학철학자란 과학적 탐구 전반의 본성과 방법을 밝히고 이를 통하여 개별적인 과학 분과들의 기초를 제공하려는 학자다. 칸트를 과학철학자로 부를 수 없는 까닭은 그가 이런 탐구를 하지 않았기 때문이 아니라 그의 다양한 철학적 탐구와 성과를 과학철학이라는 좁은 범주로 제한할 수 없기 때문이다. 오히려 칸트는 자신의 고유한 체계 안에서 인간의 모든 사유와 활동을 해석한 진정한 고전 철학자다. 그의 철학적 관심은 자연과학뿐만 아니라 예술, 종교,

* 이 논문은 2002년도 기초 학문 육성 인문 사회 분야 지원 사업의 일환으로 한국학술진흥재단의 지원(KRF-2002-074-AM1518)에 의해 연구되었음.

법, 도덕, 정치 등 인간과 관련된 모든 것을 포괄한다.

하지만 칸트는 자연과학을 특별히 주목하는데, 그 까닭은 자연과학이 인간의 사유 방식을 명확히 드러내는 한 분야일 뿐만 아니라 그가 활동한 시기가 이른바 계몽주의 시대로 불리는 18세기이기 때문이다. 18세기는 16세기 이래로 진행되었던 과학혁명이 정점에 도달했던 시기며, 이를 예증이라도 하듯 뉴턴 물리학의 체계가 등장하여 자연과학의 위상이 그 이전 어떤 시기보다 높고 확고했던 시기였다.

잘 알려져 있듯이 이런 상황에서 제기된, 인과성에 대한 흄(Hume)의 회의는 자연과학의 성립 가능성을 뒤흔드는 심각한 문제로, 자연과학의 기초를 붕괴시키는 커다란 충격으로 여겨졌다. 한편으로는 흄의 회의론을 접하고 다른 한편으로는 뉴턴 물리학의 놀라운 성과를 알고 있었던 칸트는 자신의 비판 철학의 체계를 통하여 자연과학 일반의 기초를 마련하고 뉴턴 물리학의 철학적 근거를 제공하려는 시도를 하게 된다.

이러한 칸트의 시도는 주로 『순수이성비판(*Kritik der reinen Vernunft*)』(이하 *KrV*로 약칭함)과 『프롤레고메나(*Prolegomena*)』(이하 *Prol.*로 약칭함)를[1] 통해서 주로 이루어지는데, 그의 기본 입장은 흄이 문제삼았던 인과성이 보편적으로 타당하며 동시에 필연적임을 보이는 것이다. 이를 위하여 칸트는 우선 자연과학의 탐구 대상이 물 자체가 아니라 우리 인간의 경험을 통해서

1) 이 논문에서 칸트의 원전을 인용할 경우 통례에 따라 『순수이성비판』의 경우에만 초판(1781)의 쪽수를 A, 재판(1787)의 쪽수를 B로 표시하였고, 나머지 저술은 왕립 프로이센학술원과 그 후계자들이 편집한 이른바 학술원 판(Akademie Ausgabe) 『칸트전집(*Kants Gesammelte Schriften*)』에 따라 권수는 로마숫자로, 쪽수는 아라비아숫자로 표시하였다. 예를 들어 IV, 257은 이 전집의 4권 257쪽을 나타낸다.

성립된 인식임을 밝히고, 이러한 인식을 가능하게 하는 구조 또는 조건으로서의 범주들 중 관계에 속하는 것에 인과성의 범주를 포함시킴으로써 인과성이 필연적이고 보편적임을 주장한다. 이러한 칸트의 입장이 자연과학 전반의 성립 가능성을 확보하기 위한 것이라면 개별 자연과학의 근거에 대한 논의는 아직 그리 많이 연구되지 않은 저술인 『자연과학의 형이상학적 기초(*Metaphysische Anfangsgründe der Naturwissenschaft*)』(이하 *MAN*으로 약칭함)를 통해서 이루어진다. 이 저서에서 칸트는 자연과학을 운동량학, 동역학, 운동역학, 운동현상학이라는 네 분야를 나누고 이들 각각의 형이상학적 기초에 관해 상세히 언급하고 있다.

따라서 논자는 칸트가 생각한 자연과학의 성립 가능성을 다음과 같은 순서에 따라 고찰하려고 한다. 우선 칸트로 하여금 자연과학의 기초에 대하여 생각하도록 만든 계기가 되는 흄의 회의와 이에 대한 칸트의 반응을 살펴보고, 두 번째로 『순수이성비판』과 『프롤레고메나』를 통하여 칸트가 주장하고 있는 인과성의 범주와 이성의 규제적 사용 및 이들의 결과로 성립하는 자연과학의 일반의 성격을 밝히려 한다. 그리고 세 번째로는 『자연과학의 형이상학적 기초』에서 드러나는 칸트의 사유 방식을 추적하려 한다. 이를 통하여 자연과학의 성립 가능성에 대한 칸트의 견해가 당시의 자연과학과 어떤 상호 관련을 맺고 있는지, 현대에는 어떤 함의를 지니는지를 체계적으로 밝힐 것이다.

2. 흄의 회의론에 대한 칸트의 반응

칸트는 『순수이성비판』과 『프롤레고메나』를 저술하기 훨씬 전부터 자연과학에 대하여 대단한 관심을 지니고 있었으며, 자연과학 분야의 저술과 함께 본격적인 저술 활동을 시작한다.[2] 그가 최초로 출판한 저술인 『활력의 올바른 측정에 관한 고찰들(*Gedanken von der wahren Schätzung der lebendigen Kräfte*)』(1749)로부터 그 후 10여 년에 걸친 이른바 비판기 이전의 상당 기간 동안 칸트는 현재의 관점에서 보면 거의 순수 자연과학에 가까운 주제들에 관한 다양한 저술들을 출판한다. 『활력의 올바른 측정에 관한 고찰들』에서 그는 이른바 당시 기하학자들 사이에서 벌어지고 있는 분열을 화해시키려는 시도를 하는데, 이는 질량(m)과 속도(v)로부터 힘(K)을 계산하는 방법과 관련된 것이다. 여기서 칸트는 자유 운동을 주장하는 라이프니츠주의자들의 계산법($K=m \cdot v^2$)을 활력(살아 있는 힘)의 계산이라고 보고 옹호하는 반면, 데카르트 추종자들의 계산법($K=m \cdot v$)은 사력(죽은 힘)의 계산법이라고 비판하고 있다. 또한 1755년에는 『보편적인 자연사와 천체 이론(*Allgemeine Naturgeschichte und Theorie des Himmels*)』을 출판하여 천문학적인 주제를 다루기도 한다. 이 글에서 칸트는 태양계와 전체 우주의 생성에 관한 이론을 순수 역학에 의존하여 간략하게 제시하는데 그 자신은 이 주제를 신학적 고려 없이 오직 자연적인 근거들에만 의존하여 다루려 하였다고 고백한다. 이러한 칸트의 이론은 발표 직후에는 널리 알

---

2) 이하 비판기 이전에 이루어진 칸트의 자연과학적 탐구에 대해서는 오트프리트 회페, 『임마누엘 칸트』, 이상헌 옮김(서울 : 문예출판사, 1997), 27-29쪽 참조.

려지거나 많은 논의의 대상이 되지는 않았다. 하지만 1796년 라플라스(Laplace)가 칸트와는 별도로 칸트와 유사한 우주 생성의 가설을 발표하자 이 가설과 더불어 칸트의 이론도 널리 알려지게 되었고 그 후 이 이론은 '칸트-라플라스 이론'이라는 이름으로 불리면서 오랫동안 천문학적 논의의 중요한 주제가 되었다.

이외에도 칸트는 라틴어로 저술한 박사 학위 논문인 『불에 관한 연구(*Meditationum quarundum de igre succincta delineatio*)』(1755)를 비롯하여 『불에 관하여(*De igre*)』, 또한 『바람에 대한 이론의 해명에 관한 새로운 주석(*Neue Anmerkungen zur Erläuterung der Theorie des Winde*)』(1756) 등을 통하여 다양한 자연과학적 주제를 다룬다. 물론 이 시기에 칸트가 철학적인 저술을 하지 않은 것은 아니지만 이때의 관심은 대체로 자연과학에 집중되어 있었다고 말할 수 있다. 하지만 이 시기의 저술들에서는 자연과학의 성립 근거에 대한 논의 또는 자연과학에 대한 회의 등은 거의 등장하지 않는다. 바꾸어 말하면 칸트는, 자신의 표현대로, 아직 독단적 형이상학의 꿈에서 깨지 못하고 라이프니츠의 체계를 기초로 자연과학을 탐구하였다고 할 수 있다.

칸트가 흄의 저술을 접한 것은 1760년대 후반으로 여겨진다.[3] 이를 통하여 칸트는 흄이 인과성의 문제와 관련해서 원인과 결

3) Friedman의 지적에 따르면 칸트는 1760년대 초반에 이미 인과성에 대한 최소한의 문제 의식을 지니고 있었다. 칸트는 1763년에 출판된 저술 『음수로 표시된 크기 개념을 철학에 도입하려는 시도(*Versuch, den Begriff der negativen Größen in die Weltweisheit einzuführen*)』에서 "어떤 것이 존재하기 때문에 다른 어떤 것도 존재해야만 한다는 점을 나는 어떻게 파악할 수 있는가?"라는 (II, 202) 질문을 던진다. 하지만 이런 문제 의식이 인과성에 대한 흄의 회의를 접한 후에 등장한 것으로 보기는 어렵다. M. Friedman, "Causal Laws and the Foundations of Natural Science", *The Cambridge Companion to Kant*, ed. P. Guyer(Cambridge : Cambridge Uni. Press, 1992), 192쪽, 주 2) 참조.

과의 시간, 공간적 근접성 그리고 결과에 대한 원인의 시간적 선행은 인정하지만 이 둘 사이에 필연적인 결합이 존재한다는 점은 부정한다는 사실을 발견한다. 흄에 따르면 원인과 결과의 결합의 필연성은 외적으로도 내적으로도 지각되지 않으며 또한 이성의 대상으로서의 논리적 필연성도 지니지 않는다는 것이다. 또한 흄은 원인과 결과라는 두 사건은 과거의 많은 사례들에서 언제나 인접해서 발생한다는 경험만 제공할 뿐 원인과 결과 사이의 필연성은 전혀 보장될 수 없는 것이다. 이러한 흄의 회의는 자연과학의 기본 전제 중에 하나인 인과성의 보편 타당성을 부정하는 것으로 나아간다. 인과성은 항상 연결되어 발생하는 두 사건의 반복과 이를 경험함으로써 얻어진 습관일 뿐 더 이상의 어떤 필연성도 지니지 않는 것이 되고 만다.[4] 이러한 흄의 견해에 접한 칸트는 이것이 매우 심각한 문제를 제공함을 바로 인식하게 되며 이전의 독단적 합리론의 입장을 통해서는 이를 해결할 수 없음을 깨닫는다. 그리고 이러한 인식을『프롤레고메나』에 등장하는 널리 알려져 있는 문구, 즉 '흄이 나를 독단의 꿈으로부터 깨웠다'(*Prol.*, Ⅳ, 261)는 문구를 통해서 극적으로 표현한다. 그리고 이후 칸트의 시도는 흄의 회의론을 극복하는 동시에 뉴턴의 자연과학적 성과를 정당화하고 이에 근거를 제공하는 새로운 입장을 정립하는 것에 집중된다.

흄을 통하여 독단의 꿈에서 깨어난 칸트는 마침내 당시 독일의 철학계를 지배하고 있었던 라이프니츠와 볼프의 합리론적 강단 형이상학과 결별을 선언한다. 또한 이들의 후계자인 바움가르텐(A. G. Baumgarten)이나 크루지우스(C. A. Crusius)와도 결

4) 특히 인과성에 대한 흄의 회의가 가장 분명하게 드러난 부분으로는 Hume, *An Enquiry Concerning Human Understanding*, 2부 4절 참조.

별하게 된다. 칸트는 더 이상 형이상학을 이성만의 순수한 체계로 규정하지 않고 오히려 '인간 이성의 한계를 밝히려는 학문'으로 규정하게 된다. 이렇게 흄의 철학을 통하여 칸트는 사변 철학의 영역에서 자신의 연구에 전혀 다른 방향을 제시받게 되었다. 하지만 칸트가 흄의 회의적인 결론들을, 특히 인과성에 대한 회의를 그대로 받아들인 것은 결코 아니다. 흄은 인과성의 원리가 일종의 습관에 비롯된다고 생각하였지만 칸트는 이를 부정하고 인과성을 오성에 기초한 것으로 해석하려는 시도에 착수한다.

3. 인과성의 확보와 자연과학의 성립 가능성

인과성을 확보함으로써 자연과학의 성립 가능성을 제시하려는 칸트의 시도는 '어떻게 순수 자연과학이 가능한가?'라는 제목이 붙은 『프롤레고메나』(2부, 14~39절)에서 잘 정리된 형태로 제시되는데 이 문제를 본격적으로 논의하기에 앞서 칸트는 같은 책의 서문에서 자신이 흄의 회의로부터 받은 영향과 이를 극복하기 위한 해결책의 방향을 다음과 같이 잘 요약하여 제시한다.

> 나는 우선 흄의 이러한 반박[인과적 필연성에 대한 반박]이 보편적으로 제시될 수 있는가를 검토했고 이 결과 다음과 같은 사실을 발견하게 되었다. 원인과 결과의 연결이라는 오성이 선천적으로 사물들의 연결을 생각할 때 등장할 수 있는 유일한 개념이 결코 아니며 형이상학 전반이 오직 이런 개념들로만 구성된다는 점이다. 그래서 나는 이런 개념들의 수를 확실하게 결정하려고 하였다. … 예민한 선구자인 흄은 이런 연역이 불가능하다고 생각하였다. 그리고 그를

제외한 나머지 모든 철학자들은 이런 개념들의 객관적 타당성이 어디에 근거하고 있는지 물어보지도 않고 이런 개념들을 대담하게 사용해왔다. 이제 감히 말하거나와 이 연역은 지금까지 형이상학을 위해서 수행된 것 중 가장 어려운 작업이었다. 그리고 더욱 곤란했던 점은 기존의 어떤 형이상학도 나의 작업에 어떤 도움도 주지 못하였다는 것이다. 왜냐하면 이 연역은 우선 형이상학 자체의 가능성을 확립해야만 하기 때문이다. 나는 특별한 경우뿐만 아니라 순수 이성의 능력 전체와 관련해서도 흄의 문제를 해결하는 데 성공하였다. 이 때문에 나는 매우 느리기는 하지만 안전하게 한 걸음씩 나아가 마침내 순수 이성의 전체 범위를 보편적 원리에 따라서 그 내용과 한계 모두의 측면에서 완전하게 구축할 수 있었다. 그리고 이런 작업은 형이상학이 자신의 체계를 확실한 기획에 따라 구성하기 위하여 반드시 필요한 것이었다(*Prol.*, Ⅳ, 260).

이러한 계획에 따라 칸트는 우선 흄의 인과성에 정면으로 반대되는 두 전제를 채용하고 이를 논증하는 방식의 전략을 선택한다.[5] 첫 번째로 칸트는 원인과 결과 사이에는 필연적인 연결이 분명히 존재한다는 점, 즉 인과성이 필연적임을 전제한다. 칸트에 따르면 어떤 사건 A가 다른 사건 B의 원인이라는 말은 단지 A와 B가 경험적으로 결합되어 있음이 아니라 B가 A로부터 필연적으로 도출됨을 의미한다. 이를 통하여 칸트는 흄이 분명히 거부하였던 원인과 결과 사이의 필연적 연결을 부활하려고 한다. 그리고 자신이 이런 연결을 성공적으로 확보한다면 흄의 주장을 충분히 반박하게 되리라고 생각한다.

흄에 반대하는 칸트의 두 번째 전제는 원인과 결과의 결합이

5) 이런 두 전제에 대해서는 Friedman, 앞의 논문, 162-163쪽 참조.

필연적일 뿐만 아니라 엄격하게 보편적인 법칙 또는 원리에 따라 확보되어야 한다는 것이다. 즉, 인과성은 보편적이어야만 하는데 이때의 보편성은 단지 '경험적인' 또는 '상대적인' 보편성과 뚜렷하게 구별되는 '절대적인' 것이어야 한다.[6] 사건 A가 사건 B의 원인이라고 말할 때 이것이 보편적이 되려면 A와 동일한 유형에 속하는 모든 사건들이 필연적으로 B와 동일한 유형에 속하는 모든 사건들이 원인이어야만 한다. 그런데 우리는 이러한 보편성을 경험에 근거해서는, 예를 들면 귀납의 방법을 통해서는 결코 확보할 수 없다는 사실을 이미 알고 있다. 우리가 관찰을 통하여 A와 동일한 유형의 사건이 B와 동일한 유형의 사건을 낳는 사례를 아무리 많이 경험한다 할지라도 이로부터 미래의 모든 경우에서도 이러한 A와 B 사이의 관계가 유지되리라는 점을 이끌어낼 수는 없다. 결국 경험에 근거해서는 인과 관계의 필연성도 엄밀한 보편성도 확보될 수 없다는 점이 확인된다.

그렇다면 칸트는 자신이 전제한 필연적이고 보편적인 인과성을 확보하는 데 성공하는가? 성공한다면 어떻게 성공하는가? 필연적이고 보편적인 인과성이 경험을 통해서 확보될 수 없다면 칸트에게 남는 유일한 가능성은 경험과 무관한(a priori) 인식의 근원 또는 인식 능력으로부터 인과성을 이끌어내는 것뿐이다. 그리고 이러한 인식의 근원 또는 능력은 당연히 가능한 경험에 객관적인 판단을 부여하는, 경험과 무관한 조건으로서의 오성일 수밖에 없다. 그리고 인과성에 대한 우리의 판단이 이렇게 경험과 무관하게 확보될 경우에만 우리는 A와 동일한 유형에 속하는 모든 사건들이 B와 동일한 유형에 속하는 모든 사건들의 원인이라고 말할 수 있다.

6) 상대적인 보편성과 절대적인 보편성의 구별에 대해서는 *KrV*, B 3-4 참조.

이러한 칸트의 주장을 더욱 자세히 살펴보면 우선 칸트는 경험적인 면에서는 인과성이 시간적 계기와 관련이 된다는 흄의 입장에 동의한다. 하지만 칸트는 인과성의 개념 자체가 필연성을 내포하고 있는데, 이를 간과하고 오직 경험적으로 접근하는 흄의 분석은 옳지 않다고 생각한다. 즉, 칸트는 필연성은 어떤 경험적인 것으로부터도 도출될 수 없으므로 인과성을 경험적인 것만으로 정의할 수는 없다는 입장을 취한다. 그리고 칸트는 경험적인 자연 법칙과 순수한 또는 보편적인 자연 법칙을 분명하게 구별함으로써 이런 자신의 주장을 더욱 강화한다. 그는 『프롤레고메나』에서 다음과 같이 말한다.

> 하지만 우리는 경험적인 자연 법칙, 즉 항상 특수한 지각을 전제하는 자연 법칙과 순수한 또는 보편적인 자연 법칙, 즉 특수한 지각이라는 기초가 없이 오직 경험적 지각들의 필연적 통합을 위한 조건만을 포함하는 법칙을 서로 구별하여야 한다. 그런데 후자에 있어서는 자연과 가능한 경험이 완전히 그리고 절대적으로 동일하다. 여기서 자연의 합법칙성은 경험적 현상들의 필연적 결합에 의존한다(이런 필연적인 결합이 없다면 우리는 감성계의 대상들을 전혀 인식할 수 없다). 따라서 자연의 합법칙성은 오성의 근원적 법칙에 의존한다. 이제 다음과 같은 나의 언급은 언뜻 보기에는 이상할지 모르지만 확실하게 참이 된다. 즉, 오성은 자신의 (경험과 무관한) 법칙들을 자연으로부터 도출하는 것이 아니라 그 법칙들로 자연을 규정한다(*Prol.*, Ⅳ, 320).

또한 칸트는 『순수이성비판』에서 자연의 보편적인 인과필연성과 결합된 자유의 우주론적 이념을 해명하면서 자연 법칙을 다음과 같이 설명한다. “생성되는 모든 것은 어떤 원인을 갖는다. 이 원인의 인과성, 즉 어떤 결과를 산출하는 작용은 시간적으로 결과보다 선행하며 또한 이 결과는 새로이 발생한 것이므로 그 원인을 현상들 속에 지니고 있으며 이 현상들에 의해서 규정되는 것이다. 그리므로 모든 사건은 자연 질서에서 경험적으로 규정되어 있다. 이것이 바로 자연 법칙이다. 현상들은 이러한 자연 법칙에 의해서 비로소 자연을 형성하고 경험의 대상들을 부여할 수 있는데 이것이 바로 오성의 법칙이다. 그리고 어떤 이유에서도 이 오성의 법칙에 어긋나거나 또는 단지 하나의 현상일지라도 이 법칙을 벗어나는 일은 결코 허용될 수 없다"(KrV, B 570-571). 이러한 언급을 통해서 알 수 있듯이 칸트는 자연 법칙이 곧 인간 오성을 근거로 형성된 법칙이며 따라서 모든 현상은 오성의 법칙을 통해서 자연 법칙의 질서 안으로 포섭되는 것임을 주장한다. 따라서 그에게 자연 법칙은 자연 세계의 외적 질서를 인간이 수용한 것이 아니라 오히려 인간의 오성이 자신의 적극적인 능력을 통하여 구성하고 이를 자연의 세계에 부여하는, 인간 오성의 법칙이 된다. 따라서 인간 오성의 범주 중에 인과성의 범주가 존재하는 한 우리는 자연의 인과성 또한 보편적으로 타당하게 주장할 수 있으며 이를 근거로 자연과학 일반이 보편성을 획득하게 된다고 칸트는 생각한다.

결국 칸트는 인과성에 대한 흄의 회의와 이로부터 비롯된 자연과학의 성립 가능성 문제에 답하면서 자연의 일양성(uniformity)과 같은 경험적 요소에 전혀 의존하지 않고 자신의 비판 철학적 체계 안에서 인과성을 확보하는 방식을 선택하였다. 즉, 인과성의 개념이 경험과 무관한 오성의 범주에 근거하고 있음을 논증하고, 이 개념이 필연적으로 우리의 경험 전반에 적용되므로 우리가 인과성을 받아들이게 된다는 주장을 편다. 하지만 『순수이성비판』과 『프롤레고메나』에서 전개된 논의를 통하여 확보되는 바는 자연과학 일반의, 칸트 자신의 표현에 따르면 보편적 자연과학의[7] 성립 가능성에 지나지 않는다. 바꾸어 말하면 자연과학 일반의 기초에 놓여 있는 인과성의 개념을 경험과 무관한 방식으로 정당화한 것에 지나지 않는다. 그렇다면 물체의 운동, 불가입성, 관성 등의 경험적 요소를 반드시 포함하는 개별 자연과학은 어떻게 성립하며 어디서 학적 기초를 발견하는가? 단순히 개별 과학이 보편적 자연과학으로부터 도출된다고 말할 수 있는가? 인과성은 개별 과학의 기초로 어떻게 작용하는가? 만일 이런 질문에 분명히 답하지 못하고 따라서 개별 자연과학의 기초를 제대로 확보하지 못한다면 자연과학의 성립 가능성을 제시하려는 칸트의 시도는 상당히 불완전한 것이 되고 만다. 또한 당시 가장 큰 성공을 거두었던, 대표적인 개별 과학인 뉴턴 물리학의 기초를 제공하려는 최초의 목표에도 제대로 도달하지 못하고 말 것이다. 하지만 칸트는 『프롤레고메나』에 뒤이어 발표한 『자연과학의 형이상학적 기초』라는 독립된 저술을 통하여 개별 과학의 성립 가능성을 깊이 있게 다루고 있으므로 이제 이에 관하여 살펴보려 한다.

4. 『자연과학의 형이상학적 기초』와 개별 과학의 성립 가능성

칸트는 1786년 『자연과학의 형이상학적 기초』를 출판하였

7) '보편적 자연과학'의 의미 및 개별 자연과학과의 관계에 대해서는 *Prol.*, Ⅳ, 295에 상세한 설명이 등장한다.

다.[8] 이 저술은 시기적으로 보면 칸트가 가장 활발한 저술 활동을 펼쳤던 이른바 비판기의 10년간(1781~1790)에 출판되었다. 이 시기는 1781년 『순수이성비판』(초판)의 출판으로부터 시작되어 1783년 『프롤레고메나』, 1785년 『도덕 형이상학의 기초』, 1787년 『순수이성비판』의 재판, 1788년 『실천이성비판』을 거쳐 1790년 『판단력비판』의 출판으로 이어지는 칸트 철학의 절정기였으며, 질적인 측면과 양적인 측면 모두에서 가장 큰 성과를 낳은 때이기도 하다. 그럼에도 불구하고 비판기의 정점에서 출판된 『자연과학의 형이상학적 기초』는 최근까지도 그리 큰 주목을 받지 못하였다. 그 이유는 내용적인 측면에서는 이 저술이 다루고 있는 주제가 개별 자연과학의 세부적인 내용들이므로 비판철학의 체계와 직접 관련되기보다는 오히려 비판기 이전에 칸트가 소논문들을 통해서 다루었던 자연과학과 관련된다고 여겨졌고 따라서 자연과학에 대한 새로운 견해를 포함하고 있지 않다고 생각되었기 때문이다. 또한 형식적인 측면에서는 마치 스피노자의 『에티카(*Ethica*)』를 연상시키는, 거의 수학적인 명제와 논증으로 구성되어 있어 칸트가 주장하려는 바를 쉽게 파악할 수 없었기 때문이다.[9] 하지만 이 저술에서 칸트가 별로 새로운 내용을 주장하지 않았다거나 더 나아가 이 저술 자체가 그리 중

8) *Metaphysische Anfangsgründe der Naturwissenschaft* von Immanuel Kant (Riga : Johann Friedrich Hartknoch, 1786). 학술원 판 전집에는 『프롤레고메나』와 더불어 IV, 464-565에 수록되어 있다.

9) Friedman은 『자연과학의 형이상학적 기초』가 칸트가 다른 저술들에서 보이는 일반적인 수준에 비추어보더라도 특별히 난해하다고 지적하면서 그 이유로 지나치게 압축된 논증, 짧은 기간에 서둘러 쓴 듯한 흔적, 수학 논문에서나 볼 수 있는 문체 등을 든다. M. Friedman, "Introduction" to *Kant : Metaphysical Foundations of Natural Science*, tr. and ed. M. Friedman (Cambridge : Cambridge Uni. Press, 2004), xxviii쪽 참조.

요하지 않은 것이라고 보는 견해는 상당한 오해를 포함하고 있다. 왜냐하면 칸트는 이를 통하여 비판기 이전에 속해 있었던 라이프니츠-볼프 체계의 자연과학으로부터 벗어나 완전히 성숙한 자신의 비판 철학의 체계를 바탕으로 한 과학관을 전개하고 있으며, 자신의 비판 철학이 어떻게 자연과학의 기초를 제공하게 되는지를 특히 구체적인 개별 자연과학과 관련해서 상세히 논의하고 있기 때문이다.

이러한 칸트의 시도가 우리의 관심을 끄는 것은 그가 비판기 이전에 다루었던 개별 자연과학의 분과들을 다시 논의의 대상으로 삼고 있기 때문이다. 예를 들면 칸트는 비판기 이전의 저술인 『물리적 단자론』(1756)[10]에서 다루었던 '물체에 대한 동역학 이론'을 『자연과학의 형이상학적 기초』에서도 다시 중점적으로 다루고 있다. 개별적인 자연과학이라는 동일한 주제를 다루고 있지만 비판기 이전과 이후에 칸트의 입장은 큰 차이를 보인다. 『물리적 단자론』이라는 저술의 제목에서도 잘 드러나듯이, 비판기 이전의 칸트는 라이프니츠의 관점을 수용하고 이를 바탕으로 자연과학을 탐구한 반면, 『자연과학의 형이상학적 기초』에서는 『순수이성비판』과 『프롤레고메나』를 거쳐 이미 자신의 비판 철학의 체계를 확고히 완성한 후에 이를 바탕으로 한 논의가 등장

10) 이 저술은 칸트가 당시의 관례에 따라 대학의 특별 교수 자격을 얻기 위한 논문 공개 발표 및 토론을 위해서 라틴어로 쓴 것이다. 전체 제목은 『기하학과 더불어 형이상학을 자연 철학에 도입하려는 시도, 물리적 단자론을 포함하는 사례 I(*Metaphysicae cum geomertria junctae usus in philosophia naturali, cuius specimen I. continet monadologiam physicam*)』인데 흔히 『물리적 단자론』으로 약칭된다. 학술원 판 전집에는 I, 473-487에 수록되어있다. 사례 I이라는 제목은 칸트가 이후에 다른 사례들을 발표할 계획이 있었음을 암시하지만 그는 그 후 다른 사례들을 발표하거나 출판하지는 않았다.

함을 볼 수 있다. 앞에서 살펴보았듯이, 보편적 자연과학의 기초로 작용하는 인과성의 개념을 오성의 범주를 통하여 확보하고 난 후 칸트는 이제 이런 바탕 위에서 개별 자연과학의 기초를 논의한다. 이런 변화는 칸트가 『자연과학의 형이상학적 기초』의 서문에서 자신이 이 책에서 다룰 개별 자연과학을 분류하는 부분에서 이미 잘 드러난다. 왜냐하면 칸트는 자신이 『순수이성비판』에서 제시한 오성의 순수 개념, 즉 분량, 성질, 관계, 양상이라는 네 범주를 분류의 기준으로 삼기 때문이다.[11] 칸트는 개별 자연과학의 분류에 대하여 다음과 같이 말한다.

> 따라서 물체의 개념은 오성의 개념이 지닌 네 가지 역할에 따라 (이 책에서 네 개의 장으로) 탐구될 것이다. … 첫 번째로 순수한 분량으로서의 운동을 그 구성 요소와 더불어 고찰하려 하는데 여기에는 운동하는 존재의 어떤 성질도 포함되지 않을 것이므로 이는 운동량학(Phoronomie)이라고 불리게 된다. 두 번째로 근원적으로 운동하는 힘과 관련해서 물체의 성질에 속하는 운동을 고찰할 것인데 이는 동역학(Dynamik)으로 불린다. 세 번째로 이런 성질을 지닌 물체가 다른 물체와 맺는 관계를 그들의 본유적 운동과 더불어 고찰할 것인데 이는 운동역학(Mechanik)으로 불린다. 마지막 네 번째로는 물체의 운동 및 정지를 오직 표상 또는 양상과 관련해서만, 즉 외부적 감관에 드러나는 현상과 관련해서만 다루려 하는데 이는 운동현상학(Phänomenologie)으로 불린다(*MAN*, Ⅳ, 476-477).

11) 오성의 범주표는 *KrV*, B 106에 등장한다. 특히 칸트는 『자연과학의 형이상학적 기초』 이후에 출판한 『순수이성비판』의 재판에서 자신의 범주표가 구체적으로 응용된 사례를 다른 곳, 즉 『자연과학의 형이상학적 기초』에서 제시하였음을 직접 언급한다. *KrV*, B 109-110 참조.

이러한 분류에 따라 칸트는 『자연과학의 형이상학적 기초』의 1장에서는 어떻게 물체의 운동을 수학적 크기로 표시할 수 있는지, 특히 어떻게 운동의 속도를 수학적 구조로 해석할 수 있는지를 보이려고 한다. 2장에서는 수학적 크기로 표시된 운동이 어떤 특성을 지니는지가 탐구의 대상이 되며 이와 더불어 운동하는 물체가 어떻게 공간을 채우는지도 논의된다. 3장에서는 운동하는 물체가 지닌 운동력이 도입되면서 운동력이 한 물체로부터 다른 물체로 어떻게 전달될 수 있는지, 두 물체 사이에 작용하는 인력과 척력은 어떤 특성을 지니는지가 논의된다. 4장에서 칸트는 공간 안에서 운동하는 물체가 어떻게 우리 경험의 대상이 될 수 있는지, 즉 그 물체가 어떻게 경험되며 우리의 사고 안에서 어떻게 규정되는지를 고찰한다.

이런 논의를 통하여 칸트는 비판기 이전과 대비되는, 즉 자신의 고유한 비판 철학적 반성을 거쳐 자신의 체계 안에서 재해석된 여러 이론들을 제시하는데, 이를 잘 보여주는 예로 우선 물체의 개념을 들 수 있다. 비판기 이전 『물리적 단자론』에서 칸트는 철저히 라이프니츠의 단자론의 맥락에서 물체를 생각하고 있다. 즉, 물체는 단자라고 불리는 궁극적인 단순 실체로 구성된 일종의 복합체인데 이 복합의 본질은 단자들 사이의 관계에 지나지 않는다고 주장한다. 따라서 물체는 유한적으로만 분할 가능하며 분할되면 다시 단순 실체로서의 단자로 환원된다.[12] 하지만 『자연과학의 형이상학적 기초』에서는 이와 대조적으로 연속적으로 또는 무한히 분할 가능한 것으로서의 물체의 개념이 제시된다.[13] 그리고 이것은 단자와 같은 기본적인 단순 요소로 환원이

12) 『물리적 단자론』, I, 447.
13) *MAN*, Ⅳ, 503의 명제 4 이하 참조.

불가능한 것으로 간주된다. 또한 칸트는 "물체는 무한히 분할 가능하지만 경험적으로 그러한 무한 분할을 확인할 수는 없다"고 (*MAN*, Ⅳ, 506) 직접 언급하는데, 이미 여기에는 비판 철학적인 경험의 개념이 포함되어 있음을 확인할 수 있다. 즉, 물체는 일종의 현상이며, 경험의 결과로 구성되는 것이다. 그렇다면 물체가 단자와 같은 궁극적인 단순 요소로 구성되는가 아니면 더욱 작은 공간적 부분들의 집합인가 등의 존재론적 문제는 이미 해소되고 진정한 문제가 아니라는 점이 밝혀진다. 이는 『자연과학의 형이상학적 기초』에서의 논의가 지닌 비판 철학적 특성이 잘 드러낸다.

칸트가 『자연과학의 형이상학적 기초』에서 제시하고 있는 공간의 개념 또한 이러한 특성을 잘 보여준다. 여기서 공간은 더 이상 물체들의 속성이나 관계가 아니라 우리의 감성적 직관의 순수 형식으로 규정된다. 비판기 이전의 『물리적 단자론』에서 공간은 앞서 언급한 궁극적인 단순 실체, 즉 단자들 사이의 관계로부터 도출되는 것으로 여겨진다. 즉, 공간이 선행하고 이 공간 안에 실체 또는 물체가 존재하는 것이 아니라 비공간적인 실체가 먼저 선행하여 존재하고 이들의 상호 작용으로 공간이 성립된다는 것이다.[14] 하지만 칸트는 『순수이성비판』에서 공간을 우리의 이론 이성의 능력 중 감성이 순수 직관의 형식으로 간주하였다. 『자연과학의 형이상학적 기초』에서는 이러한 비판기의 관점이 더욱 확고하게 제시된다. 여기서 칸트는 우선 뉴턴이 주장한 절대 공간이 현실적인 경험의 대상이 될 수 있음을 단호하게 부정한다. 그리고 현실적 경험의 대상이 될 수 없는 절대 공간은

14) 『물리적 단자론』, I, 448 이하 참조. 여기서 여러 정리들을 통하여 공간의 무한 분할 가능성, 비실체성 등이 폭넓게 논의된다.

"그 본질 상 아무것도 아니며 어떤 대상도 될 수 없고 단지 다른 모든 상대적 공간의 존재를 드러낼 뿐이다"라고(*MAN*, Ⅳ, 481) 말한다. 하지만 이때의 상대적 공간은 라이프니츠 식의 상대적 공간, 오직 실체들의 관계와 상호 작용을 통해서 성립하는 것이 아니라, 감성의 직관 형식으로서 현실적 경험에 적용될 경우 물리적 보편성을 확보할 수 있는 것으로 해석된다. 칸트의 이러한 공간 개념은 흔히 공간과 관련된 뉴턴의 절대론과 라이프니츠의 상대론 사이에서 유일하고 참된 중간의 길을 걸으려는 시도로 높이 평가되기도 한다.15)

그렇다면『순수이성비판』과『프롤레고메나』에서 보편적 자연과학의 기초로 제시되었던 인과성은『자연과학의 형이상학적 기초』에서는 어떤 모습으로 나타나며 구체적인 개별 자연과학과는 어떤 관련을 지니는가? 앞서 지적한 대로『자연과학의 형이상학적 기초』에서 자연과학의 분류가『순수이성비판』의 범주표를 기준으로 삼고 있음을 기억한다면 범주표에서 관계의 영역에 속하는 인과성이 운동역학을 다루는 3장에서 논의되리라는 예상이 가능하다. 그리고 실제로 칸트는 3장의 명제 3에서 인과성에 관하여 다음과 같이 말한다.

> 명제 3
>
> 운동역학의 두 번째 법칙 : 물체의 모든 변화에는 외부적 원인이 있다.
>
> (모든 물체는 자신의 상태에 영향을 미치는 외부적 원인에 의해서 강제되지 않는 한 정지 상태나 동일한 방향, 동일한 속도의 운동 상태를 계속 유지한다.)

---

15) Friedman, 앞의 "Introduction", xiv쪽 참조.

증명

(일반 형이상학에서 우리는 모든 변화에는 원인이 있다는 명제를 기초로 삼았다. 그런데 여기서는 물체와 관련해서 물체의 변화에는 항상 외부적 원인이 존재해야만 한다는 명제를 증명하려 한다.) 단지 외적 감각의 대상으로서의 물체는 공간 안에서 외부적 관계가 아닌 다른 어떤 방식으로도 규정되지 않으며 따라서 운동에 의하지 않고는 어떤 변화도 겪지 않는다. 후자와 관련해서 어떤 운동이 다른 운동으로 변화하거나 아니면 운동이 정지 상태로 또는 그와 반대로 되는 경우들에 있어 (위의 형이상학적 원리에 따라) 반드시 원인이 존재해야만 한다. 그러나 이 원인은 내부적인 것일 수는 없다. 왜냐하면 물체는 본질적으로 어떤 내부적 규정이나 규정의 근거를 포함하지 않기 때문이다. 따라서 물체의 모든 변화는 외부적 원인에 기초한다(*MAN*, Ⅳ, 543).

이를 통하여 칸트는 인과성의 범주를 운동역학의 구체적인 법칙, 흔히 관성의 법칙으로 불리는 것으로 표현한다. 뿐만 아니라 인과성과 더불어 관계에 속하는 실체성의 범주는 운동역학의 첫 번째 법칙인 총량 보존의 법칙으로, 상호성의 범주는 세 번째 법칙인 작용과 반작용의 동일성 법칙으로 구체화된다. 이는 『순수이성비판』에서 경험과 무관한 근거를 지닌 것으로 간주되었던 오성의 범주들이 현실적이고 경험적인 자연과학의 기초로 전환되는 가장 명백한 예를 보여주며, 칸트가 최소한 내적 일관성을 유지하면서 개별 자연과학의 기초까지도 자신의 비판 철학 체계 안에서 발견하려 하였음을 드러낸다.

5. 맺음말

지금까지 논의한 바와 같이 칸트가 생각한 자연과학의 성립 가능성은 근대에 등장한, 과학에 대한 여러 철학적 논의들 중 가장 세련된 것이며 이전의 모든 입장을 비판적으로 종합한 것이기도 하다. 그는 인식의 문제에서 경험론과 합리론 사이의 참된 중간의 길을 발견하였던 것과 마찬가지로 자연과학과 관련해서도 라이프니츠-볼프적인 형이상학적 입장과 뉴턴의 과학적 입장 사이의 참된 중간의 길을 발견하려 하였다. 따라서 칸트를 통하여 근대 과학은 새로운 철학적 기초와 근거를 마련하게 되었다고 할 수 있다. 물론 경험과 전혀 무관하게 오성의 범주를 통하여 자연과학의 기초를 제시하려는 칸트의 시도는 경험론보다는 합리론 쪽에 가깝지만 그의 입장이 이전의 합리론에서처럼 독단적인 것이 아니라 경험론의 공격과 회의적 결론을 충분히 수용하고 이를 극복한 것이라는 점에서 근대의 가장 세련된 이론임에 틀림없다.

그리고 이 연구를 통해서 드러난 주목할 만한 사실은 칸트가 비판기 이전에 여러 분야의 순수 자연과학을 직접 탐구함으로부터 자신의 연구 활동을 시작한 후, 비판기를 거치면서 자신의 비판 철학적 체계를 완성한 후 이를 바탕으로 다시 개별 순수 과학의 근거를 탐구하는 학문적 통일성과 체계적 일관성을 잘 보여준다는 점이다. 그는 당시에 활발하게 연구되고 논의되었던 개별 과학들에 정통하고 있었고, 이를 비판 철학의 체계 안에서 매우 성공적으로 해석하였으며 다시 이런 해석을 개별 과학에 적용하여 이들의 성립 가능성을 상세히 논의하였다. 이런 칸트의 시도에 대하여 서로 다른 많은 평가들이 있지만[16] 그가 최소한 오늘날에도 진지하게 검토하지 않을 수 없는 중요한 관점 하나를 제시하였다는 점은 명백하다.

우리는 칸트뿐만 아니라 거의 모든 근대 철학자들이 당시의 과학과 철학 모두에 정통하였으며 이를 바탕으로 둘 모두를 포괄하는 전체적 조망을 제시하고 있음을 확인할 수 있다. 이는 서양 근대 철학이 지니고 있는 깊이와 넓이를 잘 보여줄 뿐만 아니라 현대와 같이 과학과 철학이 완전히 분리된 시대에 생기는 여러 문제점들의 원인과 해결책 모두를 암시한다고 하겠다.

□ 참고 문헌

1. 칸트의 원전 및 번역본

Metaphysicae cum geomertria junctae usus in philosophia naturali, cuius specimen I. continet monadologiam physicam (1756) in Kants Gesammelte Schriften, I, 473-487.

Kritik der reinen Vernunft (1781, 1781), hg. J. Timmermann, Hamburg : Felix Meiner Verlag, 1998.

Prolegomena zur einer jeden künftigen Metaphysik, die als Wissenschaft wird auftreten können (1783), hg. K. Pollok, Hamburg : Felix Meiner Verlag, 2001.

Metaphysische Anfangsgründe der Naturwissenschaft (1786), hg. K. Pollok, Hamburg : Felix Meiner Verlag, 1997.

Critique of Pure Reason, tr. P. Guyer and A. W. Wood, Cambridge : Cambridge Uni. Press, 1997.

---

16) 특히 영미권의 현대 철학자들은 '경험과 무관하게' 인과성을 확보할 수 있다는 칸트의 생각을 강력하게 비판한다. M. Friedman, "Causal Laws and the Foundations of Natural Science", 164쪽 및 주 7) 참조.

Metaphysical Foundations Natural Science, tr. M. Friedman, Cambridge : Cambridge Uni. Press, 2004.

2. 2차 자료

Edwards, J., *Substance, Force, and the Possibility of Knowledge*, Berkeley : Uni. of California Press, 2000.

Friedman, M., *Kant and the Exact Sciences*, Cambridge : Harvard Uni. Press, 1992.

__________, "Causal Laws and the Foundations of Natural Science", *The Cambridge Companion to Kant*, ed. P. Guyer (Cambridge : Cambridge Uni. Press, 1992), 161-199쪽.

Lefèvre, W. (ed.), *Between Leibniz, Newton, and Kant : Philosophy and Science in the Eighteenth Century*, Kluwer : Dordrecht, 2001.

Pollok, K., *Kants Metaphysische Anfangsgründe der Naturwissenschaft : Ein kritischer Kommentar*, Hamburg : Felix Meiner Verlag, 2001.

Torretti, R., *The Philosophy of Physics*, Cambridge : Cambridge Uni. Press, 1999.

Watkins, E. (ed.), *Kant and the Sciences*, Oxford : Oxford Uni. Press, 2001.

제 8 장

파스칼의 과학적 합리주의 비판*

장 성 민

1. 머리말 : 사상적 배경

근대 사상가들은 중세의 신학적 전통과 단절을 선언하고 인간 이성에 대한 절대적 신뢰를 바탕으로 새로운 도약을 시도하였다. 당시 자연과학은 온통 세상을 들끓게 하고 있었다.[1] 그들은 자연과 인간을 설명하는 데에 초자연적인 것을 거부하고 오직 이성에 의해서만 객관적 진리의 근거를 찾고자 하였다. 이러한 합리주의는 수학적 정확성, 엄밀성에 그 뿌리는 둔다. 갈릴레오는 지상 위에서의 다양한 운동들을 탐구하여 가속도에 관한 법칙을 수립했다. 그는 수학이야말로 자연의 신비를 푸는 열쇠라

---

* 이 논문은 2002년도 기초 학문 육성 인문 사회 분야 지원 사업의 일환으로 한국학술진흥재단의 지원(KRF-2002-074-AM1518)에 의해 연구되었음.

1) Jean Brun, *La philosophie de Pascal* (Paris : Vrin, 1992), 21쪽.

고 하였을 정도로 수학은 이들의 작업에 절대적인 역할을 했을 뿐만 아니라, 근대의 대부분의 철학자들의 학문적 태도를 결정짓기도 했다. 근대 과학자들은 수학적 법칙과 계산에 의해 자연을 양적으로 해석함으로써 세계를 인간의 의지대로 움직이고 이용할 수 있다고 보았으며, 인간은 자연과 세계를 다스리고 지배하여 무한히 진보할 수 있으리라는 유토피아적 낙관론을 제시하였다. 이런 사조의 중심에는 특히 이성을, 존재와 인식을 근거지으며 세계를 움직일 수 있는 절대적 아르키메데스 점으로 삼은 데카르트의 방법론이 자리잡고 있었다. 물론 그는 과학을 형이상학적 영역과 구별하여 과학을 비형이상학적인 학문이 되도록 한 것은 사실이다. 그러나 과학의 영역에서도 실재의 구조를 발견할 수 있는 것은 정신의 작용, 즉 '직관과 연역'을 통해서 가능하다고 데카르트는 믿고 있었다. 아무튼 과학은 종교와 형이상학으로부터 해방되어 스스로의 자율성을 갖게 되면서 종교나 형이상학보다도 실제적 삶에서 더 큰 힘을 발휘하게 된 것이다.[2] 파스칼도 이런 과학적 합리주의가 지배하는 시대 속에 살면서 그 시대의 흐름이 가져다준 영향력을 피할 수 없었다. 수학자인 아버지를 통해서 받은 교육과 데카르트를 위시해서 그가 만났던 철학자들, 수학자들, 과학자들 그리고 그가 시도했던 물리학적 실험들 하나하나가 그를 수학적, 과학적 사유의 자리로 깊이 들어가게 했음이 분명하다. 그럼에도 불구하고 파스칼은 과연 과학적 합리주의가 인식론의 기초로서 옳은 것인가 하는 물음을 던진다. 그는 과학적 인식론이 어디까지 갈 수 있는지를 끊임없이 자문한다. 그것이 인식론의 기초가 될 수 있는지, 나아

2) 강영안, 『주체는 죽었는가』(서울 : 문예출판사, 2001), 제2장 '데카르트의 코기토와 현대성', 86-87쪽 참조.

가서 인간의 모든 문제들을 근본적으로 해결 할 수 있는지, 삶의 진정한 행복을 줄 수 있는지, 과연 이성에 바탕을 둔 수학적 인식 방법이 진리를 인식하는 데 타당한가에 의문을 제기한 것이다.

파스칼은 데카르트의 「방법서설」을 수용했지만, 그가 주장한 합리주의에는 전적으로 동의하지 않았다. 그는 '보편학(mathesis universalis)'이라고 할 수 있는 단일한 지식 가운데 과학을 통일시킬 필요가 없다고 생각한 것이다. 더구나 파스칼은 '사실(le fait)'을 중시했으며, 이성의 역할이란 이러한 사실들을 단지 파악하는 데 제한되어 있다고 보며, 인간 이성이 자아 및 객관적 세계를 설명하는 데는 분명한 한계가 있다고 판단한다.

여기서는 근대의 과학적 합리주의에 반해서 반(反)합리주의의 입장을 견지하는 또 하나의 흐름 가운데 새로운 지평을 연 파스칼의 사상을 다룬다. 그의 합리주의 비판은 인식론의 차원에서 전혀 다른 인식의 방법을 제시한다. 이른바 '섬세의 정신(l'esprit de finesse)' 혹은 '마음(le coeur)'의 인식이 바로 그것이다.

2. 사실의 우위성 : 합리주의 비판

여기서 다루는 주제가 파스칼에게서 근대 과학적 합리주의에 대한 비판이라면, 당연히 파스칼의 생애 속에 나타난 과학적 탐구를 검토할 필요가 있을 것이다. 왜냐하면 당시의 시대적 상황에 비추어서 파스칼의 의도를 파악할 수 있고, 우리가 도달하려고 하는 목표에 접근할 수 있기 때문이다. 파스칼의 생애에서 빼놓을 수 없는 것이 과학에 대한 의식과 열정이다. 그는 회심 전뿐만 아니라 회심 후에도 끊임없이 과학을 탐구하고자 하였다. 그는 과학적 사고에 정통해 있을 뿐만이 아니라, 과학의 분야에서 자신의 업적이나 주장을 굽히지 않는 적극적 태도를 견지하고 있었다. 이런 과학적 탐구 정신은 그의 변증론적 구상과 철학적 사고에 커다란 영향을 미쳤다. 여기서 철학적 사고란 그 시대를 대변하는 과학적 합리주의에 대한 비판을 담고 있다. 그의 비판은 단순한 이론적 사고에서 출발한 것이 아니라, 직접 과학의 영역으로 들어가서 이성이 가지고 있는 모순, 한계를 보여주려는 의도가 깔려 있다. 그리고 회심 후에는 과학의 차원을 넘어서는 초자연적 세계에 대한 긍정, 그래서 새로운 변증론의 차원으로 나아가고자 시도하였다. 파스칼의 생애는 이런 그의 사고의 방향, 총체적인 구상 등을 잘 반영하고 있다고 볼 수 있다.

물리학을 통해서 파스칼이 어떻게 근본적인 원리들에게로 나아갔는지 상기할 필요가 있다. 그가 발견한 것은 경험적 '사실'의 우위성이다. 반대자들은 형이상학적 체계의 이름으로 진공의 존재 가능성을 부정하지만 그는 진공의 존재를 긍정했으며 입증하고자 한다. 만약 사실과 이론 사이에 갈등이 생겨날 때, 이것을 사실로서 입증한다면 사실 앞에서 접어야 하는 것은 이론이다. 경험적 사실들은 물리학의 유일한 원리이기 때문이다. 사실만이 우리에게 자연에 대한 확실한 인식을 제공한다고 그는 믿는다. 그것만이 상대의 이론들 사이에서 식별하여 옳은 판단을 내릴 수 있다는 것이다. 따라서 이성의 본래적인 역할은 이론들을 세우는 것이 아니라 사실들을 인정하고 판단하는 것이다. 그것은 단순히 실재를 인정하는 것이 아니라 거기에 복종하는 것을 의미한다. 파스칼은 이런 관점을 기독교 변증론의 영역에까지 확대시킨다. "이성의 복종과 사용, 거기에 진정한 기독교가 있다"[3)]

고 보기 때문이다.

파스칼의 논문 「액체 평형의 대실험(Grande expérience de l'équilibre des liqueurs)」[4]은 그가 갈릴레이와 토리첼리에 대한 연구를 계속해나가면서 토리첼리의 진공을 확인하고자 여러 가지 실험을 시도하는 중, 특히 노엘(Père Noel)과의 논쟁 이후 새로운 형태의 실험을 통해서 진공의 원인을 규명한 것이다. 그것은 무엇보다도 아리스토텔레스에 의해 시작되었고 자연에서 '진공의 두려움(horror vacui)'을 인정한 데카르트를 통해서 받아들여진 스콜라 식 이론을 비판하기 위한 것이었다. 데카르트는 물체의 본질은 공간성에 있으며 공간이 있는 곳에는 반드시 어떤 물질이 존재한다고 생각한다.[5] 다시 말해, 자연은 실체로 채워지며 어떤 것도 존재하지 않는 공허한 공간은 있을 수 없다는 것이다. 하지만 파스칼은 그의 실험이 성공을 거둠으로써 이러한 데카르트의 주장이 맞지 않는다는 것을 이 논문에서 밝히고 있다. 데카르트는 파스칼의 새로운 실험의 공(功)을 자신에게 돌리고자 하였으나,[6] 파스칼에게 이 실험은 데카르트가 생각하는 것과

---

3) Blaise Pascal, 『팡세』 단장 167. dans : *OEuvres complètes*, préface d'H. Gouhier, présentation et notes de L. Lafuma(Paris : Seuil, 1963), 201쪽. 앞으로 『팡세』의 인용은 본 라퓨마 판의 단장 번호를, 그 외의 글들은 본 전집의 쪽수를 표기한다.

4) 1648년 플로랭 페리에(Frorin Périer)에 의해 퓌 드 돔(Puy-de-Dôme)에서 시도된 이 실험은 자연은 진공을 두려워한다는 가정이 잘못되었다는 것을 입증하는 실험이었다. 그것은 수은주와 대기의 압력 사이의 관계로서 설명될 수 있다고 보고 접근을 시도한 것이다. 마침내 실험은 성공을 거둠으로써 파스칼의 이름이 명성을 얻게 된다.

5) Dimitry Merejkovski, *Pascal* (Paris : Grasset, 1941), 62-63쪽.

6) "2년 전 파스칼 씨에게 그 일을 하도록 한 것은 바로 나 자신이었으며, 그리고 나는 나의 원리들과 완전히 일치하는 것으로서 성공을 확신했다. 이것 없이 그는 그것을 생각하지 못했다. 그는 반대 견해를 가지고 있었기 때문이다."

는 완전히 다른 의미를 가지고 있다. 만약 데카르트 편에서 이것을 이해했다면, 하나의 합리주의적 체계에 결부시키고자 했을 것이다. 그것은 파스칼의 관점과는 완전히 다른 하나의 체계를 의미한다. 파스칼에게 이런 실험에 대한 생각은 우연이 아니라 사실에 대한 끊임없는 추구가 낳은 결과다. 물리학에서 따라야 할 진정한 주인이며, 추론보다 더 강한 힘을 갖고 있는 경험은 분명하고도 확실한 방식으로 진공의 실재와 관찰된 모든 결과들에 대한 참되고 유일한 원인으로서 공기 중력의 존재를 확증한 것이다. 파스칼은 사실과 법칙들의 이유를 설명할 수 있는 보편적 원리를 확신 있게 결론짓고 형식화할 수 있었다.[7]

그런데 여기서 논의 초점은 단순히 파스칼의 독창성을 밝히기 위한 것이 아니라 합리주의에 대한 비판적 관점에 있다. 분명히 이런 실험은 액체 평형에 대한 파스칼의 모든 가정들을 긍정하였을 뿐만 아니라 현대 모든 정밀과학의 기초를 세우는 것이었다. 중요한 것은 이성의 어떤 관점도 경험으로 대체할 수 없고 경험적 사실을 논박할 수 없다는 점이다. 그에 의하면 경험적 사실들은 추론보다 설득을 위해서 더욱 힘을 가질 수밖에 없다. 그것들은 과학에서 따라야 하는 진정한 주인들이다. 파스칼은 사실들을 통한 이성의 한계를 지적하고 싶어한다. 그것은 인간이

Lettres du 13 décembre 1647 à Mersenne (A.T., V, 98 et les notes), *du 11 juin et du 17 août 1649 à Carcavi* (A.T., V, 366 et 391). 혹시 그의 말대로 자신이 실험을 하도록 한 것이 사실이라면, 그의 조언은 1647년 9월 23일, 24일에 있었던 두 사람의 만남의 과정에서 있었을 것이다. 그러나 실험은 파스칼의 독창적인 천재성의 결과며, 그것을 그 동시대인인 팩께(Pecquet), 가쌍디(Gassendi), 보일(Boyle), 오주(Auzout) 등이 인정하였다. 참조 : Jacques Chevalier, *Pascal* (Paris : Plon, 1922), 69쪽.

7) 같은 책, 70쪽.

성의 우위에 있는 그 무엇이다. 이런 주장은 끊임없이 근대 과학을 정초하는 합리주의적 사유에 대하여 정면으로 도전하고자 하는 것이다.

과학-이성의 도식에서 과학이라고 하는 것은 그 다양성으로 인해서 어떤 하나의 통일성을 기대하기 어렵다. 다른 과학적 영역을 살펴본다면 모든 영역에 공통의 합리성과 같은 것을 얻을 수 있는가? 그것은 쉬운 일은 아니다. 어떤 과학이 보편적 기능을 행사하고 철저한 합리성을 입증한다고 하더라도, 다른 과학에게는 적합한 방법이나 진리의 기준을 제시하지 못하기 때문이다. 물리학이나 수학의 영역에서도 동일한 학문적 태도를 가질 수 없으면 그 방법에서도 또한 전혀 동일하지 않다.

그럼에도 불구하고, 수학적 합리성에 관해 그 방법의 다양성이 존재한다는 것을 알면서도 사람들은 모두가 동의할 수 있는 통합적인 것을 추구할 것이다. 수학자들은 명제들 가운데 하나라도 모순이 드러나는 것을 용납하지 않는다. 만약에 수학적 명제들 중에 하나가 모순의 결과를 유도한다면 당장 그 명제를 제거할 수밖에 없을 것이다. 그렇다면 수학의 영역에서 이런 모순을 피하고자 하는 것은 무엇인가? 수학 안에 내재한 이성의 요구다. 이런 측면에서 과학 내에서 이성의 역할은 모순의 극복이다. 과학적 요구는 이런 이성의 역할을 전제한다. 그러므로 자율성을 전제했을 때 과학은 완전할 수가 없다. 사물을 이해하고 설명하려는 강한 열망을 갖고 있는 과학자는 항상 이해할 수 없는 것, 즉 비합리적 것에 이른다는 것을 파스칼은 입증하고자 한다. 예컨대 물리학자는 확실한 방식으로 수은주 위에 기압계의 높은 부분은 단지 진공만을 지니고 있다고 말하지만 진공의 본질은 모르고 있다. 물리학적, 수학적, 논리학적 무한의 경우 더욱 그러하다. 점점 커지거나 점점 작아지는 대상들과 공간들의 존재를 인정하는 것은 육체가 연장(l'étendue)에 속해 있기 때문이다. 연장은 제한되어 있다. 육체의 연장 안에 있는 인간은 크기의 무한성을 지각할 수 없도록 되어있다. 수에 수를 더하여 계속 증가시켜갈 수 있지만, 수적 무한은 결국 인간을 넘어설 수밖에 없다. 과학적 추론은 그 자체로 증명할 수 없는 공리, 즉 공간, 시간, 점, 선 등의 원리들에 의존한다. 이것은 결국 과학의 진보가 그것이 무제한으로 나타나는 것 같지만 인간의 지식이 총체적이지 못한 것과 마찬가지로 과학 또한 완전할 수 없다는 것을 입증하는 것이다.

파스칼에 의하면 과학적 이성의 본래 역할은 사실에 입각하여 판단하는 것이다. 사실에 따라 판단하는 이성은 이성을 절대화하는 합리주의적 이성이 아니라 그 한계를 긍정하는 이성이다. 그는 "이성의 부인, 이것보다 이성에 더 적합한 것은 없다"[8]고 말한다. 이것은 이성의 완전 부정이 아니라 한계 인식이다. 파스칼이 데카르트를 '자연의 소설'을 쓴 자로 지칭하며 그의 물리학을 비판한 것은 기계적 특성 때문이 아니라 그의 독단론(le dogmatisme) 때문이라고 볼 수 있을 것 것이다.[9] "이성의 최후의 한 걸음은 자신을 초월하는 것이 무한히 많다는 것을 인정하는 것이며, 이것을 인식하는 데까지 이르지 않는 한, 이성은 무력한 것일 뿐이다"[10]라고 파스칼이 말한 것처럼, 이성은 이성의 인식을 무한히 넘어서는 사실들과 또한 초월적 존재를 긍정하는 한에서만 의미를 갖는다고 말할 수 있을 것이다.

---

8) 단장 182.
9) Jean Laporte, *Le coeur et la raison* (Paris : Elzévir, 1950), 20쪽.
10) 단장 188.

뿐만 아니라 파스칼은 이성을 절대화하는 합리주의가 근대 과학을 떠받치고 있다고 믿고 있었던 동시대인들의 입장과는 달리, 과학의 뿌리는 다른 데 있다는 것을 보이고자 한다. 「액체 평형에 대한 대실험」을 발표했던 같은 해, 수압기를 발명한 그는 정역학(고체, 액체, 기체)이 미래의 과학에 속해야만 한다는 것을 증명하면서 액체 평형의 특별한 법칙을 기계의 일반적 원리로 접목시킨다. 그는 여기서도 과학의 토대가 단순히 이성에 의해서 정초되는 것이 아니라 초월적 차원에 세워진다는 것을 주장한다. 다시 말해 과학과 종교적 신앙은 서로 배치되는 것이 아니라 연합될 수 있음을 보여준다.

> 모든 우주를 포괄하는 이런 운동, 수, 공간의 세 가지의 것은 — 모든 사물의 무게, 수, 넓이 등은 하나님이 창조하셨다(Deus fecit omnia in pondere, in numero, et mensura) — 상호적이고 필연적 관련을 갖는다. 왜냐하면 우리는 운동하는 어떤 대상을 상상하지 않고는 운동을 상상할 수 없고, 또 그 어떤 대상은 우선 하나이므로 이 단일성은 모든 수의 근원이 되며, 결국 운동은 공간이 없이는 있을 수 없는 것이므로 이 세 가지는 모두 첫 번째 것에 포함되어 있음을 알게 된다.[11]

이처럼 과학과 종교는 서로 조화될 수 있다. 또한 여기에는 이성의 자율성이 배제되어 있다는 것을 암시하고 있다. 이것은 근대 초기의 과학적 입장과 유사하다. 베이컨은 과학 혁명의 두 가지 방향, 즉 고전 물리학의 개념 혁신과 베이컨 과학으로 구분해서 말할 만큼 과학 혁명에서 주역의 자리에 있었지만, 우주 창조주로

11) *De l'Esprit géométrique*, 351쪽.

서의 신 존재를 인정하고 인간의 이성은 그 안에서 우주의 형상을 발견할 수 있다고 보았다. 따라서 그는 인간의 자율성을 내세우지는 않았다. 베이컨은『신기관(*Novum Organum*)』(1620)에서 자신의 관점을 분명히 밝히고 있다.

> 주제를 제대로 고려한 사람은 자연과학이 성경에 따라서 미신에 대항하는 가장 확실한 약이며, 신앙에 대한 가장 명백한 지지자의 역할을 할 것이다. 자연 철학은 그러므로 종교에 가장 충실한 시녀로서 자신을 바치는 것이라고 하는 것이 옳은 말일 것이다. 왜냐하면 성경은 하나님의 의지를 나타내는 것이요, 자연 철학은 하나님의 능력을 나타내는 것이기 때문이다.[12]

이것은 과학이 종교와 배치되는 것이 아님을 보여주는 것일 뿐만 아니라, 데카르트를 위시한 근대 철학자들과는 달리 이성의 자율성을 부정하는 입장이다. 베이컨은 과학을 자율적인 것으로 보지 않는다. 파스칼도 마찬가지로 이성의 역할을 인정하지만, 그것은 어디까지나 사실들 및 초월적 존재를 전제하고야 의미를 갖는다고 본다.[13] 그래서 그의 과학적 탐구를 통한 경험과 이 경험에 대한 비판적 성찰은 초자연적 질서로 이행하는 데 아무런 장애를 일으키지 않는다. 과학 혹은 이성과 신앙은 서로 배치되지 않으며, 서로 다른 질서에 속하는 두 개의 양식으로서

---

12) Francis Bacon, *Novum Organum*, I. 89.

13) 이것은『자연 철학의 수학적 원리들(*The Mathematical Principles of Natural Philosophy*)』(1687)의 저자인 뉴턴(Issac Newton : 1642~1727)의 입장과도 같다. 그는 우주의 창조주를 전제하고 출발하였다. Francis A. Schaeffer, “How should we then live”, in *The Complete Works* (Wheaton : Crossway Books), 5권 7장 참조.

각각의 역할을 갖고 있지만, 이성에 대한 신앙의 우위성을 인정해야 한다는 것이 파스칼의 입장이다.[14] 이런 관점에서 이성의 자율성에 대한 부정, 즉 이성의 한계 의식이 그의 변증론 안에서 강조되는 것은 당연한 귀결이라고 볼 수 있다.

3. 기하학적 정신 : 이성의 한계

파스칼은 정신의 질서를 설명하는 데에서 기하학이야말로 과학의 다양한 형태 중에서 가장 순수한 과학적 논증의 표본으로 간주한다. 다시 말해 기하학은 과학적 방법의 가장 세련된 형식으로서, "진리를 증명하고 밝혀서 그 논증이 확고부동한 것임을 보이는" 기술을 거기서 찾을 수 있다고 그는 생각한다. 기하학이 진리를 발견하고 증명하고 진위를 구별하는 데 가장 탁월한 학문이라고 보기 때문이다.[15] 파스칼은 기하학을 선택한 이유를 다음과 같이 설명한다.

> 내가 거기에 이르기 위해서 이 학문(기하학)을 선택한 것은 이것만이 추론의 참된 규칙을 알고 있기 때문이며, 너무나 당연하기 때문에 그것을 무시할 수 없는 삼단논법의 규칙에 멈추지 않고 모든 것에 추론을 이끌고 가는 참된 방법에 기초해 있기 때문이다. [⋯] 기하학은 인간의 학문들 가운데 틀림없는 증명을 보여주는 거의 유일한 것이다.[16]

14) Michel Le Guern, *Les Pensées de Pascal* (Paris : Larousse, 1972), 140-147쪽 참조.
15) *De l'Esprit géométrique*, 348쪽.
16) 같은 글, 349쪽.

파스칼이 기하학을 정신의 가장 높은 학문으로 인정하는 것은 기하학이 인간 이성의 완성도를 명확하게 보여줄 수 있다고 보기 때문이다. 그는 수학적 확실성 안에서 과학의 이름에 합당한 모든 인식이야말로 지식의 이상적 형태라고 판단한다. 거기에 환원될 수 없는 모든 것은 인간 지성의 차원을 초월하는 것이다. "기하학을 넘어서는 것은 우리를 넘어선다"[17]라고 파스칼은 말한다. 그는 몽테뉴처럼 그것이 삼단논법과 같은 방법(baralipton), 즉 판단을 만들어내는 스콜라적 논리학과 같은 것으로 생각하지 않는다.

> 실수하지 않는 방법은 모든 사람들에 의해 추구되고 있는 것이다. 논리학자들은 거기에 이를 수 있다고 장담했지만 기하학자들만이 거기에 이를 수 있는 것이다. 그들의 학문과 그것을 넘어서는 것에서는 진정한 증명이란 없는 것이다.[18]

이런 주장은 데카르트의 영향 때문이라고 볼 수 있을 것 같다. 특히 데카르트 철학은 수학의 명증성에 대한 전적인 신뢰를 바탕으로 한다. 그는 「철학의 원리」에서 "그렇게 확실한 것들이란 수학적인 증명들이며, 또한 물질적인 사물들이 존재한다는 데 대한 인식이 그러한 것이며, 그것들에 관해 우리가 하는 명백한 추론들이 그러한 것들이다"라고 말한다.[19] 여기서 수학적 증명들을 이끌고 가는 이성은 추론을 의미하며, 그것은 기하학에서처럼 모든 것을 끊임없이 기억에 의존하면서 단계적으로 나가서 원리에까지 모든 것을 증명하고자 하며 질서에 따라 논증하고자

---

17) 같은 쪽.
18) 같은 쪽.
19) René Descartes, *Le Principe de la Philosophie*, IV, 206.

하는 기능이다.

하지만 이러한 기하학적 증명은 분명한 한계를 갖는다. 가장 탁월한 학문이라고 할 수 있는 기하학에 대해 반성해볼 때, 파스칼은 그 안에서 원리와 증명을 구별한다. 원리들은 증명을 세우지만 그것 자체는 증명할 수 없고 또한 정의할 수 없는 것들이다. 그것은 명석·판명하게 지각할 수 있기 때문이 아니라 반대로 그것들의 탁월한 진리가 사유에 필요불가결하기 때문이다. 파스칼은 「기하학적 정신에 대하여」에서 이런 증명 없이 참된 것으로 나타나는 성질을 '자연(nature)', '자연적(naturel)', '자연적으로(naturellement)'라는 단어를 사용하면서 입증한다.[20] 그는 그 자체들로서 분명한 것들을 예로 든다. 즉, 공간, 시간, 운동, 수 등을 말하면서 정신이 어떻게 최초의 원리를 알게 되는지 설명한다. 기하학은 이 원리들을 분명하게 말하고 있지만 공간, 시간, 운동, 수 등 이 가운데 어떤 것도 정의하지 않는다. 그것은 불가능하기 때문이다. 정의하려고 하는 용어들은 그것에 선행하는 용어들을 전제할 것이고, 마찬가지로 증명하려고 하는 명제들은 그것에 앞선 다른 명제들을 전제할 것이기 때문에 최초의 명제에 이르는 것은 절대적으로 불가능하다. 결국 이 과정을 지속해 나가면 우리는 필연적으로 이 이상 정의할 수 없는 원리, 즉 증명하는 데 필요한 다른 원리가 존재하지 않는 원리에 도달하게 된다. 이것을 알 수 있는 것은 '자연의 빛(la lumière naturelle)'이다. 이러한 자연이 설명의 부족을 채워줌으로써 그 증명은 참된 것이 될 수 있는 것이다.[21] 그러므로 "인간은 어떤 과학이라도 절대적으로 완성된 순서에 따라 다룰 수 없는 자연적이고 어쩔

20) Henri, Gouhier, *Blaise Pascal* (Paris : Vrin, 1986), 60쪽.
21) *De l'Esprit géométrique*, 350쪽.

수 없는 불가능성 속에 있는 것이다."[22]

이처럼 파스칼이 기하학적 방법의 무용성을 주장한 것은 기하학의 위치를 높이 평가하면서도 그것이 갖는 한계, 그리고 정신과는 전혀 다른 질서의 세계를 알고 있기 때문인 것으로 해석된다. 물론 기하학이 동일한 질서의 차원에서 학문으로서 불필요하다는 것을 의미하는 것은 아니다. 육체의 질서를 넘어서서 변증법적 힘을 사용하는 이성의 질서, 즉 증명의 질서에서 기하학은 넘을 수 없는 탁월한 지력을 발휘한다. 그러나 기하학이 아무리 뛰어난 학문일지라도 특히 '초자연적 질서(l'ordre surnaturel)'에 대한 인식에 관하여는 무용할 수밖에 없다는 것이다. 기하학이 얻을 수 있는 확실성이라는 것은 정신의 질서만을 세울 수 있을 뿐이다. 다시 말해 그것은 단지 완전한 질서(l'ordre parfait)를 흉내내는 것에 불과하다. 파스칼은 페르마의 편지 내용을 다음과 같이 요약한다.

> 질서. 나는 이 담론을 다음과 같은 순서로 다루었으면 좋겠다. 모든 종류의 조건들의 허무를 보여주기 위하여, 공통된 삶의 허무를 보여주고 나서 철학적 삶들, 즉 회의주의자의 삶과 금욕주의자의 삶의 허무를 보여주는 것이다. 그러나 거기서 순서가 지켜질 것 같지 않다. 나는 순서가 무엇인지를, 그리고 그것을 이해하는 사람들은 거의 없다는 것을 알고 있다. 인간의 어떤 학문도 그것을 지킬 수 없다. 아퀴나스도 그것을 지키지 못했다. 수학은 그 순서를 지키지만 그 깊이에 있어서는 무용한 것이다.[23]

---

22) 같은 쪽.
23) 단장 694.

여기서 '무용성(l'inutilité)'과 '깊이(le profondeur)'란 말에 주목해볼 필요가 있다. 인간의 사유는 위대함(le grandeur)과 나약함(la faiblesse)을 동시에 가지고 있다. 탐구의 어떤 질서 안에서 위대함은 진리에 이를 수 있는 능력이며, 나약함이란 자기 자신이나 기원, 본질적 운명을 스스로 인식하는 데 이와 같은 방법을 사용할 때 회의나 허위의 독단주의에 빠져버리는 것을 말한다. 따라서 이성과 수학적 방법 안에서 실현된 것들은 무용하고 무효하다. 마음과 정신은 서로 다른 질서를 가지고 있다. 정신은 원리와 증명에 의한 질서다. "사람들은 사랑의 이유를 질서에 따라 설명하면서 자기가 사랑을 받아야만 된다는 것을 증명하지 않는다. 그것은 우스운 일이 될 것이다."[24] 파스칼이 말하는 '이성의 부인(le desaveu de la raison)'이란 이성의 정상에서 더 이상이 오를 수 없는 한계를 인식함으로써 발견되는 것이다. 만약 이성의 분석이 이성이 갖지 못하는 힘의 인식에까지 나가지 못하는 한, 이성은 나약할 뿐이다. 단 그것은 그 본래의 방식을 통해 인간의 실존을 보여줄 수 있다. 그것이 '깊이'의 첫 번째 양상이다.

그럼에도 불구하고 이런 무용성은 수학적 경험에서 방법의 '깊이'를 배제하지 않는다. 한편으로, 그것은 어떤 다른 학문이 접근할 수 없는 자신의 질서 안에서 명증성의 힘을 발휘한다. 이런 점에서 과학의 보편적 실패에서 수학을 제외시키는 것을 기억하고 있는 데카르트의 제자인 파스칼은 '참된 질서를 지킬' 줄 아는 기하학이 주는 확실성의 탁월함을 인정한다. 다른 한편으로, 증명의 방법으로서 수학적인 것들은 『설득의 기술에 대하여(*De l'Art de persuader*)』의 작자에게 하나의 모델을 제공한다.

24) 단장 298.

일반적으로 파스칼의 모든 과학적, 논쟁적 텍스트들은 대게 기하학적 정신으로 설명된다. 예컨대 『은총론(*Les Ecrits sur la grâce*)』에서, 방어할 명제의 명료성을 입증하기 위하여 반대 명제의 모순을 제기하고, 논증을 점차적으로 조직화하며, 증명을 종합적으로 재개하는 등 기하학적 방법론을 사용한다.

기하학자는 점에서 선, 그리고 선에서 면으로의 관계들을 생각한다. 파스칼의 친구 메레(le Chevalier Méré)는 공간이 무한히 나누어질 수 있다는 것을 이해하지 못했다. 즉, 그는 점, 선, 면이 불연속적인 크기라는 것, 단순한 곱셈을 통해서 동질적 방법으로 한쪽에서 다른 쪽으로 넘어갈 수 없다는 것을 알지 못한다. 파스칼의 세 개의 질서는 이러한 세 개의 크기 안에서 유비적 대응을 갖고 있지 않는가? 이성과 사랑 사이에 넘어설 수 없는 심연이 있는 것처럼 공간과 정신 사이에도 단절이 존재한다. 그러므로 공간, 기계 혹은 자동 기계와 정신과의 종합, 그리고 이런 종합과 마음 사이에 단절 혹은 죄성(le péché)이 존재한다는 의미에서 인간은 이해 불가능성의 존재로 남는다.[25]

내기(le pari)의 논증에서 기하학자는 종교적인 것의 상징적 읽기를 발견한다. 한쪽이 굴곡진 상의 면적을 계산하기 위하여 작은 호(弧)의 무한 수로 곡선을 나누는 것을 생각한다. 이렇게 구성된 장방형의 합은 면적을 제공한다. 즉, 무한히 작은 것은 이것이 결과의 정확성에서 어떤 것을 감하지 않고도 유한의 시각에서 무시될 수 있다. 기하학자는 무한(l'infini)에 어떤 것을 나누거나 혹은 더한다면 아무것도 변하지 않는다는 것을 인정한다. 그런데 유한이 무한 앞에서 없어지는 것은 표면상의 공리가

25) Pierre A. Cahné, *Pascal ou le Risque de l'Espérance* (Paris : Fayard Mame, 1981), 64-65쪽 참조.

아니다. 중요한 것은, 내기에서 일시적 오락을 추구하는 것은 인간이 희망하는 끝없이 행복한 삶의 무한성이라는 시각에서 볼 때 단지 무(無)일 수밖에 없다는 것이다. 예컨대 "만약 일생에 일주일을 바쳐야 하는 것이라면 백 년도 바쳐야 한다"[26]는 것은 진리를 찾는 데 일주일을 투자할 수 있는 사람은 결과적으로 전 생애를 바칠 수 있다는 것을 의미한다. 왜냐하면 일주일과 백 년은 무한의 관점에서는 동일하기 때문이다.[27]

수학적 지성 안에서 그 기초를 발견하는 이와 같은 입장이 그럼에도 불구하고 궁극적 행복과 삶의 열매를 제공하지 못하는 이유는 무엇인가? 이성은 유한의 질서에 속하여 스스로의 한계를 보여주고 있으며, 그리고 그것이 성취되는 정상의 시점에서는 무화(無化)될 수밖에 없기 때문이다. 이런 의미에서 '이성의 부인'은 데카르트적 회의나 절대적 위치 확보를 더 잘 지속하기 위한 이성의 계략이 아니다. 그것은 오직 신앙과 희망을 입증하고 가능하게 하는 서막과 같은 것이다.[28]

4. 마음의 질서 : 이성의 의미 근거

파스칼은 단장 512에서 '기하학적 정신(l'esprit géométrique)'과 '섬세의 정신(l'esprit de finesse)'으로 대비하여 설명한다. 기하학적 정신은 보통 잘 사용하고 있지 않지만 명백한 원리로부터 시작한다. 이 같은 정신은 이미 주어진 원리로부터 추론을 통

26) 단장 159.
27) Pierre A. Cahné, 앞의 책, 65쪽.
28) 같은 책, 66쪽.

해서 사물을 인식한다. 반면, 섬세의 정신은 원리를 깊이 이해하는 정신의 넓이를 표시한다. 그것이 어떻게 가능한지를 설명하기는 어렵다. 단순한 기하학자들이 스스로 지탱할 수 없는 것은 주어진 원리들에 의지해서만 증명의 정당성을 확보할 수 있기 때문이다. 섬세의 정신은 기하학적 정신으로는 결코 파악할 수 없는 다른 차원의 인식 기능이다. 그것은 "암묵적으로 기교가 없이 자연스럽게 그렇게 하는 것이다." 기하학적 정신이 원리로부터 추론을 통해서 사물을 인식하는 정신이라면, 섬세의 정신은 일상적 상황에서 사물을 추론이 아닌, 느낌으로 단번에 판단하는 것으로서 어떤 증명이나 설명이 불가능한 정신을 의미한다. 다시 말해 수학적, 논리적 추론의 증명을 통한 인식의 차원이 아니라 느낌, 감각, 섬세한 '판단'으로 사물의 본질을 파악하는 정신의 기능을 말한다.

> 이 원리들은 쉽게 보이지 않는다. 본다기보다는 느끼는 것이다. 그것들을 스스로 느끼지 못하는 자들에게 느끼게 하는 것은 끝없는 수고가 따른다. 그것은 너무 섬세하고 워낙 많아서 그것을 느끼고, 이런 느낌에 따라서 정확하고 공정하게 판단하기 위해서는 매우 섬세하고 정확한 감각이 있어야 하며, 그러면서도 기하학의 경우처럼 순서에 따라 증명하는 것은 어려운 것이다.[29]

여기서 파스칼의 초점은 추론, 증명의 방법과는 다른, 감정 혹은 느낌의 인식 방식에 맞추어져 있다. 사람들은 다른 양식들을 통하여 세계와 관계를 갖는다. 예컨대 물 속에 꺾인 막대기를 보고 그것이 실제로는 직선이라는 것을 이해한다. 그리고 넘어설

29) 단장 512.

수 없는 명증성의 차원에서 제일원리를 느낀다. 이성이 의지해야 하는 것은 바로 이런 감정의 인식이다. 그것을 실제적으로 경험할 때, 마음의 질서는 일련의 연역을 통해 인식된 진리가 미치지 못하는 완전한 인식을 제공한다. 사물에 대한 인식에서 단지 기하학적 정신으로 파악할 수 없는 마음의 인식이며, 직관의 인식이다. 여기서 직관은 데카르트적 의미의 직관이 아니라 이성으로 환원되지 않는, 그래서 증명이 불가능한 감정의 직관을 의미한다. 파스칼에게서 감정은 영혼의 지적 직관의 능력을 표시하고 지각의 자발성과 직접성을 나타내며,[30] 그것은 또한 과학적, 심미적, 도덕적 정신의 모든 삶의 근원이다.[31] 이처럼 참된 진리를 아는 데는 수학이나 과학이 아닌, 또 다른 이성, 논리가 있다. 그래서 그는 "마음은 이성이 모르는 논리(혹은 이유들)를 가지고 있다"[32]고 말한다. 진리는 이런 마음의 인식을 통하여 파악된다. 요컨대 '제일원리'에 대한 인식은 명백하게 '마음'의 문제로 돌려진다.

> 우리가 진리를 인식하는 것은 단지 이성을 통해서 뿐만이 아니라 마음을 통해서이다. 우리가 제일원리를 인식하는 것은 후자를 통해서이다. 추리가 여기에 전혀 참여할 수 없지만 그것을 반박한다고 할지라도 소용없는 것이다. 이것만을 대상으로 삼는 회의론자들은 헛수고를 하고 있는 셈이다.[33]

마음, 즉 본능은 직접적 이해며, 영혼의 가장 내적인 부분이고,

30) Philippe Sellier, *Pascal et saint Augustin* (Paris : Albin, 1995), 109쪽.
31) Jean Laporte, 앞의 책, 67쪽.
32) 단장 423.
33) 단장 110.

인식과 감정이 하나를 이루는 극단이다.[34] 왜냐하면 그것은 그의 대상과 함께 동정과 사랑을 통해 내적이고 직접적 감정 안에서 동시에 일어나기 때문이다. 정신과 마음의 "이와 같은 힘은 각각 원리와 활동의 동인을 가지고 있다."[35] 그런데 마음은 이성을 무한히 내포한다. 왜냐하면 그것은 그것이 의지하고 있고, 모든 회의주의를 극복하지 못하는 이런 관념들과 모든 담론을 세우는 원리를 제공하기 때문이다. "원리는 느끼는 것이고 명제들은 결론짓는다." 그러므로 "이성이 제일원리의 증명을 마음에 요구하는 것은 무용하고 어리석은 것이다."[36] 파스칼에게 두 개의 질서, 즉 기하학적 정신과 섬세의 정신 사이에는 명백한 불연속성이 존재한다. 그렇다면 마음의 인식은 이성과 대립되어 있는가? 이것은 항상 해석상의 미묘한 문제를 남긴다. 그런데 파스칼은 슐라이어마허((Friedrich de Schleiermarcher)처럼 비합리주의를 주장하지 않는다.[37] 단지 이성의 '한계'를 지적할 뿐, 두 질서 사이에는 연속성이 있음을 발견한다. 두 개의 인식 기능은 '정신(l'esprit)'이라는 공통 분모를 갖고 있다. 단순한 이성, 정신, 추론으로는 인식할 수 없는 차원이 분명히 존재하지만, '섬세한 사물들(choses fines)'을 다루는 데에서 추론 혹은 이성의 기능을 전적으로 부정하는 것은 아니다.[38] 추론은 섬세의 정신과는 다른, 그러나 꼭 필요로 하는 자신만의 인식 기능을 가지고 있기

34) 마음은 감정의 기능일 뿐만 아니라 또한 직관적 인식의 기능, 지적 본능이다. 거기에 감상주의는 결코 존재하지 않는다(Romeyer, *Revue apologétique*. oct. 1923, 72쪽 참조).
35) *De l'Art de persuader*, 355쪽.
36) 단장 110.
37) François Chripaz, *Pascal, la condition de l'homme* (Paris : Michalon, 2000), 28쪽.
38) Jean Laporte, 앞의 책, 62쪽.

때문이다. 그래서 파스칼은 마음에서 원리들을 끌어내고 정신 혹은 이성은 추론의 힘으로 그 결과들을 발전시킨다고 본다.[39] 신앙과 이성의 문제에서도 데카르트와 파스칼이 서로 차이점을 보이는 것도 이런 관점에 기인한다.[40]

앞서 언급했듯이 기하학적 방법이 학문 혹은 과학의 영역에서 완전성을 지니고 있다고 하더라도, 또 증명에서 의존해야 할 가장 탁월한 도구라고 하더라도 그것은 분명한 한계를 갖고 있다. 그것은 단지 이성의 작업에 국한될 뿐, 정의할 수 없고 증명할 수 없는 원리들에 의존되어 있기 때문이다. 그것은 "논증보다도 더욱 강력하게 이성을 확신시키는 최고의 자연적 명료성"[41]에 기인이다. 마지막 원리로 제시된 것도 '다른 원리에 근거하고' 있기 때문에 '궁극적인 것(le dernier)'이 될 수 없다.[42] 따라서 기하학은 증명과는 다른 인식의 양상에 의존할 수밖에 없다. 그것은 바로 '자연', '마음', '본능'이라고 부르는 것이다. 기하학자는 단지 기하학자일 뿐이라는 이유가 여기에 있다. 그들은 기하학의 분명한 여러 원리에 익숙하여 그들 앞에 있는 것을 보지 못하며, 그렇게 다루도록 되어 있지 않은 원리를 가지고 있는 섬세한 사물을 놓쳐버린다. 물론 기하학적 방법은 매우 유용하며 논리학과는 다르게 질서를 가지고 있고,[43] 진리가 자연 안에서 서로 연결되는 방식을 보게 한다. 하지만 그것은 '그 깊이에서' 무용하

---

39) Edouard Morot-Sir, *La raison et la grâce selon Pascal* (Paris : PUF, 1996), 91쪽.

40) 데카르트는 이성과 신앙의 분리를 주장한다. 또한 일반적으로 키에르케고르의 실존주의의 뿌리를 파스칼에서 찾고 있지만, 사실 '신앙의 도약'을 주장하는 그의 입장은 파스칼의 그것과 다르다.

41) *L'Esprit géométrique*, 352쪽.

42) 단장 199.

43) 단장 694.

다. 그 이유는 무엇인가? 그것은 인간의 마음을 움직이지 못하고, 인간에게 생(生)의 가장 중요한 것, 즉 그 목적에 대해서 결코 말해주지 못하기 때문이다. 「페르마에게 보내는 편지(Lettre à Fermat)」에서 파스칼은 다음과 같이 말한다.

> 왜냐하면 기하학에 대해서 당신에게 솔직히 말하자면 나는 거기서 정신의 가장 높은 훈련을 발견합니다. 동시에 그것은 아주 무익한 것이라고 생각합니다. 왜냐면 나는 단지 기하학자와 능숙한 장인 사이에 차이가 거의 없기 때문입니다. 또한 나는 그것을 세상에서 가장 아름다운 직업이라고 부릅니다. 그러나 결국 그것은 하나의 직업일 뿐입니다. 또한 내가 여러 번 말했지만 그것은 시도하기에는 좋습니다만 거기에 우리의 힘을 쓰기에는 별로 이지요. 결국 나는 기하학을 위해서는 더 이상 나가지 않을 것입니다.[44]

파스칼은 기하학이 정신의 가장 탁월한 능력을 보여준다는 것을 인정하지만, 그것이 가지는 한계로 인해서 인간의 조건이나 본질, 그리고 인간의 삶에 대한 궁극적 목적을 제시하지 못한다고 본다. 그는 기하학적 증명이 스스로의 정당성을 갖지 못하고 자연의 질서에 의존되어 있다는 것을 입증함으로써 이성의 한계성을 부각시키지만, 이성의 한계나 자연적 질서의 우위성을 드러내는 것이 그의 담론이 갖는 목표가 결코 아니다. 인간의 실존을 알게 하고, 삶의 진정한 목적을 발견할 수 있는 진리의 인식은 이성을 통해서는 불가능하다는 것을 보여주고, 초자연적 질서에서 인간의 본질과 참된 삶의 목적을 발견할 수 있다는 것을 제시하기 위한 변증론적 의도가 그 밑에 깔려 있다고 할 수 있다. 다

---

44) *A Fermat*, le 10 août 1660.

시 말해 자연적 질서에서 초자연적 질서로의 전환이 필요하다는 것이다. 세속적 인식에 관하여 '자연의 빛의 우위성은 그 질서 자체 안에 있는 이성의 무능에 대한 승인이라면, 종교적 인식에 관하여 은총의 우위성이 이성의 결핍에 기인한 것이 아니라 이성을 통과하는 진리 자체의 높이에 기인하는 것이라고 할 수 있다.[45] 높은 차원의 진리 인식이란 이성을 배제한 것이 아니라 이성을 넘어서 있는 인식이다. 파스칼은 "하나님은 진리가 마음에서 정신으로 들어가게 되기를 바랐으며 정신에서 마음으로 들어가는 것을 원하지 않았다"고 말하고, "사랑을 통해서만이 진리에 들어갈 수 있다"[46]고 결론짓는다. 변증론의 핵심은 두 개의 질서 위에 사랑의 초자연적 질서를 자리매김하는 것이다. 인간의 구원이 이루어지는 것은 과학 안에서가 아니라 바로 '마음의 질서' 혹은 '사랑의 질서(l'ordre de charité)' 안에서다. 파스칼은 다음과 같이 말한다. "코페루니쿠스의 학설을 탐구하지 않아도 좋다." 그 이유는 우주론은 구원에서 본질적인 것이 아니기 때문이다. 그러나 "영혼이 불멸인가 아닌가를 아는 것은 전 생명에 관계되는 중요한 문제다."[47]

5. 맺음말

데카르트로 대변되는 근대 과학적 합리주의에 대한 비판에 대

45) Pierre Magnard, *Nature et Histoire dans l'Apologétique de Pascal* (Paris : Les Belles Lettres, 1975), 325쪽.
46) *L'Esprit géométrique*, 355쪽.
47) 단장 164.

해서 파스칼처럼 철저한 철학자도 드물 것이다. 그는 이성을 절대화하는 합리주의가 갖는 모순과 한계를 지적하고 새로운 차원에서 진리 인식이 이루어져야 할 것을 주장한다. 그는 과학이 인간의 본래적인 것이고 지속적으로 발전하는 것이지만 그것은 제한된 상대적 가치만을 갖는다고 본다. 모든 과학 가운데 기하학만이 "추론의 진정한 규칙을 알고" 있음으로 인해 기하학적 탐구는 높이 평가될 수 있지만, 기하학적 논증의 원리와 명제들은 추론을 통해서 얻어질 수 있는 것이 아니라 마음의 질서에서만 가능하다는 것이다. "마음은 공간 안에 3차원이 있으며, 수들이 무한하다는 것을 느낀다"[48]고 파스칼은 말한다. 추론과 감정을 대비시키면서 명시적 추론이 도달할 수 없는 마음의 직관적 판단을 강조하는 이유는 근대 합리주의가 갖는 독단주의를 비판하고자 하는 강한 의도가 깔려 있기 때문이다. 이것은 그의 변증론적 목적에 부합하는 것이다.

특히 17세기 당시 과학의 자율성은 종교나 형이상학보다도 실제적 삶에서 더 큰 힘을 발휘하였지만, 과학이 인간의 문제를 해결하지도, 삶의 목적을 제시하지도 못한다는 것을 말함으로써 과학적 합리주의가 가져오는 무용성 혹은 나약성을 파스칼은 지적한다. 그러므로 참된 살아 있는 인식을 위해서는 더 높은 차원의 단계로 올라가야 한다. 다시 말해 육체와 정신의 질서를 넘어서 마음의 질서 혹은 사랑의 질서로의 전환이 필요하다는 것이다. 그는 다음과 같이 말한다. "육체에서 정신까지의 무한한 거리는 정신으로부터 사랑에의 끝없이 무한한 거리를 상징한다. 왜냐하면 사랑은 초자연적인 것이기 때문이다."[49] 이와 같은 질

48) 단장 110.
49) 단장 308.

서는 세속적 인식의 차원에 속한 것이 아니다. 예컨대 "모든 물체의 집합, 모든 정신의 집합 그리고 그것들의 모든 산물은 사랑의 가장 작은 움직임에도 미치지 못한다. 그것은 무한히 높은 질서에 속한다."[50] 지성, 이성, 추론만으로는 도달 할 수 없는 진리를 이런 높은 질서의 차원에서 발견할 때 과학, 이성, 인간의 삶도 그 본래의 의미와 목적을 되찾을 수 있을 것이다.

---

50) 같은 곳.

제 9 장

멘 드 비랑의 근대 과학적 사유 비판 : 인과성과 생리학주의 비판*

황 수 영

1. 들어가는 말 : 문제의 위치

서양 근대 철학의 태동기를 관찰해보면 새롭게 등장한 과학적 탐구를 정당화하는 작업이 철학의 동기와 형성 과정의 양면에서 거대한 동력이 되고 있음을 알 수 있다. 근대 철학의 전통을 양분하는 주요한 입장들의 원조라 할 수 있는 데카르트와 베이컨 이후 어떤 철학자도 이에서 자유로울 수는 없게 되었다. 그러나 이런 태도가 일방향으로 진행되지는 않았음은 물론이다. 과학이 가져올 실제적 성과에 대한 낙관, 전제들의 단순성과 이론적 일관성이 함축하고 있는 투명한 세계관에 대한 확신 등은 20세기에 이르러 다양한 방향에서 근대성에 대한 심층적 반성이 이루

* 이 논문은 2002년도 기초 학문 육성 인문 사회 분야 지원 사업의 일환으로 한국학술진흥재단의 지원(KRF-2002-074-AM1518)에 의해 연구된 것으로, 『철학』(한국철학회) 제78집(2004년 봄)에 실렸던 것임.

어지기 전까지는 대체로 강고하게 유지되었다고 할 수 있으나 이러한 반성이 단순히 최근의 것이 아니라는 것은 근대 철학을 좀더 면밀히 검토할 경우 확연하게 드러난다.

이러한 반성은 프랑스 철학에서 두드러지는데 여기에 관심을 한정해보면, 이미 근대 철학의 거두인 데카르트의 시대에 그의 합리주의 편향에 대한 최대의 비판자인 파스칼이 있었고, 과학적 이성을 무기로 계몽을 전파한 18세기 철학자들에 대해서는 루소의 감성주의와 멘 드 비랑(Maine de Biran)의 내면성의 철학이 대립하고 있었으며, 19세기 콩트의 실증주의에 대해서는 라베송(Ravaisson)의 생명철학이, 그리고 20세기 초반의 과학주의에 대해서는 베르그송의 지속의 형이상학이 그 비판의 역할을 충실히 수행하고 있었다. 파스칼에게서 시작하는 이 흐름은 넓게 보아 지성만능주의에 저항하는 감성주의로 볼 수도 있으나 합리주의에 대항하는 비합리주의(irrationalism)나 반지성주의라는 표현은 오해를 불러일으킬 수 있다. 왜냐하면 이들이 공통적으로 보여주는 내면성으로의 회귀는 내적 감성의 영역의 발견과 관련한 독특한 철학적 전통을 형성할 뿐만 아니라 과학적 이성의 한계를 지적하고 그 무절제한 사용을 비판하는 나름의 "합당한(reasonable)" 논거를 보유하기 때문이다.[1]

---

1) 툴민은 최근에 나온 그의 저서에서 전통적 이성의 개념이 동시에 포괄하고 있던 두 가지 의미 중에서 수학적 합리성을 지칭하는 rationality와 사리에 맞음, 합당함을 나타내는 reasonableness가 17세기 이후에 분리되기 시작했다는 것을 지적한다. 이런 분리의 배경에서 결과적으로 과학적 지성과 인문학적 지성의 분리 또한 야기된 것이 사실이다. 툴민은 수학적 합리성 못지 않게 사리에 맞음, 합당함의 개념이 우리의 지적 활동에서 중요한 부분을 차지하고 있다는 것을 강조하면서 "이성의 균형"을 되찾을 것을 주장하고 있다. Stephen Toulmin, *Return to reason*, p.2, 29, 204.

우리는 근대 과학적 사유를 특징짓는 지성주의적 전통에 대한 프랑스 내부의 반성과 비판 중에서 프랑스 유심론(le spiritualisme français)의 창시자로 불리는 멘 드 비랑의 입장을 소개하고 검토하고자 한다. 멘 드 비랑은 파스칼의 문제 제기와 루소의 정신을 이어받아 최초로 내면성의 철학을 심화시킨 사상가다. 그는 근대 과학이 틀을 잡고 이미 세계관으로 굳어진 시기에 인간학의 관점에서 과학적 사유의 근거를 묻는 작업을 하고 있는 점에서 어느 정도는 칸트에 비교할 수 있다. 의사의 아들로 태어나 어린 시절부터 수학과 생리학에 관심을 가지고 공부한 것이 나중에 그가 정치가와 행정가로 활동하면서도 당대의 철학적 문제들에 관해 숙고하고 글을 쓸 수 있는 바탕을 마련한 셈이 되었다. 그가 주로 활동하던 시기는 18세기 후반에서 19세기 초반인데, 프랑스에서 이 시기는 바로 의학과 생리학의 비약적 발전으로 생물학에 새로운 전기를 마련하는 때다. 이 학문들은 이미 17세기부터 인간 신체의 현상에 물질을 다루는 방법을 도입함으로써 서서히 발달하기 시작했는데 그 배경은 다름아닌 데카르트와 뉴턴이 이룩한 기계론적 세계관이다.

주지하다시피 근대 자연과학의 성격에 대한 이해는 데카르트의 수학주의적 세계관을 지지하는 합리론적 해석과 베이컨과 로크의 경험론적 해석으로 양분된다. 데카르트는 물체의 크기, 모양, 운동 등 기하학적 요소들만을 가지고 자연 현상을 설명하였으나 많은 인위적인 보조 가설로 인해 난관에 봉착했고 뉴턴은 물체들 안에 인력이라는 비수학적 개념을 상정하여 그것을 토대로 물체들 간의 관계를 수학적으로 간략하게 기술하는 데 성공하였다. 뉴턴의 작업은 로크에서 유래하는 경험론적 사고와 방법과도 관련이 있으나 수학적 체계의 통일성의 측면에서는 합리론의 이상에 가까운 실제적 성과를 달성하게 된다. 18세기 중반 프랑스에는 볼테르, 디드로 등의 계몽주의자들이 파리를 중심으로 데카르트의 수학주의적 기계론의 바탕 위에서 뉴턴의 역학적 기계론을 널리 받아들이고 있었다. 후에 라플라스(Laplace : 1749~1827)는 이러한 전통을 더욱 밀고 나가 천문학에서 결정론적 체계를 세우면서 이신론을 비롯한 어떤 타협도 불허하는 완벽한 무신론적 유물론으로 당대의 과학 문화의 한 장을 장식하게 된다.[2)]

이와 같은 분위기에서 비랑은 구이예(Gouhier)가 그렇게 칭하듯 "시골의 이데올로그"[3)]로서 파리의 학계를 지배하던 흐름에서 다소 자유로울 수 있었다. 그가 당대의 과학적 사고를 비판적 안목에서 볼 수 있던 계기는 무엇보다 인간에 대한 심층적 관찰에서 비롯한다. 인간 정신을 규정하는 데카르트의 사유 실체가 구체적 인간을 배제하고 이루어졌을 뿐 아니라 인간 신체조차도 동물 기계론적 관점에서 왜곡된 모습으로 파악되고 있다는 것을 강조하면서 비랑은 자신의 새로운 철학에서 이를 종합적으로 설명하려 시도한다. 뿐만 아니라 뉴턴 과학의 체계에서 물질적 대상에 전제된 힘이나 중력의 개념 그리고 현상들의 인과적 연결에 대한 경험론적 설명에 비랑은 불만족을 표시하고 의지의 철학의 관점에서 새로운 인과론을 제시한다. 우리는 우선 비랑의

2) 라플라스에 대해서는 로저 한(Roger Hahn)의 논문을 참고하는 것이 유익하다. 「라플라스와 기계론적 우주」, 『신과 자연, 기독교와 과학 그 만남의 역사』, 하권, 데이비드 C. 린드버그, 도널드 L. 넘버스 엮음, 박우석·이정배 옮김, pp.371-375 (God and Nature Historical Essays on the Encounter between Christianity and Science, Edited by David C. Lindberg and Ronald L. Numbers).

3) Gouhier, *Les conversions de Maine de Biran*, p.155.

독창적 관점이라 할 수 있는 내적, 심리적 인과성의 개념을 소개하고, 두 번째로 유물론적 생리학이 인간 신체의 현상들을 설명하는 방식의 문제점을 비판함으로써 그가 어떤 방식으로 당대의 과학적 사고의 한계를 극복하고 있는지를 살펴보겠다.

2. 심리적 인과성

뉴턴은 데카르트주의자들이 중력 개념의 본성을 묻는 질문에 "나는 가설을 만들지 않는다"는 말로 대답했다. 이 말은 근대 과학의 탄생 이래 오늘날까지도 과학적 개념들의 본성에 대한 성급한 철학적 설명을 유보하게 하는 태도의 근간을 이룬다. 실제로 뉴턴의 역학적 기계론이 지배적 세계관이 된 후 자연 현상에 대한 형이상학적 설명은 현저하게 그 설득력을 잃고 있다. 근대 합리주의 형이상학은 신을 제일원인으로 전제하는 데서 중세적 전통으로부터 결정적으로 벗어나지 못한 면이 있다. 그러나 자연의 진행에 관한 데카르트와 뉴턴의 기계론적 입장, 특히 우주의 진행에 엄격한 결정론적 체계를 제시한 라플라스에 이르러 인과적 기계론은 점차로 거부할 수 없는 세계관으로 확고하게 자리잡는다.

일상화된 원인이라는 말은 아리스토텔레스의 4원인 중에서 '운동인(causa efficiens)'의 개념에 근거를 두고 있는데, 이 개념은 중세를 거치면서 특정한 결과를 낳는 힘으로 이해되었고 근대 초까지 여전히 생생한 의미를 간직하고 있었다.[4] 데카르트는

---

4) 원인 개념의 역사적 변천에 대해서는 이태수의 다음 논문 참조, 「아리스토텔

이와 같은 원인을 세계의 궁극적 존재 근거로서의 신에게 부여했고 일반적으로 합리론 철학자들은 최종 원인으로서의 신을 인정한다. 그러나 다른 한편, 세계의 운동을 오로지 수동적 물체들의 충돌 법칙으로만 설명하는 데카르트의 연장적 물질관을 보면 능동적 힘과 같은 원인이 개입할 여지는 없다. 데카르트는 최종 원인으로서의 신이 자연계에 개입하는 것을 거부함으로써 철저한 기계론을 수립할 수 있었던 것이다. 동일한 목적은 아니지만 말브랑슈는 데카르트의 입장을 이어받아 현상들의 인과 관계를 기회 원인으로 설명하는데, 이 관점이 흄에게 이어진 것으로 알려진다.[5] 흄은 주지하다시피 현상 세계에서는 사건들의 연속만을 관찰할 수 있으며 인과율의 관념은 우리의 신념과 같은 심리적 태도에 불과하다고 말한다. 결국 데카르트나 말브랑슈, 흄에게서 자연 세계의 진행을 설명하는 인과성의 개념은 현상들의 기계적 연결을 지칭하는 것에 불과하다. 물론 이러한 기계적 연결을 주도하는 자연 법칙의 필연성과 확실성을 보장하는 문제에 이르러 흄은 회의주의를 견지한다는 차이를 제외한다면 말이다.

그렇다면 인과성의 개념 자체는 러셀이 말하듯이 거짓 개념에 불과한 것인가?[6] 이에 관해 멘 드 비랑은 초기 저서에서 흄과 유사한 불가지론의 입장을 보이고 있다. 또한 물리적 힘들에 관한 한 우리는 그 근거를 알 수 없다는 뉴턴의 입장을 따르고 있기도 하다.[7] 이런 태도는 그가 이데올로그라 불렸던 당시 지식인들의 경험주의적 입장을 통해 철학에 입문한 결과이기도 하

레스의 목적인과 운동인」, 『희랍철학 연구』, 조요한 외 지음, 종로서적, 1988.

5) 말브랑슈와 흄에게서 인과성의 개념을 비교한 연구로는 박종원의 다음 논문 참조, 「인과율에 관한 믿음의 근거」, 143-148쪽, 『철학비평』 제1호, 세종출판사.

6) Russell, "On the Notion of Cause", *Mysticism and Logic*, pp.207-208, 1919.

7) *Influence de l'habitude sur la faculté de penser*, Oeuvres, t. II,, Vrin, p.132.

다. 그러나 이후 철학적 사색을 심화시키면서 비랑은 초기와는 반대 방향으로 입장을 전환하게 된다. 이른바 반성적 방법이라는 자신의 고유한 철학적 방법을 내세우며 외적 경험이 아닌 내적 경험에 귀기울이게 되는 것이다. 그런데 비랑의 주장에 의하면 내적 경험의 고유한 특징은 힘이나 특정한 기능을 행사할 때 나타나는 주체적 의식이다. 따라서 기능(faculté)이나 생산적 힘(force productive)과 같은 개념의 가치를 결정해야 하는데, 비랑은 이런 개념들이 전통적 의미의 인과성 개념의 다른 표현에 불과하다고 본다.[8]

따라서 그는 초기의 입장을 거부하고 데카르트주의자들이 뉴턴을 비판하는 것과 같은 방식으로 묻는다. 우리에게 나타난 결과들에 머물 경우 원인이라는 말은 현상들의 항구적 연속을 나타내는 일반 용어에 불과하다. 이때 중력과 같은 개념은 설명이 불가능한 신비적(occulte) 성질을 띠게 되지 않는가? 그러나 이처럼 현상의 결과들에 멈추지 않고 원인을 그 자체로 문제삼을 경우 비랑은 이를 생산적 힘으로 받아들여야 한다고 주장한다. 오늘날 러셀의 말대로 과학적 설명에서는 실제로 인과성의 개념이 그다지 중요하지 않을지 모르지만 철학적 입장에서 볼 때 그것은 일면적 주장에 불과하다. 인과성보다 법칙성이 문제라고 해도 거기서 사용되는 많은 용어들이 단순히 유명론적 본성을 가진다면 이해되기 어려운 부분들이 있는 것이 사실이다. 그러나 비랑은 데카르트주의자들처럼 단순히 비판에 머물지 않고 내적 영역의 특수성을 주장함으로써 인과성의 개념을 다른 방식으로 옹호한다.

---

8) *Mémoire sur la décomposition de la pensée,* version remaniée, Oeuvres t. III, p.309.

초기 저서에서 비랑은 원인의 개념을 다음과 같이 분석한 일이 있다. 우리는 외부 대상에 우리 자신의 고유한 힘을 가하는 의지적 행동에서 스스로를 원인으로 느끼게 된다는 것이다.[9] 이것은 현상의 단순한 시간적 연결과는 다른 개념이지만 당시 비랑은 경험주의적 관점에 서 있었기 때문에 자신의 관점의 독창성을 의식하지 못하고 있었다. 그러나 두 번째 저서에서 그는 외적 경험과 내적 경험의 영역을 구분하면서 후자의 독특함을 인정하는 것이 중요하다고 생각한다. 내적 영역은 반성적 의식의 영역이며 여기서는 결과들을 토대로 원인으로 거슬러 올라가는 것이 아니라 그와는 역방향의 과정이 있다. 반성적 의식은 일반화되지 않고 "스스로 단순해지고 개별화되면서 원인 또는 작용하는 힘과 동일한 자아의 의식에 이르게 된다."[10] 바로 거기서 현상들의 연속적 관계를 의미하는 물리적 인과성과는 본질적으로 다른 심리적 인과성을 발견할 수 있다.

비랑은 반성적 의식을 구성하는 내적 상태를 구체적으로 노력이라는 행위 속에서 찾는다. 노력의 행위는 단순히 정신적 작용이 아니라 "운동을 산출하는 힘으로서의 자아 의식(의지)과 근육 수축으로 느껴진 결과"를 동시에 수반하는데, 이 두 요소는 상호 불가분적으로 연결되어 의지적 노력이라는 감정을 구성한다.[11] 이러한 노력의 행위가 심리적 인과성의 전형이 된다. 전통적으로 운동인에 부여된 신비적 힘과는 달리 비랑은 원인의 개념에 노력의 이원적 요소로 구성된 구체적 내용을 부여하고 있는 것을 알 수 있다. 그런데 노력의 구성 요소의 이원성에 대해

---

9) *Influence de l'habitude sur la faculté de penser*, p.195.
10) *Essai sur les fondements de la psychology*, Ed. Tisserand, t. VIII, p.55.
11) 같은 책, 332쪽.

당시에 이미 의문이 제기되기도 했다. 스탑페르(Stapfer)라는 사람은 노력이라는 행위에서 나타나는 이원성이 불가분적이고 동시적이라면 그것은 시간적 계기로 나타나는 인과성의 전형이 될 수 없다고 비판한 바 있다. 여기에 대해 비랑은 반성적 의식 속에서는 인과성을 시간적 선후 관계와 혼동하지 말 것을 주문한다. 의지와 근육 운동이라는 두 요소는 노력의 감정 속에서 동시적으로 나타나며 이 감정은 하나의 의식 사실을 구성하는 명증한 인식이다. "모든 생산적 힘은 본질적으로 그것이 나타나는 결과 혹은 현상과 동시적이다."[12] 이것은 내적 인과성이란 물리적 인과성과는 달리 시간적 질서에 속하는 것이 아니라는 주장이다.

비랑의 입장은 흄에 대한 고찰에서 더욱 명확해진다. 감각적 소여들에 머물 경우 우리는 흄이 지적한 대로 원인이나 힘 또는 필연적 연관의 관념을 가질 수 없다. 단지 언제나 같은 관계로 나타나는 현상들을 관찰하게 되면서 우리는 인과적 필연성에 관한 습관을 형성할 뿐이다. 비랑은 흄이 인과적 필연성의 관념에 가한 비판의 위력을 칸트 못지 않게 의식하고 있다. 그는 외적 경험만을 주어진 소여로 인정할 경우 흄의 통찰이 정당하다고 본다. 그러나 비랑은 내적 경험이라는 새로운 영역을 인정할 것을 주장한다. 흄은 우리가 의지적으로 우리 자신의 신체 기관을 움직이는 현상 또한 외적 경험과 같은 방식으로 취급하는데, 비랑에 의하면 이것은 부당하다. 그러한 현상이 경험임에는 틀림 없지만 외적 경험과는 본성을 달리 한다는 것이다. 그것은 주체가 자신을 능동적인 힘으로 의식하는 내적 감관의 '사실'이며 외적 사실 못지 않은, 아니 그보다 더욱 명증한 경험이다. 흄은 우

12) *Réponse à Stapfer* dans les Oeuvres choisies par H. Gouhier, p.239.

리가 이러한 능동적 경험을 할 수 있다는 것을 부정하는데, 비랑은 그것은 일종의 자가당착이라고 본다. 왜냐하면 그 경우 우리는 "우리가 능동적 힘의 경험을 가질 수 있는가"라는 질문 자체를 할 여지가 없어지기 때문이다.[13] 자아가 의심한다는 사실을 의심할 수 없다는 데카르트의 통찰과 유사하게 비랑은 우리가 능동적 힘의 존재에 대해 말할 수 있다는 사실 자체가 우리 자신의 능동성을 증명해준다고 믿는 것이다. 이것은 단순한 언어의 유희라고는 할 수 없겠다. 능동적 경험의 유무를 물을 수 있다는 사실을 수동적 경험이라고 할 수는 없을 것이기 때문이다.

물론 비랑의 능동적 경험을 인정할 수 있다고 해도 문제가 완전히 해결되는 것은 아니다. 비랑이 내적 경험과 외적 경험을 구분한 만큼 내적 영역의 인과성이 외적 경험에 적용될 수 있는가 하는 문제가 남아 있는 것이다. 스탑페르가 지적했듯이 노력의 행위에서 의지와 근육 운동이라는 두 요소가 시간적 연속으로 나타나지 않고 동시에 능동적 힘의 사실을 구성한다면 그것이 외적 세계의 인과적 연결과는 무관할 수도 있기 때문이다. 이런 문제 때문에 브랭쉬빅(Brinschwicg)은 비랑이 심리적 인과성과 물리적 인과성이라는 두 종류의 인과성을 동시에 인정하고 있으며 전자에서 후자로 이행하는 것은 불가능하다는 지적을 한다.[14] 이 문제를 좀더 검토하기 전에 우리는 비랑의 주장에 대한 간단한 평가를 하고자 한다. 우리는 근대 과학적 사유에 대한 비판적 안목을 드러내는 측면만 놓고 볼 때 비랑의 입장은 충분히 설득력이 있다고 본다. 비랑의 철학 자체가 이원론적이어서 그것이 가진 문제는 분명히 지적될 수 있으나 과학주의적 일원론

13) *Essai sur les fondements de la psychology*, Ed. Tisserand, t. VIII, p.230.
14) Brunschvicg, *L'expérience humaine et la causalité physique*, p.34.

을 비판하는 데는 심리적 영역의 독자성을 보여주는 것만으로도 충분하기 때문이다.

게다가 인과성의 관념에 대한 비랑의 통찰은 이것으로 끝나지 않는다. 현상들의 관찰 속에서 인과적 필연성을 찾을 수 없다는 흄의 논증에도 불구하고 우리 정신 속에 그 관념이 끊임없이 다시 떠오르는 이유는 무엇인가? 흄은 그것을 심리적 습관이나 신념에서 찾는다. 그러나 인과성을 주관적 사실로 환원하는 것은 외적 사실의 설명에 대해서는 별 효력을 갖지 못한다. 이런 이유로 칸트는 인식의 선험적 범주를 연역함으로써 인과성의 관념에 객관성과 보편성을 확보하고자 한 것이다. 비랑이 볼 때 흄이 외부 세계가 아니라 심리적 영역으로 들어간 것은 올바른 길이었다. 그러나 흄은 앞서도 말했듯이 내적 영역을 외적 대상과 같은 방식으로 관찰했기 때문에 인과 개념의 핵심에 도달할 수 없었다. 반면, 칸트는 인과의 원리를 내적 영역에 정초하고 인식의 구성에서 자아의 역할을 드러낸 것은 탁월하지만 그가 제시한 범주들은 선천적으로 주어진 것이며 우리에게는 단지 판단 형식에 근거한 추상에 의해 알려질 뿐이다.[15] 비랑의 관점에서 볼 때 칸트는 반성적 방법을 올바로 실행하지 못했다. 비랑의 반성적 방법이란 내적 구체적 경험에 의거하여 범주적 관념들의 기원을 밝히는 것이다.

의지적 노력의 철학에서 그것은 의식의 원초적 사실의 이원성이라는 구체적 사실에 기원을 둔다. 의지적 노력의 이원성은 우리의 관념 속에서 원인과 결과로 분해되어 외적 현상의 연속적 과정에 투사됨으로써 우리에게 세계 이해의 독특한 방식을 갖게

---

15) *Essai sur les fondements de la psychology*, T. t. VIII, pp.140-141.

해준다. 의지적 노력은 우리의 실존을 근거짓는 구체적 경험이기 때문에 인과성은 지성의 선험적 범주가 아니라 실존과 동시적으로 생성된다. 이처럼 비랑은 인과성의 심리적 기원을 묻는 점에서 흄에 가깝지만 의식의 능동적 성격을 인정하고 그로부터 범주적 관념들의 정초를 시도하는 면에서는 칸트의 작업을 닮고 있다. 그러나 칸트와 같이 범주들이 보편적이고 선천적인 형태로 주어진 것이 아니라 의식의 능동적 경험과 동시에 생성됨을 보여주는 것이 차이라 할 수 있다. 이 차이는 물론 크다. 의식의 구체적이고 개별적 특성을 강조하다보니 심리적 인과성과 물리적 인과성 사이의 관계가 해결되지 않은 채로 남아 있다는 것이 여전히 문제라고 할 수 있다. 그러나 비랑은 데카르트나 칸트가 생각하듯이 현상 세계에 그렇게 엄밀한 수학적 법칙이 내재하고 있으며 우리가 어떤 방식으로든 이를 선천적으로 알 수 있다는 것에는 유보적인 입장이다. 그렇다고 해서 이에 대해 불가지론이나 회의론을 견지하기보다는 비록 의지론적 입장이라 하더라도 우리가 왜 현상들의 진행을 인과적으로 파악하는가에 관해 설명을 제공하는 시도로서 의의가 있다고 하겠다.

3. 생리적 신체와 의지적 신체

사상사적으로 볼 때 생명과학만큼 학문 외적인 상황에 의해 다양한 방식으로 오해되거나 이용된 경우도 드물 것으로 생각된다. 근대 초기에는 천문학과 물리학도 당대의 교권과의 가시적이거나 비가시적인 투쟁에서 자유로울 수 없었던 것이 사실이지만 이러한 투쟁이 일단락되고 쌍방간에 어느 정도 균형을 이루면서 새롭게 등장한 갈등은 물리학을 모범으로 하는 유물론적 형이상학 내부에서 생명을 다루는 학문을 어떻게 자리매김할 것인가 하는 것이었다. 이와 같은 갈등은 프랑스 내부의 정치적 상황과 더불어 미묘하게 전개된다. 물론 초기에는 두 영역 간에 갈등보다는 물리학에 생명과학이 일방적으로 종속되는 관계였다는 것을 지적할 수 있다. 데카르트의 동물기계론의 입장을 이어받아 1628년 하비가 혈액 순환의 과정을 물리적으로 설명하는 데 성공함으로써 생명을 기계론적으로 탐구할 수 있는 길이 열린 것으로 평가되었다. 이후 의료기계론(iatromécanisme)에서 인간 신체를 기계로 취급하는 데 박차를 가했고 라 메트리에 이르러 '인간기계론'이라는 극단적인 입장으로 발전하게 된다. 데카르트 시대만 해도 생명을 기계로 취급하는 것과 인간을 그렇게 취급하는 것 사이에서 종교가 적극적인 역할을 담당했으나 계몽의 시대로 넘어오면서 상황은 달라졌다.[16]

18세기로 접어들면서 생명과학은 신체나 기관의 운동만이 아니라 감각의 수용, 기억과 사고 및 내적 욕구와 열정 등 생명과 인간이 나타내는 다양성과 복잡성 앞에서 수학과 역학에 바탕을 둔 기계론적 입장의 한계에 접하게 된다. 사실상 데카르트가 꿈꾸었던 보편학의 시도는 학문의 전 영역을 아우르기에는 상당히 인위적이고 어떤 분야들에 대해서는 강제적이기까지 했다고 할 수 있다. 최초로 무리를 감수해야 했던 분야가 생명의 영역이었다. 아마도 그것은 인식을 모든 종류의 신비적이고 모호한 개념

---

16) 종교와 기계론적 생명관의 관계에 대해서는 자크 로저(Roger)의 논문 「생명의 기계론적 개념」 참조. 『신과 자연, 기독교와 과학, 그 만남의 역사』 하권, 데이비드 C. 린드버그 · 로널드 L. 넘버스 엮음, 박우석 · 이정배 옮김.

들로부터 해방하기 위해 잠정적으로 불가피한 상황이었으리라 생각될 수도 있겠다.[17] 그러나 대부분의 생리학자들과 철학자들은 유물론적 입장을 더욱 확대함으로써 이러한 문제들을 해결하려고 했다. 디드로와 돌바크 등 계몽철학자들에게서는 자연과 인간 사이에 어떤 간격도 세우지 않음으로써 인간을 비롯한 정신 세계도 자연주의적인 원리로 일관되게 설명하는 것이 무엇보다도 정치적 목적을 달성하기 위해 필수적이었다. 정신주의 철학이나 신학적 정당화에 의해 유지되고 있는 비합리적 권력에 맞설 수 있는 유일한 무기는 유물론적 과학이라는 생각에서였다. 이런 강렬한 동기에 의해 온갖 종류의 생물학적 상상력이 이 시대의 생물학을 풍미하고 발전하게 한 것도 사실이다. 그러나 18세기 후반이 되면서 이 상황은 도전을 받게 된다. 경험과 관찰은 더 이상 생명체를 기계로 비유하는 것을 허락하지 않았다.

이제 생명과학자들은 생명체와 물체의 외면적 유사성을 넘어서서 생명의 고유한 특성들을 연구하기 시작한다. 독일의 슈탈(Stahl), 프랑스의 비샤(Bichat), 뷔쏭(Buisson), 바르테즈(Barthez) 등 이른바 생기론자들의 등장과 더불어 생명과학은 생물학이라는 독자적 영역을 확보하게 된다. 이들은 근대 물리학자들이 공통적으로 주장한 수동적 물체라는 본성에 도전장을 내미는 것이다. 비샤는 생명을 "죽음에 저항하는 모든 것의 총체"라고 정의했다.[18] 비록 부정적인 표현이기는 하지만 우리는 여기서 물체

17) 이 시대에 생명체를 기계라는 말로 표현한 것은 "비유나 비교 또는 유추가 아니라 정확한 동일시였다"는 것을 자콥은 지적한다. 각 분야에서 인식의 일치를 위해 기계론적 생명관은 "필요하고도 당연한 것이었다"는 말이다. 『생명의 논리, 유전의 역사』, 64쪽(*La logique du vivant, une histoire de l'hérédité*, p.42).

18) Xavier Bichat, *Recherches physiologiques sur la vie et la mort*, Paris,

와 생명체의 근본적인 구분을 볼 수 있다. 질서와 조화, 통일성 그리고 무엇보다도 생식이라는 자기 복제를 통해 유지되는 생명은 자신을 죽음으로 내모는 파괴적 힘들(질병)과 싸우면서 삶을 유지하고 있다. 생기론자들은 이러한 생명의 특성이 생명 원리(le principe vital)라는 고유한 원리에 의해 인도되는 것으로 보았다.[19] 생명 원리의 가정은 형이상학적 입장이라기보다는 생명체에 대한 독자적 연구를 수행하기 위한 학문적 전제였으며 자콥의 표현에 따르면 "생기론은 고전 시대에서 기계론의 등장만큼이나 생물학의 확립에 본질적인 것이 되었다."[20]

멘 드 비랑은 여러 가지 이유로 당대의 생리학적 연구 성과에 민감하게 반응한다. 생리학은 인간 신체의 현상들을 다루는 실효성 있는 학문으로 자리잡고 있었으며 혁명 이후에 프랑스 철학계를 이끌었고 비랑을 철학계에 입문하게 한 카바니스(Cabanis)와 데스튀 드 트라시(Destutt de Tracy)도 인간에 대한 과학적 탐구를 위해 생리학에 상당 부분 의존하고 있었다. 그러나 계몽주의의 후예인 이들은 생리학을 여전히 유물론적 토대 위에서 연구하는 경향이 있었다. 따라서 비랑이 당대의 생리학에 대응하는 방식은 이중적이다. 하나는 유물론적 경향에 대한 반대이고 다른 하나는 생기론에 대한 비판이다. 비랑은 기계론에 반대하는 생기론의 입장을 수용하면서 인간 신체는 물리적인 방식으로 완전히 파악될 수 없다는 입장을 명백히 한다. 여기에 비랑은 나름

Flammarion, 1994, pp.57-58.
19) 생기론에 관한 연구로는 차건희의 논문 「생의 철학적 생명관 — 서양 18세기의 생명관」 참조. 『과학과 철학』(특집 — 생명을 보는 여러 시각) 제8집, 과학사상연구회.
20) 『생명의 논리, 유전의 역사』, 155쪽(*La logique du vivant, une histoire de l'hérédité*, p.106).

대로의 구체적 관찰과 근거를 제시하고 있다. 다른 한편, 그는 생기론은 수동적인 신체 현상에 타당할 뿐 인간의 능동성에 바탕을 둔 현상에는 적용되기 어렵다는 것을 주장한다. 이것은 의지적 노력의 철학에 기반한 비랑의 인간론의 핵심에 해당한다. 우리는 이 두 측면을 차례로 살펴보기로 한다.

비랑이 생기론에 의지해서 인간의 신체적 현상을 설명하는 시도는 습관에 관한 저서에서 볼 수 있다. 18세기 말 프랑스 학계는 습관이라는 현상에 대해 관심을 집중하는 것을 볼 수 있는데, 이것은 선천주의에 반대하는 콩디약(Condillac)의 영향에서 비롯되었다. 콩디약은 그의 "감각론"에서 감각과 습관의 작용만으로 인간 인식과 사유 기능이 발생하는 과정을 보여주고 있다. 가령 우리 정신 속에는 어떤 관념들도 미리 존재하지 않으며 단지 외부 감각들이 들어와 반복되면서 기억과 비교, 추리 등의 고차적 인식과 인식 기능이 형성된다는 가정이다.[21] 그러나 이와 관련하여 콩디약의 제자인 데스튀 드 트라시는 흥미로운 예를 제시하고 있는데, 그것은 감각들이 반복되면서 두 가지 상반되는 결과를 낳는다는 것이다.[22] 즉, 어떤 감각은 반복되면서 강도가 점점 약해지고 희미해지는 반면 어떤 감각은 더욱 명확해진다는 것이다. 실제로 후각이나 미각, 수동적 촉각 등이 전자의 결과에 해당하고 시각이나 촉각, 청각의 능동적 작용은 후자의 결과를 낳는 것을 관찰할 수 있다. 만약 콩디약의 말이 사실로 입증되려면 적어도 후각, 미각 등 수동적 감각은 제외해야 할 것이다. 그

21) 필자의 다른 논문 참조, 「꽁디약의 감각론에서 의식의 수동성과 능동성」, 『철학연구』 제49집, 2000 여름.

22) *Mémoire sur la faculté de penser*, Corpus des Oeuvres de philosophie en langue française, Fayard, pp.163-164. 필자의 다른 논문 참조, 「습관과 인간 본성의 관계 — 멘 드 비랑의 인간론」, 『철학연구』 제54집, 2001년 가을.

러나 콩디약은 가장 미약한 감각인 후각에서 출발하더라도 모든 종류의 인식과 인식 기능이 형성되는 것을 관찰할 수 있다고 야심차게 공언한 바 있는데, 이런 생각은 그가 감각에 관한 실제적 관찰에서 출발한 것이 아니라 일종의 관념적 구성으로 인식론을 구상했다는 사실을 보여주는 것이다.

게다가 콩디약의 감각론은 유물론적으로 해석될 여지가 있었다. 콩디약 자신은 감각과 운동 능력을 부여받은 조상(彫像)의 가설을 주장하면서 생명체를 기계로 보는 관점을 배격하고 있으나 계몽주의 철학자들에게 감각주의적 일원론은 유물론적 일원론과 매우 잘 어울리는 인식 이론으로 간주되었다. 그러나 데스튀 드 트라시가 지적한 습관의 상반된 결과는 콩디약의 감각주의적 일원론에 문제가 있음을 보여준다. 멘 드 비랑은 이에 자극을 받아 감각의 반복, 즉 감각 습관을 관찰하면서 수동적 감각은 점점 약화되고 능동적 감각은 반복과 더불어 고차적인 인식 체계를 구성한다는 것을 상세히 보여준다. 이 두 결과를 설명하기 위해 그는 인간에게 선천적 관념은 아니지만 본래 두 활동성이 있다고 주장하는데 그것은 감성적 활동성(activité sensitive)과 운동적 활동성(activité motrice)이다.[23] 일상적 운동에서도 관찰할 수 있듯이 운동적 활동성은 반복되면서 신속, 정확해지고 하나의 체계로 완성된다. 이것은 각 감관 속에서 근육적 진동이나 운동의 형태로 작용하면서 지각 시스템으로 완성되어 인식적 기저를 형성한다. 반면, 감성적 활동성은 생리적 활동을 가능하게 하고 신체의 기능을 유지하는 것으로서 물질적 활동과는 근본적으로 다르다. 비랑은 생기론자 바르테즈의 생명 원리의 개념에

---

23) *Influence de l'habitude sur la faculté de penser*, Oeuvres t. II, Vrin, p.34.

서 이에 대한 설명을 빌려온다. 감각 자극이 반복될 때 감성적 활동성은 자극을 약화시켜 생명체를 기존의 조화와 안정성으로 돌려놓는 역할을 한다. 그것은 물질적 활동과 달리 생명체 내에서 기관들의 기능을 주관하고 전체의 평형과 안정을 유지하는 작용을 하지만 의지적 작용의 영향을 받지는 않는 독자적 활동성이다. 인간에게 감각이나 관념이 형성되기 이전에 감성적 활동성이나 운동적 활동성 혹은 생명 원리와 같은 선천적 원리가 있다는 것은 경험론이나 유물론에서 가정하는 인간의 수동적 본성과는 상반되는 입장이라 할 수 있다.

이처럼 비랑은 감성적 활동성과 관련된 생리적 신체의 작용에 관한 한 생기론자들의 입장에 의지하고 있으나 운동적 활동성에 기초한 의지적 노력의 철학을 개진한 후에는 인간의 이원성에 대해 좀더 체계적인 설명을 제시한다. 의지적 노력은 깨어 있는 상태, 즉 명확한 자아 의식을 기초하는 감정이며, 그것이 부재할 때 우리는 단지 '삶의 일반적 감정' 혹은 '일반적 정념(l'affection générale)'만을 갖는다. 비랑은 일반적 정념과 의지의 관계를 설명하기 위해 몽펠리에의 의사 레-레지스(Rey-Régis)의 예를 든다.[24] 이 의사는 일시적으로 반신불수가 된 자신의 환자의 마비된 부분을 자극하고는 어떤 느낌을 갖는지 물었는데 환자는 모호한 상태에서 막연한 통증만을 느낀다고 대답했으며 그것이 어느 부위인지는 정확히 알 수 없었다. 그러나 치료를 통해 마비가 풀리고 환자가 자유롭게 의지적 운동을 할 수 있게 된 후에는 통증의 위치를 알 수 있었다. 비랑은 마비 상태에서 느껴진 막연한 통증은 지각적 인식과는 상관없이 생명체의 생리적 존재를

24) *Essai sur les fondements de la psychology*, T. t. VIII, p.210.

기초하는 일반적 정념에 해당한다고 본다. 반면 운동 능력을 회복한 후에 통증의 위치를 알 수 있었다는 사실은 인식이 생리적 차원을 넘어서 의지적 차원에 속한다는 것을 보여준다고 한다.

또한 능동적 의지와 대비되는 생리적 현상들로 잠이나 꿈, 몽유병 등에서 나타나는 무의식적 감정들이 있다. 이것들은 모호한 정념들과 직관, 이미지, 본능적 운동들을 재료로 형성되며 의지적 노력의 일시적 중단시에 나타난다. 자아 의식이 부재한 상태에서 신체적 정념이나 이미지들의 우연한 결합으로 나타나는 꿈이나 몽유병에 관한 비랑의 연구는 무의식적 현상들에 대한 선구적 연구로 평가받기도 한다. 비랑의 독창성은 의지적 노력과 그것의 부재가 의식적 삶과 무의식적 삶의 관계를 기초해준다는 데 있다.[25] 능동성과 수동성의 경험에서 출발하는 비랑의 개인적 통찰은 이처럼 생명성과 물질성의 구분 그리고 인간의 이원성에 대한 통찰로 이어지는 것을 볼 수 있다.

신체의 생리적 현상들과 능동적 의지의 체험을 구분하는 이원론적 인간관은 비랑의 철학이 성숙되면서 해소된다기보다는 그 특성이 더욱 뚜렷해진다. 비랑은 생기론적 입장에서 신체의 현상들을 규정하는 것에 명백히 한계를 긋고 있다. 우리 신체가 보여주는 현상들이 매우 복잡하고 다양하기 때문에 생리학적 설명에는 한계가 있다는 것이다. 우리는 이미 앞서 의지적 노력의 철학이 함축하는 명백히 능동적인 경험을 제시한 바 있다. 그것은 신체와 동떨어진 정신적 현상에 국한되는 것이 아니며 언제나 구체적 운동과 더불어 나타난다는 독특한 성격을 갖는다. 이때 신체는 의지를 실현하는 수단 정도가 아니라 그것과 불가분의

---

25) 비랑 철학을 무의식 개념의 선구로 소개하는 저서로 다음을 참조할 것. Bertrand, *La psychology de l'effort*, Alcan, 1889.

관계로서 적극적이고 능동적인 역할을 한다. 따라서 비랑의 이원론은 정신과 신체의 구분이 아니라 능동적 신체와 수동적 신체의 구분에 기초한다는 특성을 보여준다. 이것은 우리가 이미 고찰한 심리적 인과성에 관한 논의를 전제하는 것이므로 이를 다시 취해보도록 하자. 능동적 신체에 관한 설명은 의지적 노력의 본성을 밝히는 작업에 의존한다.

우리는 앞서 비랑이 노력의 행위를 구성하는 요소들의 불가분성과 동시성을 주장하는 것을 보았는데 그 이유에는 두 가지가 있다. 첫째로 그것은 의지적 노력이라는 행위가 의식의 원초적 사실이기 때문이다. 비랑은 여기서 데카르트의 행보를 따르고 있다. 이 근대 철학의 거인은 코기토라는 내적 감관의 원초적 사실로부터 "원리들의 학"을 정초하였고, "존재한다는 말이 [내포하는] 두 종류의 가치, 즉 주관적 존재와 객관적 존재, 상대적 존재와 절대적 존재에 대해 중요한 구분을 하고 있는" 점에서 높이 평가되어야 한다.[26] 단지 그는 코기토를 실체화함으로써 추상적 사유와 실재적 자아를 논리적 동치로 놓는 오류를 범했다. 비랑이 반복적으로 강조하는 것은 전자가 후자의 생산적 원리 또는 명증성의 근원이 될 수는 없다는 것이다. 그런 일이 가능하기 위해서 코기토는 볼로(Volo)로 바뀌어야 한다. 즉, 내적 감관의 원초적 사실은 의지와 운동의 동시성 속에 현시함으로써 자아를 그 추상성으로부터 구해내고 내적 영역의 구체적 명증성을 확보하는 필요 충분 조건이 된다.

두 번째로 노력의 행위를 이루는 요소들이 불가분적이고 동시적인 이유는 또한 정신과 신체의 불가분적 관계라는 비랑의 전

---

26) *Essai sur les fondements de la psychology*, T. t. VIII, p.130.

제에 근거를 두고 있다. 데카르트의 사유 실체에서 뿐만 아니라 라이프니츠의 힘과 같은 정신적 실체에 머무는 경우 신체의 위상은 언제나 부차적이고 모호하다. 비랑은 의지적 노력이 행사하는 힘의 작용은 근육 운동이라는 신체적 현상 속에서 드러날 때 비로소 그 실재성을 획득한다고 본다. 여기에 정신과 신체를 따로 존재하며 나중에 결합하는 식으로 말할 수 있는 여지가 없다. 자아의 능동성은 신체적 운동과 동시적으로 나타나기 때문에 우리는 비랑에서 신체의 위상이 격상되는 동시에 정신과 신체의 실체적 구분이 무의미해지는 것을 알 수 있다. 이 경우 심신의 결합이라는 이원론의 오래된 문제는 사라진다.[27] 그러나 의지가 개입되지 않는 신체적 운동, 즉 생리적 현상들에 대해서는 다른 방식의 설명이 필요하다. 이 때문에 인간 신체는 그것이 보여주는 능동성과 수동성에 따라 의지적 신체와 생리적 신체로 구분된다. 물론 생리적 신체가 보여주는 수동성은 근대 과학자들이 가정하는 물질의 수동성과는 다르다. 그것은 운동하기 위해 물질처럼 외력에 의존하는 것이 아니라 신체 전체에 골고루 퍼져 있는 고유한 활동성의 원리에 따르며 단지 정신의 좀더 고차적인 과정에서 나타나는 의도적 성격과 명확한 의식에 이르지 못할 뿐이다.

4. 맺음말

비랑의 이원론은 단순하지 않은 외양을 하고 있다. 그것은 물

27) 이 문제에 대해서는 Brunschvicg의 책 참조, *L'expérience humaine et la causalité physique*, p.29.

질과의 관계를 고려할 때 생명-물질 이원론이라 부를 수 있고 인간의 경우에는 생명성과 인간성의 이원론이라 부를 수 있다. 그러나 비랑이 본격적으로 철학에 몰입한 시기에 확립한 의지적 노력의 철학의 가장 큰 문제 의식은 데카르트적 사유 실체를 극복하는 것이었고, 이는 인간의 내적이고 구체적인 경험에 의해 가능하기 때문에 비랑 철학을 규정하는 가장 정확한 용어는 자연 철학이 아닌 인간학이라고 해야 할 것이다. 이 부분에서 비랑은 여전히 흄이나 칸트의 문제 의식과 유사한 지평에서 논의될 수 있다. 흄이 인식론적 탐구에서 시작했으나 그의 인간학이 오늘날 새롭게 조명되고 있듯이 비랑 역시 당대의 경험론과 과학주의적 사유 경향에서 인간학적 해법을 추구한 사람이다. 이 점은 칸트도 예외가 아니어서 주지하다시피 그는 인식론적 문제가 인간학을 배제하고는 해결될 수 없다는 것을 극적으로 보여준 바 있다. 각 철학자는 근대 과학이 물질과 생명의 영역에서 각기 일정한 성과를 거두고 있던 시기에 인간 본성에 대한 탐구를 기반으로 인식론적 문제를 해결하려고 했던 공통점을 가지고 있다. 흄과 칸트가 주로 물질적 자연과학의 진리성 여부에 초점을 맞추었다면, 비랑은 인간을 다루는 과학 특히 생리학에 초점을 맞추어 과학의 한계를 조명하려 했다. 따라서 물리적 인과성에 대한 그의 비판이 자체로는 불완전한 외양을 하고 있으나 그 확장으로 간주할 수 있는 생리학주의에 대한 비판을 통해 그것의 불충분함을 드러내고 있는 면에서 양자는 보완적으로 이해될 수 있다. 비랑 이후에 생명과학의 비약적 발전으로 인해 생기론적 입장은 커다란 수정과 후퇴의 길을 걷게 되지만, 비랑의 철학은 한 시대의 문제들을 온몸으로 씨름한 근대 프랑스의 대표적인 인식론자이자 인간학자다. 그는 전통적인 주지주의적 관점을 배격하고 의지, 운동, 욕망, 무의식 등에 대한 구체적 탐구 사례를 통해 인식과 신체와의 관련성을 드러낸 점 그리고 주관성의 의미를 추상성에서 구체성으로 끌어내린 점 등에 의해 현대 프랑스 철학에서는 아직도 생생한 의미를 간직하고 있다.

□ 참고 문헌

황수영, 「콩디약의 감각론에서 의식의 수동성과 능동성」, 『철학연구』 제49집, 2000년 여름.

「습관과 인간 본성의 관계 — 멘 드 비랑의 인간론」, 『철학연구』 제54집, 2001년 가을.

박종원, 「인과율에 관한 믿음의 근거」, 『철학비평』 제1호, 세종출판사.

이태수, 「아리스토텔레스의 목적인과 운동인」, 『희랍철학연구』, 조요한 외 지음, 종로서적, 1988.

차건희, 「생의 철학적 생명관 — 서양 18세기의 생명관」 참조, 『과학과 철학』(특집 — 생명을 보는 여러 시각) 제8집, 과학사상연구회, 통나무.

데이비드 C. 린드버그, 도널드 L. 넘버스 엮음, 『신과 자연, 기독교와 과학 그 만남의 역사』 상 · 하권, 박우석 · 이정배 옮김, 이화여대 출판부.

프랑수아 자콥, 『생명의 논리, 유전의 역사』, 이정우 옮김, 민음사.

▷멘 드 비랑의 저서

Influence de l'habitude sur la faculté de penser, Oeuvres, t. II,, Vrin.

Mémoire sur la décomposition de la pensée, Oeuvres t. III, Vrin.

Réponse à Stapfer dans les *Oeuvres choisies par H. Gouhier*, Aubier, 1942.

Rapports du physique et du moral de l'homme, Oeuvres, t. VI, Vrin.

Discours à la société médicale de Bergerac, Oeuvres t. V., Vrin.

Essai sur les fondements de la psychology, Ed. Tisserand, t. VIII, Alcan.

▷기타 문헌

Bichat(Xavier), *Recherches physiologiques sur la vie et la mort*, Paris, Flammarion, 1994.

Brunschvicg, *L'expérience humaine et la causalité physique*, Paris, 1922.

Destutt de Tracy, *Mémoire sur la faculté de penser*, Corpus des Oeuvres de philosophie en langue française, Fayard.

Bertrand(A.), *La psychology de l'effort*, Alcan, 1889.

Delbos(V.), *La philosophie française*, Paris, 1919.

Gouhier, *Les conversions de Maine de Biran*, Vrin, 1948.

Jacob, *La logique du vivant, une histoire de l'hérédité*, Gallimard.

Russell, "On the Notion of Cause", *Mysticism and Logic*, New York, Longmans Green and Co., 1919.

Stephen Toulmin, *Return to reason*, Cambridge, Mass. : Harvard Universty Press, 2001.

제 10 장

결론을 대신하여 : 근대 과학과 현대 과학*

배 식 한

1. 들어가는 말

근대와 현대를 어떻게 나눌지는 그 기준을 어떻게 정하느냐에 따라 달라질 것이다. 그러나 과학 이론의 큰 족적들을 놓고서 근·현대를 나누라고 하면 대다수가 뉴턴의 동역학과 맥스웰의 전자기 이론을 근대에, 상대성 이론과 양자역학을 현대에 놓을 것이다. 우리는 뉴턴 역학과 맥스웰의 전자기 이론을 근대 과학의 절정이요 완성이라고 여긴다. 그렇지만 다른 한편으로 이 두 이론은 근대 과학의 종점이다. 이 두 이론으로 인해 물리학은 잠

* 이 논문은 2002년도 기초 학문 육성 인문 사회 분야 지원 사업의 일환으로 한국학술진흥재단의 지원(KRF-2002-074-AM1518)에 의해 연구된 것으로, 「양자역학과 실재론」이라는 제목으로 『철학연구』(철학연구회) 제69집(2005년 여름호)에 실렸던 것을 수정·보완한 것임.

시, 자연 모두를 설명하는 궁극적인 진리를 찾아냈다는 기쁨으로 카타르시스를 맛보는 듯했지만, 이내 상대성 이론과 양자론에 의해 '고전 물리학'이란 이름으로 뒤로 물러나야 했다.

고전 물리학(classical physics)의 범위에 대해서도 물리학자들 사이에서도 의견의 차이가 있을 수 있다. 흔히 상대성 이론 등장 이전의 물리학이 고전 물리학으로 불린다. 물론 이 속에는 뉴턴 역학뿐만 아니라 맥스웰로 대표되는 전자기 이론, 열역학과 통계물리학까지도 포함된다. 그렇지만 로저 펜로즈는 다른 기준을 제시하고 있다. 그는 '고전'이란 말의 의미를 "1925년 플랑크, 아인슈타인, 보어, 하이젠베르크, 슈뢰딩거, 드브로이, 보른, 요르단, 파울리, 디랙과 같은 물리학자들에 의하여 등장한 양자론이 나오기 전까지 지배했던 이론들을 의미"[1]하는 것으로 정의한다.

하나의 이론이나 작품이 고전의 반열에 오르기 위해서는 그것이 시대의 한 획을 그으면서, 그 이전과 이후를 확연히 구분할 만한 영향력을 발휘했던 것이어야 한다. 그렇지만 이것만으로는 충분치가 않다. 한 이론이 고전이 되기 위해서는 그것은 지나간 것이어야 하며, '한물간' 것이어야 한다. 그리고 그것을 한물가게 만드는 그에 필적할 만한 새 이론이 현재를 차지하고 있지 않으면 안 된다. 이런 관점에서 보았을 때 아인슈타인의 상대성 이론은 한물간 이론인가? 이 질문에 대한 대답은 한편으로는 "예"이고, 또 다른 한편으로는 "아니오"다. 우선 왜 "아니오"냐 하면, 아직도 상대성 이론을 대신할, 아니 더 나아가서는 이를 능가할 새로운 시공간 이론이 출현하지 않았으며, 또 그것이 여전히 효

1) 펜로즈(1996), 243.

력을 가진 현대의 물리학 이론이라는 점에서 그러하다. 그렇지만 또 다른 한편으로 왜 "예"이냐 하면, 현대의 양자론이 상대성 이론이 깔고 있던 확고 부동했던 형이상학적 기반 중의 하나를 송두리째 무너뜨리기 때문이다. 이는 펜로즈가 상대성 이론을 고전으로 넘기면서 했던 다음 말이 잘 보여준다.

> "양자론은 분자·원자 그리고 아원자 입자의 행위를 설명해주는 불확실하고 비결정적인 불가사의의 이론이다. 반면에 고전 이론은 결정론적으로서 미래는 항상 과거에 의해 결정된다는 학설이다."[2)]

상대성 이론이 고전 물리학이냐 아니냐는 사실 중요한 것이 아니다. 우리에게 정말 중요한 것은 상대성 이론을 고전으로 밀어넣는 현대 물리학만의 고유한 특성을 밝히는 일이다. 잘 알다시피 상대성 이론은 뉴턴의 동역학과 맥스웰의 전자기학 이후 쿤이 말한 "혁명"의 과정을 거쳐서 등장한 이론이다. 혁명으로 등장한 상대성 이론은 뉴턴 동역학과 맥스웰의 전자기학을 '고전'으로 만들어버렸다. 그렇다면 다시 이 상대성 이론을 '고전'으로 만들어버린 현대의 양자역학에는 마찬가지로 어떤 "혁명적" 요소가 반드시 있어야 할 것이다.

나는 이 글에서 두 종류의 물리학의 혁명, 즉 뉴턴 동역학으로부터 아인슈타인의 상대성 이론으로의 혁명, 그리고 상대성 이론으로부터 양자론으로의 혁명을 살펴보고자 한다. 물론 나는 이 혁명을 상세히 기술하려는 것은 아니다. 내가 하려는 것은 이 혁명의 과정에서 제기되었던 철학적 논란들을 되짚어보는 것이다. 쿤은 혁명의 기운이 무르익는 시기의 한 증세로 정상 과학자

---

2) 펜로즈(1996), 243.

들이 "수수께끼를 푸는 방안으로서 철학적 분석"[3]을 채택하고 평소 경원했던 "철학에의 의뢰와 기본적인 것에 관한 논쟁"[4]이 잦아지는 것을 든다.

그런데 쿤의 이런 지적을 뒷받침이라도 하는 양, 실제로 상대성 이론의 거두 아인슈타인과 양자론의 아버지라 할 보어 사이에서는 이런 철학적 논쟁이 일어났다. 그들 사이의 논쟁은 양자역학의 완전성 여부를 둘러싸고 일어난 것이었다. 양자역학이 완전한지 않은지를 판정하는 문제는 실재의 문제, 국소성의 문제, 결정론의 문제들과 얽혀 있는데, 이런 주제들은 사실상 철학의 주제라 해도 무리가 없는 것들이다. 이보다 앞서, 아인슈타인의 상대성 이론의 등장을 전후해서도 아인슈타인이 역설하는 시공간 개념의 근본적인 변화에 기존 과학자들이 격심한 거부감을 가졌던 것은 틀림없다. 상대성 이론은 과학자들이 거의 고려할 필요가 없었던 시간과 공간 개념에 눈을 돌리게 만들었다.

철학적 담론은 하나의 패러다임이 그 효력을 상실하고 새로운 패러다임이 서서히 그 윤곽을 드러내는 시점에 가장 활발하게 전개된다. 왜냐하면 이 시점에서 패러다임 자체가 문제로 등장하기 때문이다. 본시 패러다임은 그 효력이 제대로 발휘되고 있을 때는 그런 것이 있는지 조차도 잘 감지되지 않는다. 이는 마치 잘 닦인 거울에서 우리가 자신의 모습을 볼 뿐 거울 자체는 보지 않는 것과 같다. 한 패러다임 안에서 과학 활동을 하고 있는 과학자가 자신의 패러다임을 정확하게 개념적으로 규정해야 하는 경우는 그리 흔치 않다. 그 과학자가 그 패러다임 안에서 정상적으로 그리고 성공적으로 연구를 수행하고 있는 한, 다시 말해 그

3) 쿤(1981), 140.
4) 쿤(1981), 143.

패러다임의 충실한 이행자인 한, 그 패러다임은 항시 의심의 여지가 없는 배경으로만 존재할 뿐이다.

그런데 과학의 철학적 기초를 규명하는 우리의 작업은 바로 이 배경으로 존재하는 그 패러다임의 정체를 전경으로 끌어내는 일이다. 그렇지만 끌어내려고 하기만 하면 언제든 쉽게 끌려나와 자신의 정체를 남김없이 드러낸다면 그것은 패러다임이라 할 수 없을 것이다. 따라서 패러다임의 정체를 밝히는 가장 좋은 방법은 굳이 없는 문제를 만들어 인위적 사변을 펼치지 않더라도 패러다임에 대한 논의가 자연스럽게 활성화되는, 또는 활성화될 수밖에 없는 시기에 우리의 관심을 집중시키는 것이다. 그 시기는 당연히 과학 혁명기다. 과학 혁명기는 두개의 패러다임이 충돌하는 시기다. 아직 어느 쪽도 주도권을 쥐지 못한 상황에서는 양 진영에서는 자신의 패러다임의 우월성을 보이기 위해 손에 넣을 수 있는 모든 종류의 정당화를 동원한다. 철학적 정당화도 예외일 수는 없다. 두 패러다임이 경쟁하는 시기는 두 패러다임 자체가 전경으로 자신을 노출하는 시기다. 패러다임의 노출은 경쟁에서 패하는 쪽과 승리하는 쪽에 다른 의미를 갖는다. 새 패러다임의 등장으로 밀려날 신세로 전락한 이전 패러다임은 "한계"라는 측면에서 그 정체가 조명된다. 반면에 새롭게 등장하는 패러다임은 이전 패러다임의 한계의 극복이라는 관점에서 그 정체가 규정된다. 그리고 이 규정은 이후 이 패러다임을 따르는 과학자들의 연구의 기본 지침으로 기능한다. 이 패러다임이 다시 새 패러다임의 도전을 받아 그 한계가 알려지기 전까지는 말이다.

현대 과학의 철학적 기초 및 그와 더불어 근대 과학의 철학적 기초를 탐구하려는 나의 시도는 바로 위에서 말한 거울보기와 비슷한 작업이 될 것이다. 나는 상대성 이론 및 양자론의 거울을 통해 그 이전의 고전 물리학의 거울을 규정해보고자 한다. 물론 당연히 비교의 방향은 일방적이지만은 않을 것이다. 이 작업은 또한 고전 물리학의 거울을 통해 상대성 이론과 양자론의 거울을 비쳐보는 것이기도 하다. 이 비교를 통해 나는 상대성 이론으로 인해 고전 물리학의 어떤 철학적 공리가 무너져 내렸으며, 또 양자론으로 인해 고전 물리학과 상대성 이론의 어떤 철학적 공리가 포기되었는지를 밝혀보고자 한다. 바로 이 작업이 세 과학 이론의 철학적 기초를 탐구하는 길이라는 것은 의심의 여지가 없을 것이다.

2. 뉴턴 역학 대 아인슈타인의 상대성 이론

1) 뉴턴 역학

(1) 입자로 이루어진 물질 세계

데카르트가 연장성(extension)을 본질로 가진다고 본 물질 세계의 변화 전체에 대해 통일적인 이론을 마련함으로써 근대 물리학을 완성한 이가 뉴턴이다. 물질세계의 운동과 변화에 대한 뉴턴 이론의 성공은 한편으로는 물질 개념의 정교화를 가져왔지만, 다른 한편으로는 물질의 중요한 특성들을 가리는 결과도 가져왔다. 뉴턴이 바라보는 물질 세계를 한마디로 요약하면 '절대 시간과 절대 공간에 떠다니는 입자들'의 세계라고 할 수 있다. 그가 그리는 세계는 절대 시공간과 입자, 이 둘로 요약될 수 있다. 물론 이 둘은 서로 긴밀히 연결되어 있다. 우선 그의 입자적 세계관부터 살펴보도록 하자.

뉴턴은 물질과 입자를 동일한 것으로 보았다. 이러한 입장은 고대 원자론에까지 그 기원을 찾을 수 있다. 우리가 물질이라고 부를 수 있는 물체들을 쪼갤 수 없을 때까지 쪼개면 결국 남는 것은 알맹이들이기 때문에 물질은 결국 입자라는 것이다. 그리고 이 미세한 입자들이 모여 다양한 크기와 모양과 성질을 지닌 물체들이 만들어진다. 그의 입자설은 단지 물체들에만 그치는 것이 아니라 빛에까지도 미친다. 이는 당시 호이겐스와의 논쟁에서 잘 나타난다. 빛을 파동으로 본 호이겐스와 반대로 그는 빛을 입자로 보았다. 그는 '물질의 양', '물체', '질량' 등의 용어도 구분 없이 쓰고 있다.

"'물질의 양'은 물질의 밀도와 부피로 결정되며 모든 물질에 동일하게 적용되는 척도이다. … 내가 앞으로 '물체(body)' 혹은 '질량(mass)'이라는 명칭을 쓸 때에는 바로 이 물질의 양을 의미한다."[5]

물질이 일정한 양을 가진 입자들이라면 물질에 대한 탐구는 자연히 입자의 물리적 성질에 대한 탐구에 다름아니다. 입자들은 크기, 무게, 관성, 불가분성, 불침투성과 같은 물리적 성질들을 갖는다.[6] 입자들이 이런 성질들을 갖는다면 물질의 성질 역시 이것 외에 다름아니다.

물질을 이렇게 입자로 보게 되면 모든 입자들이 빈틈없이 붙어 있지 않은 이상, 당장 입자들 '사이'를 어떻게 처리할 것인가가 문제가 된다. 물질들이 모두 입자라면 입자들 사이에 있는 것

5) Newton(1687), 1.
6) 그리바노프(2001), 162.

은 물질이 아니다. 그리고 물질로 이루어진 것들만이 존재하는 것들이라면 그 사이의 것은 존재하는 것이 아니어야 한다. 바로 여기서 빈곳, 즉 공간 개념이 등장한다.[7] 뉴턴의 절대 공간은 바로 이 공간 개념의 가장 추상화되고 일반화된 형태라 할 수 있다.

(2) 절대 시간과 절대 공간

공간은 입자들 사이를 차지하고 있으면서 입자들이 움직일 수 있는 여지를 주는 곳이다. 그리고 한 입자가 다른 곳으로 자리를 옮기면 처음 있던 그 자리는 다른 입자가 그 자리를 채우지 않는 한 다시 빈 공간으로 남는다. 빈 공간의 문제는 오래 전부터 논란의 대상이었다. 사실 빈 공간은 입자론을 끝까지 밀고 나가게 되면 어쩔 수 없이 직면할 수밖에 없는 것이다. 왜냐하면 빈 공간도 일종의 물질이나 존재라고 여기게 되면 입자 이외의 다른 존재도 있다는 것을 인정하는 것이고 이는 곧 입자론을 포기하는 것이기 때문이다.

한 가지 타협책은 바다 속에서 물고기가 헤엄치듯이 입자들이 헤엄치고 다닌다는 그림을 그리는 것이다. 그러나 여기서는 입자들이 헤엄치는 바다의 성격이 문제가 된다. 만약 그 바다, 즉 채워진 공간이 어디에서나 균질하다면 그것은 사실상 빈 공간과 다를 바 없다. 반대로 만약 균질하지 않다면 입자가 지닌 특성이나 속성만 가지고 물리 법칙을 전개할 수 없게 된다. 이제 우리는 뉴턴이 절대 공간 개념으로 노리는 것이 무엇인지 짐작할 수 있

---

7) 톨런드, "진공 개념은 단지 연장으로만 정의하거나, 활동성이 없고 서로 별개인 여러 부분으로 쪼개질 수 있다는 물질관 때문에 빚어지는 수많은 오류들 중의 하나다. 이런 가정에 입각해 있다면 진공은 없을 수가 없으며 여기에서 수많은 불합리한 점이 도출되는 것이다"(그리바노프(2001), 191).

다. 그것은 바로 공간의 균질성이다. 특정 물질이나 물리적 대상들에 대한 물리 법칙의 전개에 어떤 영향도 미치지 않는, 그래서 있어도 전혀 고려할 필요가 없는, 그러면서도 어떤 물질이나 대상이든 동일한 물리 법칙을 적용할 수 있도록 하는 토대 역할을 하는 것이 그의 절대 시공간인 것이다.

그의 절대 시공간 개념을 살펴보자. 그는 절대적 공간을 상대적 공간과 비교하면서 다음과 같이 말한다.

> "절대적인 공간 — 그 본성상 외부의 어떤 것과도 관계를 맺고 있지 않다 — 은 항상 변함없고 부동적이다. 반면 상대적 공간은 어떤 고정돼 있지 않은 차원으로서 절대적 공간의 척도이다. 후자는 물체들과 맺고 있는 위치를 통해 우리가 감각적으로 파악할 수 있다. 반면 전자는 흔히 확고 부동한 공간으로 간주된다."[8)]

그는 시간에 대해서도 마찬가지의 논리를 전개하고 있다.

> "절대적인, 참된, 수학적 시간은 그 본성상 외부의 어떤 것과도 관계없이 일정하게 흐르며 '지속(duration)'이라는 이름으로 부를 수 있다. 반면 상대적, 피상적, 상식적 시간은 운동이라는 방법을 통해 어떤 간격이 감각적이고 현상적으로 (이것이 정확하든 부정확하든) 측정된 것이다. 상대적 시간은 흔히 참된 시간 대신 사용되며 한 시간, 하루, 한 달, 일 년 등과 같은 것이 여기에 속한다."[9)]

위의 절대 시간과 공간의 규정에서 우리가 공통으로 볼 수 있는 것은 절대 시간과 공간은 상대적 시간과 공간과는 달리 '외부

8) Newton(1687), 5.
9) Newton(1687), 5.

의 어떤 것과도 관계없는' 것이라는 점이다. 여기서 말하는 '외부의 어떤 것'은 당연히 물질이다. 그의 절대 시공간은 따라서 물질과 아무런 관련이 없고, 물질의 어떤 속성도 아니며, 물질 세계에서 일어나는 어떤 사건들과도 무관하다. 이뿐만이 아니다. 시간과 공간의 절대성은 시간과 공간을 규정하는 데 물질의 속성이 간섭하거나 영향을 미칠 여지를 완전히 봉쇄했을 뿐만 아니라, 시간이 공간에 그리고 공간이 시간에 어떤 영향을 미칠 여지까지도 완전히 봉쇄했다. 시간과 공간은 서로간에도 독립성을 갖는다.

외부의 어떤 것에도 영향받지 않으면서, 그러면서 외부의 모든 것에 고른 영향을 미치는 뉴턴의 이 시공간 규정의 일차적 목적은 수학적 물리학을 구축하는 일이다. 그것은 물질성이 완전히 제거된 순결의 영역 안에서 물질 세계를 다루려는 의지의 표현이다. 이는 물리 세계 안에 수학을 위한 자리를 확보하겠다는 근대 물리학자들의 강렬한 열망의 철학적 완성태라 할 수 있다. 시공간 개념이 물리 세계를 다루기 위해서 불가결의 것이라면, 절대 시공간은 그 세계를 수학화하기 행한, 그 두 개념에 대한 정화 의식의 결과물인 것이다.

그러나 상대성 이론의 등장과 함께 밝혀진 것처럼 그 정화 의식에는 이미 편견이 개입하고 있었다. 유클리드 기하학이라는 편견, 말하자면 뉴턴은 물질 세계를 유클리드 기하학에서 그리는 공간으로까지 격상시키려고 했으며, 또 그것이 가능하다고 생각했던 것이다. 유클리드 기하학의 특징은 물질성과 완전히 분리되는 공간을 마련해준다는 것이다. 그리고 그 완전한 분리가 가능한 것은 앞에서도 말한 것처럼 바로 유클리드 기하학이 보장해주는 공간의 균질성이다. 공간이 균질하다는 것은 곧 공간이 물질계와 관련하여 아무런 유의미한 속성도 갖지 않는다는 것을 의미한다. 그렇다면 물질계의 현상들을 설명하는데 공간은 수학적 좌표의 기능으로 쓰이고 나면, 더 이상 과학자가 고려할 필요가 없는 것이 된다. 이는 곧 물질 세계를 설명하기 위해서는 오로지 물질적 또는 물리적 대상들의 속성들만 고려하면 된다는 것을 의미한다. 그렇다면 모든 유의미한 물리적 속성들은 물리적 실재의 자격을 가진 입자에게 귀속될 수밖에 없다.

유의미한 물리적 속성들은 모두 입자가 가진 것이라는 사고의 틀은, 만약 이 틀이 물리적 세계를 충분히 해명해줄 수 있다면, 이것만큼 우리의 직관에 맞으면서도 간단한 것은 없을 것이다. 우리는 물리적 세계의 운동과 변화를 설명하기 위해서 입자의 속성들만 연구하면 되며, 그 속성들이 자세히 밝혀지는 만큼 세계도 밝혀질 것이다. 유클리드 기하학에 기초한 뉴턴의 절대 시공간 개념은 물리학자들에게 무엇을 선택하고 무엇에 집중해야 하는지를 알려준다. 그것은 바로 눈에 보이지도 만져지지도 않는 공간에는 전혀 신경 쓸 필요가 없고 오로지 물리적 대상에 해당되는 입자들의 탐구로 모든 연구 역량을 집중하라는 것이다.

2) 아인슈타인의 상대성 이론

(1) 에너지와 입자의 변환 : $E=mc^2$

뉴턴의 위세에 가려지기는 했지만, 당시에도 이미 사물과 분리된 시간, 물질 없는 공간을 상정하는 것에 대한 비판은 있었다. 이런 비판은 뉴턴과 마찬가지로, 아니 뉴턴보다 훨씬 유려하게 미분 개념을 수학에 도입한 라이프니츠에게서도 발견된다. 데카르트처럼 그도 진공, 즉 빈공간의 존재를 인정하지 않았다. 물질은 모든 곳에 존재하며, 물질이 존재하지 않는 곳은 없다. 입자적 물질관이 절대 시공간 개념을 도출한 것인지 절대 시공간 개념에서 입자적 물질관이 나온 것인지는 알 수 없으나, 어쨌든 이 둘의 결합은 물질 세계의 실재를 가장 간단한 원소가 존재하는 것으로 격하시켰으며, 우리들의 세계관을 빈약하게 만들었으며, 자연 속에서 시공이 갖는 심오한 속성을 오히려 가려버렸다.[10] 라이프니츠는 물질 개념을 물체에만 국한시키는 것을 반대한다. 물질은 질적으로 다양한 형태로 존재할 수 있으며 단지 부분적인 경우에만 입자로 환원시킬 수 있다고 그는 생각했다. 그는 시간과 공간은 물질의 속성을 갖고 있기 때문에 사물이나 자연 과정을 떠나서 생각할 수 없다고 강조했다. 그가 보기에 시간과 공간의 구조를 결정하는 것은 물질이다.[11]

라이프니츠의 다음 구절이 뉴턴과 그의 입장의 차이를 잘 보여준다.

"저자는 진공에 대해 나와 반대되는 의견을 갖고 있다. … 그는 진공이란 용기에서 공기를 뽑아냄으로써 만들어지며, 완벽한 진공이 존재할 수 있다고 주장한다. 즉, 용기 속에 티끌만큼의 물질도 존재하지 않는 공간이 생길 수 있다는 것이다. 아리스토텔레스주의자나 데카르트 추종자들 — 그들은 완벽한 진공을 받아들이지 않는다 — 은 어떤 유리 튜브나 용기에서도 진공은 존재하지 않는다고 얘기해왔다. 왜냐하면 유리에는 아주 작은 구멍이 있는데 이 구멍으로 빛이나 천연 자석의 자기소 또는 다른 미세한 유동체가 흘러들 수

10) 그리바노프(2001), 189.
11) 그리바노프(2001), 190.

있기 때문이라는 것이다. 나도 이 주장에 동의한다."[12]

라이프니츠의 이러한 입장은 뉴턴 역학의 위세에 눌려 거의 힘을 발휘하지 못했으며 당시의 과학자들도 그의 입장을 받아들이지 않았다. 그의 입장이 당시 수용되지 못한 것은 이렇게 해석해볼 수 있을 것이다. 위의 인용에서도 보듯이 그가 뉴턴의 이론을 비판하면서 드는 예는 바로 빛과 자석의 힘(당기고 미는 힘)이었다. 이제 우리는 충분히 라이프니츠와 같은 질문을 던질 수 있다. 유리 용기 내용의 공기를 다 빼서 진공을 만들었다고 하자. 그렇지만 우리는 그 용기를 빛으로 비춰 그 안을 볼 수가 있다. 안을 볼 수 있다는 것은 빛이 그 안으로 들어갔다 나왔다는 것을 의미한다. 그렇다면 그 빛은 무엇인가? 빛은 물질이 아닌가? 또 우리는 그 유리 용기를 중간에 두고 강한 자석의 힘을 투과시킬 수 있다. 투과되는 그 힘은 도대체 무엇인가? 그것은 물질인가 아닌가? 이런 의문이 충분히 제기됨에도 불구하고 라이프니츠의 주장이 힘을 얻지 못한 것은 그가 반례로 든 빛과 자석의 현상이 당시에는 특별히 유용한 것으로 주목을 받지 못했기 때문이라고 할 수 있을 것이다. 그의 그러한 입장은 따라서 전기의 등장을 기다려야만 했다.

전기에 대한 본격적인 연구는 전기를 저장할 수 있는 장치의 발명과 함께 한다. 라이덴병과 볼타 전지 같은 것들이 만들어지면서 언제 어디서나 전기를 연구할 수 있는 여건이 마련되었기 때문이다. 그런데 전기에 대한 연구는 그때까지 서로 다른 것으로 여겨졌던 전기와 자기와 빛이 모두 전자기파의 일종이라는

12) Alexander(1956), 64-65, Leibniz's 5th Paper.

결론으로 막을 내린다. 전기와 자기와 빛이 모두 전자기파의 일종으로 결국 같은 것임이 밝혀지고, 그것들은 결국 파동이며 그것들을 설명하기 위해서는 장(field)이라는 개념이 필요하다는 결론에 이르기까지에는 아직도 입자론의 마지막 저항이 남아 있었다. 뉴턴은 중력을 입자들이 서로 멀리서 작용하는 힘으로 보았는데, 이런 모델은 전기와 자기력에서도 그대로 적용되었다. 뉴턴의 모델을 따르던 과학자들은 전자기력을 설명하기 위해, 질량을 지닌 입자 대신에 전하를 지닌 입자를 도입했다. 전하를 지닌 입자들의 힘은 중력과 같이 거리의 제곱에 반비례하여 약해진다. 물론 전자기적 힘에는 당기는 힘만 있는 중력과는 달리 서로 미는 힘도 있으므로 전하는 양전하와 음전하 둘로 구분되었다. 또 움직이는 전하가 자력을 발생시킬 수 있다는 사실은 문제를 복잡하게 만들기는 했지만 뉴턴 식 모델의 전체적인 틀을 흩뜨려놓는 것은 아니었다. 이러한 뉴턴 식 그림에 처음으로 심각하게 도전한 과학자는 패러데이(1791~1867)였다.[13]

패러데이는 전자기 현상을 설명하기 위해서 '장(field)' 개념을 도입했다. 장은 자석 주변에서 만들어지는 철가루의 모양에서 그 흔적을 발견할 수 있는데, 패러데이는 이를 역선(力線)으로 표현했다. 문제는 이 장을 어떻게 볼 것이냐 하는 것이다. 뉴턴 식 사고 방식에서 장이란 결코 실제로 '존재'하는 것이 아니고 단지 '참된 실재'인 '멀리서 본 점 입자의 운동'에 대한 편리한 수학적 부속물에 불과하다. 장이란 그 자체만으로는 실제 물질을 이룰 수 없다. 그러나 패러데이는 중요한 실험 결과를 통하여 전기와 자기장은 실제로 존재하는 물리적인 '물체'라는 것을 믿

13) 펜로즈(1996), 296.

게 되었다. 왜냐하면 변화하는 전기와 자기장은 때로는 빈 공간에서 서로를 밀쳐내어, 몸체에서 분리된 일종의 파동을 생성할 수 있다는 사실을 알게 되었기 때문이었다.[14] 예컨대 만일 전기를 띠고 있는 물체를 진동시키면 그 전하 주변에 있는 전자기장의 일부가 전하로부터 분리되어 하나의 파동 형태로 전파되어 나간다. 이제 남은 것은 이 실제로 존재하는 장의 이러한 현상을 정확히 표현해줄 방정식을 찾는 일이었다. 이는 맥스웰의 몫이었다. 맥스웰은 자신의 방정식을 통해 진동하는 자장은 전기장을 생성하고, 이 진동하는 전기장은 다시금 진동하는 자장을 생성하게 되며, 이러한 것이 반복된다는 것을 보여주었다. 또한 그는 공간에서 이 효과가 전파되는 속도까지도 계산할 수 있었는데 그것은 놀랍게도 바로 초당 약 30만 킬로미터, 즉 빛의 속도였다.[15] 에너지가 이처럼 '몸체가 없는' 전자기파에 의해서 이리저리 운반될 수 있다는 사실은 후에 헤르츠가 그 파동을 실제로 실험을 통해 검출함으로써 사실임이 입증되었다.

입자들이 물질의 모두는 아니며, 전자기장도 엄연히 실재한다는 것이 인정되기는 했지만, 다른 한편으로 입자와 장은 물과 기름처럼 서로 대립하고 있기도 했다. 나타나는 모든 현상이나 성질은 입자에 의한 것이거나 장에 의한 것, 둘 중의 하나라는 이분법이 여전히 지배하고 있었다. 원자론 지지자들은 불연속성이 절대적인 것이라고 주장했고, 세계를 전자기적으로 해석하는 사람들은 연속성을 절대화했다. 그런데 이 입자와 장의 통일이 마침내 아인슈타인에 의해 이루어졌다. 그 통일은 $E=mc^2$이란 수식으로 표현된다. 뉴턴의 물질 개념을 대표하는 질량(m)은 이제

14) 펜로즈(1996), 297.
15) 펜로즈(1996), 298.

에너지(E)와 서로 바뀔 수 있음을 이 식은 보여주고 있다. 예를 들어 우라늄 원자(U)가 붕괴되어 크립톤(Kr)과 바륨(Ba)으로 쪼개질 때, 쪼개진 입자들 모두를 합한 질량은 본래 우라늄 원자의 질량보다 적다. 그러나 각 조각의 움직임에 해당하는 에너지를 고려하고 이를 c2값으로 나누어 질량 값으로 변환시킨 다음 이 값까지도 포함시킨다면 총합계는 본래 우라늄의 질량 값과 같아진다. 즉, 질량 보존의 법칙이 여기서도 성립하는 것이다. 그렇지만 에너지가 입자가 아닌 한, 보존되는 것은 입자는 아니다. 그리고 이렇게 보존되는 것에 대해서만 물질이라고 부를 수 있다면, 물질은 에너지다. 에너지가 질량보다 더 큰 개념이라는 것은 빛을 이루는 광자가 잘 보여준다. 광자는 질량은 0이고 오직 에너지만 지닌 입자이기 때문이다. 그러나 이러한 통합을 위해서는 뉴턴 식의 시공간 개념에 일대 변혁이 불가피했다.

(2) 4차원 시공간

장이 실제로 존재하며, 그 장의 일부가 떨어져 나오면 전자기파가 되어 파동의 형태로 전파되어 나간다는 사실은 뉴턴의 진공으로 이루어진 공간에서는 용납되기 어려운 사실이었다. 왜냐하면 전자기파가 파동의 일종이라면 파동은 그 파동을 전파시키는 매질을 필요로 하기 때문이다. 따라서 맥스웰은 이 장을 에테르라는 매질이 채우고 있다고 생각했다.[16] 에테르는 뉴턴이 상정했던 텅 빈 절대 공간을 가득 채움으로써 전자기파가 전파될

16) "그러므로 우리는 빛과 열 현상들을 고찰해볼 때, 공간을 채우고 모든 물체에 스며들어가 있는 에테르와 같은 매질의 존재를 인정할 만한 근거가 있다. 이 매질은 움직일 수 있으며 이러한 움직임을 한 부분으로부터 다른 부분으로 전달할 수 도 있고 또 이를 보통의 물체에 보내어 이것을 덥히기도 하고 또한 여러 가지 방법으로 물체에 영향을 줄 수 있는 것으로 보인다"(Maxwell, 1865).

수 있는 터를 마련해준다. 에테르를 상정함으로써 우리는, 물 속에서 손을 위 아래로 저으면 그 흔들림이 물결을 만들어 다른 곳으로 전파되듯, 에테르 속에서의 전하를 띤 입자의 움직임 역시 전자기파라는 물결을 만들어낸다고 설명할 수가 있게 된다. 그러나 아리스토텔레스가 천상의 물질이라고 여겼던 것을 이런 식으로 다시 도입하는 것은 여전히 뉴턴 식 절대 공간의 틀을 고수하는 것이라 할 수 있다. 다시 말해 텅 빈 절대 공간이 순수한 에테르의 바다로 바뀌었을 뿐 공간의 절대성은 여전히 유지되고 있다. 에테르가 우주의 빈 공간을 균일하게 채우고 있는 한, 에테르는 다른 물리적 존재들과는 독립성을 여전히 유지할 것이기 때문이다.

그런데 이 에테르로 가득 찬 절대 공간을 전자기파 또는 빛이 고정된 속도 c로 전파된다고 가정하는 순간 문제가 발생한다. 문제는 빛의 속도가 일정하게 고정되어 있으며 이는 맥스웰 방정식을 받아들이는 한 불가피한 귀결이라는 데서 비롯된다. 맥스웰의 전자기 이론에 따라 빛이 에테르 속에서 고정된 속도로 전파되고 있다고 가정해보자. 그렇다면 만약 내가 그 빛이 나아가는 방향과 같은 방향으로 빠르게 움직이면서 그 빛을 관측한다면 그 빛의 속도는 감소할 것이다. 만약 내가 그 빛과 같은 속도로 나란히 움직이고 있다면 그 빛은 내게 정지한 것처럼 보일 것이다. 그리고 반대로 내가 빛과 반대 방향으로 움직인다면 그 빛의 속도는 더욱 증가할 것이다. 이 같은 추리는 우리가 뉴턴 역학을 받아들인다면 당연한 귀결이다. 그러나 이러한 귀결은 물리학의 중요한 원리 중의 하나인 갈릴레이의 상대성 원리를 무너뜨린다. 상대성 원리에 따르면 정지 상태와 균일한 속도를 가지는 운동 상태는 이들 중 어느 쪽에 속하는 관측자에게도 구분되지 않는다. 즉, 정지된 상태의 배 안에서의 물리학의 법칙은 등속으로 움직이는 배 안에서도 똑같이 적용된다. 따라서 배 안에서 관찰될 수 있는 물리학의 법칙들의 변화를 가지고서는 나는 내가 탄 배가 정지해 있는지 움직이고 있는지를 알 수 없다. 또 배에 난 유리창으로 다른 배를 본다고 하더라도 그 배가 움직이는지 내 배가 움직이는지 알 수가 없다. 그런데 이제 우리는 에테르 속을 움직이는 고정된 속도의 빛을 가짐으로써 내가 정지해 있는지 움직이고 있는지를 구별할 수 있는 절대적 기준을 갖게 된 것이다. 즉, 나에게 관측되는 빛의 속도가 c보다 적다면 나는 내가 탄 배가 빛이 나아가는 방향으로, 또 c보다 크다면 반대 방향으로 움직이고 있다는 것을 알 수 있다. 그리고 c와 같다면 나는 정지해 있다.

조화를 이룰 것 같았던 뉴턴 역학과 맥스웰의 전자기 이론은 상대성 원리로 하나로 묶이는 순간 서로 양립 불가능한 것이 되어버린 것이다. 이제 이 문제는 어느 것을 버리고 어느 것을 선택할 것인가 하는 취사선택의 문제가 된다. 상대성 원리를 버릴 것인가? 뉴턴 역학을 버릴 것인가? 맥스웰 방정식을 버릴 것인가? 아인슈타인의 선택은 뉴턴 역학을, 더 자세히는 뉴턴 역학이 상정하고 있던 절대적인 기준계를 버리는 것이었다. 대신 아인슈타인은 맥스웰의 방정식도 상대성 원리를 만족시켜야 한다는 확신을 고수했다. 즉, 내가 탄 배가 빛의 속도로 움직이고 있다고 하더라도 그 속에서 맥스웰의 방정식은 전자기파에 어김없이 적용된다.

정리하면 아인슈타인의 상대성 이론은 '상대성 원리'와 '광속불변의 원리', 이 두 원리를 주춧돌로 해서 지어진 이론이다. 이 주춧돌 위에는 절대 시공간이란 기둥이 놓일 자리는 없다. 그는 이 두 원리를 다음과 같이 설명하고 있다.

“이러한 종류의 예들은, 지구의 운동이 ‘광 매질(light medium)’에 상대적이라는 것을 발견하려던 시도들의 실패와 더불어, 역학적 현상과 전자기적 현상들이 절대 정지의 개념을 인정하는 아무런 속성도 갖지 않음을 의미한다. 그 예들은 오히려 … 역학의 운동 방정식들이 잘 성립하는 모든 기준 좌표계에서, 전기 역학과 광학의 동일한 법칙들이 꼭 같이 성립할 것임을 의미하고 있다. 우리는 이러한 추측을 … 하나의 가설로 제기하고자 하며, 마찬가지로 단지 외견상으로 이 가설과 화해할 수 없는 것으로 보이는 또 다른 가설, 즉 빛은 텅 빈 공간에서 그 빛을 방출하는 물체의 운동 상태와 무관하게 항상 일정한 속도 c를 가지고 전파된다는 가설을 도입하고자 한다 ….”[17]

상대성 원리와 광속 불변의 원리의 결합은 위에서 본 것처럼 절대 정지의 개념을 무기력하게 만들 뿐만 아니라 절대적 동시성, 절대적 시간, 절대적 길이의 개념들을 모두 폐기시켰다. 동시성은 절대적일 수 없다. 왜냐하면 정지해 있는 사람이 관측할 때 어떤 두 개의 사건이 다른 곳에서 동시에 일어났다고 하더라도, 움직이는 사람이 관측할 때는 그 두 사건이 동시에 일어난 것으로 관측되지 않을 수 있기 때문이다. 이는 근본적으로 관측의 도구가 되는 빛이 무한한 속도로 움직이지 않기 때문에 나타나는 결과다. 동시적이라는 것은 두 사건에서 출발한 빛이 관측자에게 동시에 도달한다는 것을 의미한다. 그런데 움직이는 관측자에게는 양쪽에서 출발한 빛이 동시에 도달하지 않는다. 따라서 ‘동시’라고 하는 것도 관측자에 따라 달라질 수밖에 없다. 시간과 길이의 절대성도 포기하지 않을 수 없다. 이는 로렌츠가 잘 보여준다. 그는 전자기 법칙이 움직이는 관측자에게나 정지해 있는

17) Einstein.(1905a), 891 ; Einstein(1905b), 636. 조용민(1992), 68에서 재인용.

관측자에게 변함없이 적용되기 위해서는 움직이는 물체는 길이가 짧아질 뿐만 아니라 그 시간도 늦게 가야 된다는 사실을 밝혔는데 이것이 바로 유명한 로렌츠의 변환 법칙이다.

여기서 우리가 분명히 해야 할 것은 아인슈타인의 상대성 이론은 모든 것을 상대화하는 이론이 아니라는 것이다. 그가 상대화하는 것은 기존에 절대적이라고 여겼던 시간과 공간이었다. 그 대신 그는 다른 두 가지를 절대화했다. 첫째는, 광속 불변의 원칙이 말하는 것이다. 즉, 빛의 속도의 절대화다. 빛의 속도는 그 빛이 움직이는 물체에서 발사되든 정지한 물체에서 발사되든 항상 일정하다. 둘째는, 상대성 원리가 말하는 것으로, 자연 법칙은 관측자에 무관하게 똑같다는 것이다. 자연의 법칙은 절대 시공간에 비추어 똑같이 적용되는 것이 아니라, (0이든 그 이상이든) 등속 상태에 있는 모든 관측자에게 똑같이 적용된다는 것이다. 아인슈타인의 위대함은 바로 시공간의 절대성을 위에서 말한 두 절대성과 맞바꾸는 빅딜을 과감하게 해낸 것에 있는 것이다.

맥스웰 방정식과 상대성 원리의 결합인 아인슈타인의 특수 상대성 이론은 민코프스키에 의해 4차원 시공 개념으로 완성된다. 그는 다음과 같이 말한다.

> "움직이는 전하들 간의 상호 작용(pondermotive action)에 관한 기본 법칙들에 대한 기존의 형식화와 이 내용을 비교해보면, 우리는 이 법칙들이 오직 4차원에서만 내적으로 완전한 단순한 형식을 지니게 되며 선험적으로 우리에게 부여된 3차원 공간에서는 단지 매우 복잡한 형태로 투사되어 있음을 받아들이지 않을 수 없게 된다."[18]

18) Minkowsky(1923), 조용민(1992), 68-69에서 재인용.

그가 말하는 4차원은 바로 시간과 공간을 따로따로가 아니라 하나로 간주하는 것이다.

"앞으로 공간 자체 그리고 시간 자체는 그림자 속으로 흐릿하게 사라질 운명에 놓여 있다. 그리고 이들의 일종의 연합체만이 독립적인 실체를 지니게 될 것이다."[19]

그런데 4차원 시공 복합체는 우리가 시각으로 그릴 수 있는 3차원을 넘어서기 때문에 시각화가 어렵다. 그래서 흔히 쓰는 방법이 공간의 3차원을 2차원 평면으로 압축하고 한 차원을 시간 축으로 할애하는 방법이다. 이렇게 해서 만들어지는 도표가 바로 빛 원뿔(light cone)이다. 우주의 모든 사물들은 빛의 속도 이상으로 움직일 수 없기 때문에 모든 사물들은 이 빛 원뿔의 내부에만 그 궤적을 그릴 수 있다. 이 빛 원뿔의 가로 평면은 공간을 나타내고 수직은 시간을 나타낸다. 이 시공 복합의 차원에서는 모든 사물들은 그것의 공간상의 위치뿐만 아니라 그것만이 나름대로 가지는 자신만의 경과된 시간 둘 다에 의해 동시에 규정되어야 하기 때문에, 시간의 경과에도 불구하고 동일성을 유지하면서 지속하는 입자들은 이 빛 원뿔의 도표 내에서는 점이 아니라 선으로 그려진다. 이 선을 우리는 세계선(worldline)이라 부른다. 입자가 정지해 있느냐 운동하느냐 또 그 운동이 등속이냐 아니냐에 따라서 세계선은 달라진다. 정지한 입자는 수직의 직선으로, 등속 운동하는 입자는 사선의 직선으로, 가속 운동하는 입자는 곡선으로 그려진다. 이 세계선은 그런 점에서 입자의 전체적인 역사를 보여준다.

---

19) Minkowsky(1923), 펜로즈(1996), 308에서 재인용.

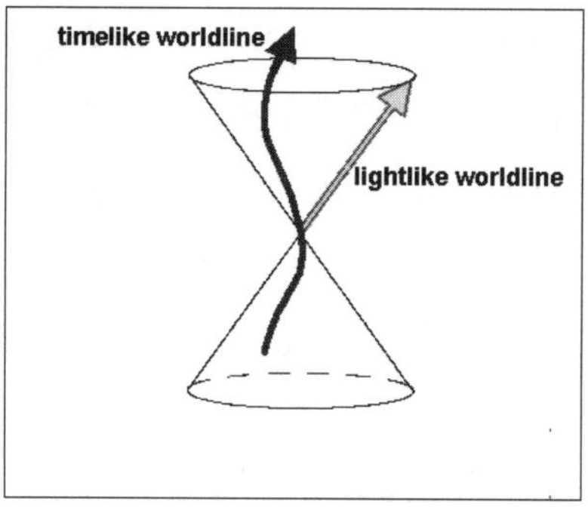

이 도표에서 한 가지 주목할 것은 입자들이 점이 아니라 선으로 표현된다는 것이다. 그리고 각 입자에 해당되는 세계선의 기울기에 따라서 각 입자들은 다른 시간의 경과를 갖는다. 수직으로 선 세계선을 가진 입자들은 정지해 있는 입자들이다. 이 입자들의 경우에는 시간이 전혀 느려지지 않는다. 반면에 수직에서 점점 기울어질수록 그러한 세계선에 해당되는 입자들의 경우에는 정지해 있는 입자들에 비해 시간이 늦게 흐른다. 더 나아가서 세계선의 기울기가 원뿔면에 일치하는 경우는 빛의 속도로 움직이는 입자들로서 이 경우에는 시간이 정지한다. 뉴턴 역학에서 보면 한 입자가 정지해 있든 빛의 속도로 움직이든 그 입자가 갖는 시간의 흐름은 동일하다. 하지만 상대성 이론에서는 각 입자가 갖는 세계선의 기울기에 따라 각 입자가 갖는 시계의 시간은 처음에는 서서히 그리고 나중에는 급격히 느려진다.

입자가 세계선으로 표시된다면 빛 원뿔 도식에서 점으로 표시되는 것들은 순간적으로 존재하는 사건(event)들이 될 것이다. 선이 점들의 모임이라면 이 도식에 따르면 선에 해당하는 입자는 점에 해당하는 사건들의 모임이어야 한다. 이는 입자에 대한 우리의 고정관념을 뒤흔든다. 우리가 보통 생각하는 3차원 공간의 입자는 시공간 4차원에 비추어 생각해보면 4차원 실재의 3차원적 그림자로서, 하나의 추상물에 지나지 않는다. 3차원 공간의 이 입자는 4차원 공간에서 보면 하나의 사건일 뿐이다. 이렇게 보면 3차원에 기반해서 구축된 물리 이론들에서 상정하는 물리적 대상들은 모두 어떤 사건들로 간주되어야 할 것이다. 이는 곧 3차원 공간에서 그려지는 입자관의 파멸을 의미한다.

아인슈타인에 이르러 지금까지 별개의 것으로 여겨졌던 네 가지 물리적 실재, 즉 시간, 공간, 물질, 그리고 운동의 원인인 힘 또는 에너지는 이제 하나로 통합된다. 그의 상대성 이론은 시간과 공간을 그리고 물질과 에너지를 연결시킨다. 이를 우리는 다음과 같은 등식으로 표현할 수 있다.

물질 = 에너지 = 시공간

이를 한 문장으로 표현하면 다음과 같다.

물질 즉, 에너지는 시공간의 구조물 그 자체다.[20]

3. 아인슈타인 대 양자역학

1) 아 · 포 · 로의 물리적 실재의 기준

1900년에 들어서면서 아인슈타인의 상대성 이론과 함께 또 하나의 혁명이 동시에 준비되고 있었다. 아인슈타인이 노벨상을

20) 마치(1984), 226-227.

받게끔 한 것이 광전 효과에 대한 그의 이론이었다는 것에서도 볼 수 있듯이 아인슈타인은 양자역학의 발전에도 결정적인 기여를 했었다. 하지만 양자역학의 전개 과정은 아인슈타인의 기대와는 달리 그의 근본 전제들 중의 하나를 무너뜨리는 방향으로 전개되었다. 양자역학은 실재에 대한 전면적인 회의를 불러일으켰다. 사실 과학의 역사는 실재론에 결코 우호적이지 않았다. 하지만 양자역학으로부터 촉발된 실재의 위기는 이전과는 다른 양상을 보이는 듯하다. 지금까지의 실재의 위기는 실재의 내용, 즉 실재의 외연과 내포의 변화를 위한 진통의 과정이었다면, 양자역학으로 초래된 위기는 실재 개념 자체가 효력을 상실했다고 선언하는 것 같기 때문이다. 양자론은 소립자의 세계를 성공적으로 해명함에도 불구하고, 양자역학적 기술에 대응하는 것으로 그려지는 세계의 모습은 우리가 도저히 실재의 모습으로 받아들일 수 없는 것이어서 단지 실재 개념의 조정만으로 수용할 수 있는 범위를 넘어서는 것 같다. 게다가 양자역학의 비결정론적, 확률적인 세계상은 양자역학적 기술이 실재에 대응하는 것이 아니라 일종의 수학적 구성물일 뿐이라는 인상을 심어주기에 충분하다. 양자역학은 실재와의 대응을 전제하지 않고도 한 이론이 얼마나 성공적일 수 있는지를 여실히 보여주는 것 같다.

1935년에 "물리적 실재에 대한 양자역학적 기술은 완전하다 할 수 있는가?"란 똑같은 물음을 제목으로 두 편의 논문이 발표되었다. 아인슈타인, 포돌스키, 로젠(아 · 포 · 로) 세 사람이 발표한 것이 그 하나이고, 이 논문에 대한 대답으로 보어가 발표한 것이 다른 하나다. 물론 두 논문의 결론은 정반대다. 아 · 포 · 로 논문의 결론은 위의 물음에 대해 '완전하지 않다'인 데 반해, 보어의 논문은 '완전하다'다. 아 · 포 · 로의 논증은 이러하다.

전제1 : 양자론이 완전하다면 "물리적 실재의 모든 요소들이 그 물리 이론 안에서 그 짝(counterpart)을 가져야 한다."[21]

전제2 : 물리적 실재로 인정받는 것들이 양자론 안에서 자신의 짝을 갖지 못한다.

결 론 : 양자론은 불완전하다.

전제1은 한 이론이 완전하다고 할 수 있기 위한 필요 조건을 제시하고 있다. 이 [완전성 조건]에 대해서는 보어도 이견이 없다. 보어는 아·포·로의 이 논증에서 전제 2를 문제삼는다. 아·포·로의 논증이 성립하려면 모두가 인정할 수 있는 '물리적 실재'가 따로 주어져야 한다. 그래야만 그 실재와 짝이 되는 것이 정말 양자론 내에 있는지 아닌지를 검증할 수 있고, 그리하여 양자역학적 기술이 완전한지를 따질 수 있기 때문이다. 물론 아·포·로는 엄밀하면서도 경험적인 물리적 실재의 기준과 그 기준에 부합하는 물리량을 제시한다.

> "만약, 어떤 계를 어떤 방식으로도 교란시키지 않고, 우리가 어떤 물리량의 값을 확실히(1의 확률로) 예측할 수 있다면, 이 물리량에 대응하는 물리적 실재의 한 요소가 존재한다."[22]

이 기준은 물리적 실재와 대응한다고 인정할 수 있는 물리량이 갖추어야 할 인식론적 조건을 규정하고 있다. 게다가 이 기준은 형이상학적인 것이 아니고, 경험적인 적용이 가능한 기준이다. 다시 말해 이 기준을 적용하면 우리는 물리적 실재의 요소들

---

21) EPR(1935), 138.
22) EPR(1935), 138.

을 "실험과 측정의 결과들에 호소하여 발견"할 수 있다. 실재와 대응한다고 말할 수 있는 물리량들이 어떤 것인지를 가릴 수 있는 기준을 제시함으로써 이 기준은 실재 개념의 핵심인 대응의 경험적 의미를 분명히 제시하고 있는 셈이다.

아·포·로의 실재 기준과 보어의 입장이 충돌하는 부분은 실재하는 것으로 인정되는 물리량들의 동시 존재와 관련해서다. 아·포·로는 각각의 물리량들이 자신들이 제시한 실재의 요건을 만족시킴으로써 실재와 대응하는 것으로 인정을 받았다면 그 물리량들은 당연히 동시에 존재할 수도 있다고 간주한다. 다시 말해 어떤 두 물리량이 동시에 존재한다고 말하기 위해 자신들의 기준 이외에 다른 것들이 필요하지 않다고 생각한다. 그러나 양자역학적 기술에서는 두 물리량의 동시 존재, 예컨대 한 입자의 위치와 운동량 또는 한 양자의 x 방향 스핀 값과 y방향 스핀 값의 동시 존재를 부정한다. 따라서 아·포·로의 실재 기준에서는 동시에 존재하는 것이 양자역학적 기술에서는 동시에 존재할 수 없으므로 양자역학적 기술은 완전할 수 없다.

아·포·로는 이런 상황에서 두 물리량의 동시 존재 조건에 아래와 같은 단서를 달아 양자역학의 불완전성을 해결하려는 반대쪽의 시도를 미리 차단하고 있다.

> "둘 또는 그 이상의 물리량이 실재의 동시적인 요소로 간주되려면 그 물리량들이 동시에 측정되거나 예측될 수 있어야 한다."[23]

아·포·로는 이런 단서를 쓸데없이 다는 것에 반대한다. 왜

---

23) EPR(1935), 141.

냐하면 이런 단서는 한 체계에 속하는 물리량의 실재 여부가, 이 체계에 어떤 방식으로도 교란을 일으키지 않은 또 다른 체계에서 수행되는 측정의 과정과 독립적으로 결정될 수 없다고 하는 불합리한 전제 아래에서만 의미를 갖는 것이기 때문이다. 예를 들면, 입자 2에 속하는 물리량의 실재 여부가 입자 2로부터 공간상으로 떨어져 있는(space-like separated) 입자 1에 행해지는 측정의 과정에 좌우될 수 있다는 전제가 있지 않는 한 그런 종류의 단서는 필요 없다.

그런데 이런 전제가 왜 불합리한지를 보이려면, 아인슈타인의 상대성 이론이 미리 배경으로 있어야 한다. 사실 '공간상으로(space-like)' 떨어져 있다고 하는 말 자체가 상대성 이론의 용어다. 상대성 이론에 의하면 상대적으로 등속도 운동을 하는 모든 관측계에서 공인할 수 있는 시간의 객관적 선후는 오직 '시간상으로(time-like)' 떨어져 있는 두 사건 사이에만 적용될 수 있다. 여기서 '시간상으로' 떨어져 있다는 것은 광속 혹은 이보다 낮은 속력의 전달 수단에 의하여 영향을 주고받을 수 있는 시공간상의 분리를 의미하며, 그렇지 못한 경우를 '공간상으로' 떨어져 있다고 한다. 이 같은 상대론적 시공간 구조에 관한 주장이 옳다면 우리는 필연적으로 "두 사건 사이의 인과 관계는 오로지 '시간상으로' 떨어진 경우에 한하여 허용될 수 있다"고 하는 이른바 '아인슈타인 인과율'을 받아들이지 않을 수 없다.[24]

바로 여기서 국소성 원리(locality principle)가 도입된다. 국소성 원리는 공간상으로(space-like) 떨어진 두 물리계 간에는 초광속적인 정보 전달이나 역학적 인과 작용이 불가능하다는 것으

---

24) 장회익(1990), 128 참고.

로 특수 상대성 이론의 귀결이다. 이 국소성의 원리를 양자역학에서의 측정 과정에 적용하면 다음 주장이 따라나온다.

> 측정 시점에 두 물리계가 서로 작용하지 않는다면, 한 물리계에 대한 측정이 다른 물리계에 속한 물리적 실재의 요소 또는 이의 실제적 상태 변화에 어떠한 영향도 가할 수 없다.

아 · 포 · 로의 실재 기준에 단서 조항을 추가하는 것은 따라서 위에서 표현된 국소성의 원리를 포기한다는 것이 전제되는 것이다. 여기서 우리는 아 · 포 · 로의 실재 기준의 숨은 전제가 바로 국소성 원리임을 알 수 있다.

2) 아 · 포 · 로와 보어의 논쟁

아 · 포 · 로 논변이 전제하고 있는 것들을 하나로 모으면 다음과 같다.

1. [완전성 요건] 양자론이, 완전하기 위해서는 물리적 실재의 모든 요소들이 그 물리 이론 안에서 그 짝을 가져야 한다.
2. [실재의 기준] 만약, 하나의 계를 어떤 방식으로도 교란시키지 않고, 우리가 어떤 물리량의 값을 확실히(1의 확률로) 예측할 수 있다면, 이 물리량에 대응하는 물리적 실재의 한 요소가 존재한다.
3. [국소성 원리] 측정 시점에 두 물리계가 서로 작용하지 않는다면, 한 물리계에 대한 측정이 다른 물리계에 속한 물리적 실재의 요소 또는 이의 실제적 상태 변화에 어떠한 영향도 가할 수 없다.

아·포·로가 보여주려는 것은, 이 세 가정들을 양자역학의 이론적 결과들에 적용하면 모순이 도출된다는 것이다. 만약 이 세 가정의 연언으로부터 모순이 도출된다면 위의 셋 중에서 최소 하나는 부정되어야 한다. 그런데 2와 3은 부정될 수 없다. 따라서 1이 부정되어야 한다. 이것이 그들 논증의 골격이다.

이 논증의 관건은 양자역학에 따르면 동시에 실재할 수 없다는 결론이 나는 두 물리량이 위의 두 번째 가정에서 제시된 실재의 기준에 따르면 실재의 한 요소에 대응하는 물리량이라 할 수 있다는 것을 보이는 데 있다. 이를 보여주는 좋은 예로 봄(Bohm)이 재구성한 아·포·로의 사고 실험[25]을 보자.

단일항 상태(singlet state)에 있는 총 스핀 0의 물리계가 서로 반대 방향으로 분열하여 공간상으로(space-like) 떨어진 한 쌍의 1/2 스핀 입자들이 만들어지는 경우를 생각해보자. 그러면 두 입자로 분열된 복합계 역시 전체 스핀이 0인 단일항 상태에 있으며, 두 입자는 완전히 반대 상관 관계(anti-correlation)에 놓이게 된다. 즉, 공간상으로 떨어져 있다고 하더라도 입자 1(물리계 A)의 어느 한 방향의 스핀 측정값이 +1/2이면, 입자 2(물리계 B)의 같은 방향의 스핀 측정값은 -1/2이 된다. 시점 t0에 입자 1의 z방향 스핀 측정값이 +1/2이었다고 하자. 그러면 위에서 제시한 세 번째 가정인 국소성 원리에 따라서, 입자 1에서의 측정 행위가 입자 2의 물리적 실재에 어떠한 교란도 가하지 않을 것이고, 또 반대 상관 관계에 의해 입자 2의 z 방향 스핀 측정값을 확실히 예측할 수 있게 된다. 그렇다면 실재의 기준에 따라서 우리는 입자 2의 z 방향 스핀 측정값에 대응하는 물리적 실재의 한 요소가

25) Bohm(1951), 614-619. 이중원(1995), 41-42에서 재인용.

존재한다고 말할 수 있다. 같은 방식으로 시점 t0에서 이번에는 입자 1의 x 방향 스핀 값을 측정한다고 하면, 우리는 입자 2의 x 방향 스핀 값을 아무런 교란 없이 확실히 예측할 수 있게 될 것이며, 따라서 입자 2의 x 방향 스핀 값에 대응하는 물리적 실재의 한 요소도 역시 존재한다고 말할 수 있다. 결국 시점 t0에 입자 2에는 x방향과 z 방향의 스핀 값에 해당되는 물리적 실재의 각 요소들이 동시에 존재하게 된다. 이것은 위에서 제시된 국소성의 원리와 실재의 기준을 따른 불가피한 결론이다. 그러나 불행하게도 양자론은 양립 불가능한 두 관측 가능한 양, 즉 입자 2의 x 방향 스핀과 z 방향 스핀의 동시적인 존재를 인정하지 않는다. 즉, 양자역학은 동시 존재하는 두 관측 가능한 양의 동시 존재를 배척한다. 따라서 실재에 대한 양자역학적 기술은 불완전하다.

그러나 보어는 이 논증의 모순적인 결과를 다르게 받아들인다. 그 역시 이 모순적인 결과를 인정하지만 이것이 양자역학 체계가 불완전하다는 결론을 낳는 것은 아니라고 주장한다. 그런 모순적인 결과는 오히려, 양자역학적 현상을 합리적으로 설명하는 데에는 우리에게 친숙한 자연 철학이 본질적으로 맞지가 않다는 것을 보여줄 뿐이라는 것이다. 양자역학적 상황에서는 대상과 측정 주체나 도구 간에 유한한, 그러나 통제할 수 없는 양자 차원의 상호 작용이 존재하기 때문에 오히려 고전적인 인과율의 이상을 궁극적으로 포기하고, 물리적 실재의 문제에 대한 우리의 태도를 근본적으로 수정하는 것이 불가피하다는 것이다.[26] 다시 말해 그는 1을 받아들이고 2와 3에 근본적인 의문을 제기한

26) Bohr(1935), 145-146.

다. 그는 자신의 이러한 입장을 입증하기 위해서 아·포·로가 제시한 실재의 기준에서 "하나의 계를 어떤 방식으로도 교란시키기 않고"란 구절을 집요하게 물고 늘어진다. 얼핏 보기에는 문제가 없는 것 같지만, 사실 이 구절은 양자역학의 상황에 실제로 적용시켜서 보면 본질적으로 애매함을 벗어날 수 없다는 것이다. 그는 다음과 같이 말한다.

> "아·포·로가 제안한 앞에서 말한 물리적 실재에 대한 기준은 "하나의 계를 어떤 방식으로도 교란시키기 않고"란 표현의 의미와 관련하여 애매함을 내포하고 있다. 물론 방금 살펴본 것(아·포·로 실험)과 같은 경우에, 그 물리계가 측정 과정의 마지막 중요한 단계에서 역학적 교란을 당하는 일은 없다. 그러나 이 단계에서조차도 그 물리계의 미래 행동에 관한 가능한 유형의 예측들을 정의하는 바로 그 조건들에 미칠 영향에 대해서는 본질적으로 의심을 떨칠 수 없다. 이 조건들은 "물리적 실재"라는 말을 당당히 붙일 수 있는 현상에 대한 모든 기술이 본래부터 지니고 있는 요소를 이루기 때문에, 위에서 말한 저자들의 논변은 양자역학적 기술이 본질적으로 불완전하다는 것을 정당화하지 못하는 것으로 보인다."[27]

보어도 역학적 성격의 교란이 일어난다고 주장하지는 않는다. 그렇지만 "비역학적 성격의 교란"은 불가피하다고 주장한다. 이는 무엇을 의미하는가? 앞의 아·포·로 논변이 모든 종류의 교란을 제거할 수 있었던 것은 논증 과정에서도 보이듯이 국소성의 가정이 있었기 때문이었다. 국소성 가정에 의해 교란을 제거했다고 생각했는데, 보어가 교란이 완전히 제거되지 않는다고

27) Bohr(1935), 148.

주장하는 것은 곧 비국소성이 비역학적으로 어떤 형태로든 존재한다는 것을 의미한다.

그렇다면 이 비역학적 성격의 비국소성이란 것이 도대체 무엇일까? 보어는 이 비국소성의 내용을 "다른 입자의 미래 행동에 관한 가능한 유형의 예측들을 정의하는 바로 그 조건들에 미치는 영향"이라고 말하고 있다. 그렇지만 예측을 정의하는 조건들에 미치는 이 영향이란 것이 구체적으로 무엇인지는 여전히 불분명하다. 이는 측정 행위와 관련이 있는 것처럼 보이며, 또 물리적인 것이 아니라 "의미론적인"[28] 것인 것처럼 보인다. 아인슈타인은 이 양자역학적 비국소성을 텔레파시라고 부르면서 이는 물리학보다는 심리학과 더 관계가 있는 현상이 아니냐고 반문하기도 한다.[29] 또 보어의 이 같은 비국소적 영향이 결국은 국소성의 기반이 되는 이른바 '아인슈타인 인과율'과 충돌하지 않느냐는 의문도 또 다른 논란거리다. 이는 보어류의 비국소적 영향이 초광속적으로 신호를 주고받을 것을 요구하느냐는 물음으로 바꾸어 표현될 수 있다. 하지만 초광속적 신호 전달을 꼭 필요로 하지 않는 비국소성도 가능하다는 것이 입증되어 있기 때문에,[30] 만약 보어의 비국소성이 이런 종류의 비국소성이라면 상대론적 인과율과 충돌하지 않는 비국소성을 주장할 수 있을 것이다. 사실 그의 비국소성이 역학적인 성격의 것이 아니라 비역학적인 것이라는 사실은 이럴 가능성을 더욱 높여주는 것 같다.[31]

우리의 관심은 아·포·로가 실재와 대응한다고 보았던 물리

28) Fine(1986), 35.
29) 조인래(1990), 144, 각주 16.
30) Shimony(1984).
31) 보어의 비국소성에 대한 자세한 논의는 조인래(1990), 이중원(1995) 참조.

량들이 이처럼 어떤 형태로든 교란의 영향 아래에 있다면 그 물리량들을 어떻게 취급해야 할 것인가에 있다. 선택지는 세 가지다. 첫째, 아·포·로의 실재 기준을 고수한다. 그리고 문제가 된 물리량들의 실재성을 포기하고 아·포·로의 실재 기준에 부합하는, 즉 교란 없이 예측 가능한 새로운 물리량을 찾는다. 둘째, 교란의 가능성이 있다면 이것이 배제되도록 실재의 기준을 더욱 강화한다. 그리고 문제가 된 물리량의 실재성을 인정하지 않는다, 셋째, 실재의 기준을 약화시킨다. 그리고 문제가 된 물리량들의 실재성을 다른 식으로 계속 인정한다.

첫 번째 입장을 택하는 대표적인 사람들은 숨은 변수를 상정하는 이들로, 이들은 이를 통해 양자역학의 기이한 세계상을 결정론적이고 국소적인 성격을 지닌 고전적인 세계상으로 바꾸려는 시도한다. 그러나 숨은 변수 이론은 벨에 의해 결정적인 타격을 받는다. 그는 국소성과 결정론을 충족시키는 숨은 변수 이론을 토대로 해서 하나의 부등식(벨의 부등식)을 도출해내고는, 이 부등식의 방향이 양자역학적 계산을 통해서 예측되는 결과와 정반대가 된다는 것을 보여주었다. 그리고 이는 실제 실험을 통해 확인되었다. 이는 양자역학적 상황에서는 국소성 또는 결정론적 성격 또는 그 둘 다가 가정될 수는 없다는 것이 실험적으로 입증된 것에 다름아니다. 그리고 이 부등식을 만든 벨을 비롯한 대다수의 학자들은 벨의 논변을 국소성 가정이 잘못되었음을 보여주는 것으로 해석한다.[32]

---

32) 하지만 이중원과 장회익은 벨의 논변을 물리량의 실재성 가정을 반증하는 것으로 해석하기도 한다(장회익(1994), 이중원(1999)). 벨의 논변을 거시적인 세계로까지 확장하여 이해하기 쉽게 재구성한 것이 벨-위그너 논변인데, 이 논변에 대한 자세한 소개는 장회익(1994), 95-99를 참조.

두 번째 안은 실재의 기준(내포)을 강화함으로써 실재의 외연을 축소시키는 방법이다. 장회익 교수가 이런 입장을 채택하고 있는데, 그는 실재의 기준을 더욱 강화하는 것이 양자역학적 상황이 우리에게 주는 교훈이라고 말한다. 그는 아·포·로의 실재 기준을 강화하여, "만일 우리가 물리계에 대한 그 어떤 방식의 교란이 없이, 그리고 그 어떤 다른 물리량들에 대한 관측과 무관하게 한 조의 물리량의 값들을 확정적으로 예측할 수 있다면, 이 물리량에 대응하는 물리적 실재가 존재한다"고 주장한다. 이처럼 다른 물리량의 측정과 무관하게 예측될 수 없는 물리량들도 실재의 반열에서 빼버리는 방법도 양자론의 불완전성을 해소하는 데는 도움이 될 수 있다. 왜냐하면 이 경우 양자역학이 기술해야 할 실재가 사실상 사라져버리기 때문이다. 실재 개념을 이렇게 무력화시켜버리면 양자역학은 실재를 기술하는 이론이 아니라 오로지 물리적 현상을 설명하는 도구적인 특성을 갖는 것으로만 받아들여질 것이다. 양자역학을 이런 식으로 바라보게 되면 "잠정적인 관념상의 불편은 겪게 될지 모르겠으나 … 오히려 물리량을 취급하는 데에서 이론 내적으로 지정된 '조작적 정의'에 충실하게 됨으로써 부주의한 과오로부터 벗어나게 하는 데 기여할 수도 있다."[33]

세 번째 안은 보어와 코펜하겐 진영이 택한 방법이다. 이들은 두 번째와는 반대로 아·포·로의 실재 개념의 "외연을 고수하면서 내포를 변형"[34]시키는 전략을 취한다. 이를 위해 보어는 '상보성'이란 개념을 도입하여, 실재는 서로 상보적인 관계에 있는 두 물리량에 의해 기술된다고 주장한다. 그 이유는, 제대로

33) 장회익(1994), 111.
34) 장회익(1994), 110.

된 모든 측정의 해석에는 고전적 개념이 사용되지 않을 수 없는데, 이 개념들은 양자 세계에서 보이는 새로운 유형의 규칙성을 설명하는 데는 충분하지 않기 때문이다. 고전적 개념의 틀 안에서 이해될 수밖에 없는 물리량들은 따라서 하나하나가 실재와 대응할 수는 없고 오로지 상보적으로, 즉 한편으로는 서로를 배제하면서도 또 다른 한편으로는 함께 공조함으로써만 실재의 한 부분을 반영할 수 있다. 보어의 실재는 그런 점에서 서로 양립 불가능한 두 개념의 알 수 없는 결합을 통해서만 그 윤곽을 짐작할 수 있는 기이한 세계다. 말하자면 보어는 양자역학이 그려주는 이상한 그림을 선택함으로써 우리의 구미에 맞는 아·포·로의 고전적인 실재관을 버리기로 한 것이다. 보어의 입장을 선택하면 실재하는 것에 대해서 사실상 어떠한 그림도 그릴 수 없게 된다. 왜냐하면 서로 양립 불가능한 두 개념의 결합을 통해서만 실재를 지시할 수 있다는 말은 곧 그 실재에 대해 어떤 상상도 할 수 없다는 것을 의미하기 때문이다.

3) 실재에 대한 새로운 시각

위에서 본 것처럼 세 대안 중에서 첫 번째 대안은 양자론에서 설자리가 없다. 남은 것은 두 번째와 세 번째인데, 문제는 이 둘 다 실재와 실재론의 핵심 개념인 '대응'에 치명타를 가한다는 것이다. 두 번째 입장은 실재의 개념을 강화함으로써 양자역학적 상황에서도 대응이 살아남게끔 하고 있다. 하지만 대응의 의미는 살렸을지 모르지만 실재의 외연에 포함될 수 있는 물리량이 적어도 양자역학 내에서는 전혀 없게 되는 결과를 초래한다. 반면에 세 번째 입장은 반대로 실재의 개념을 약화시킴으로써 양자론과 화해 가능한 실재 개념을 만들어내기는 했으나, 실재를 실재이게끔 하는 핵심인 대응의 의미가 정확히 무엇인지를 알기가 어렵게 되어버렸다. 장회익 교수는 이에 대해 결국 "실재일 수 없는 것에 실재성을 부여한 것"[35]이며 "합법칙적 질서를 넘어서는 새로운 실재를 자의적으로 만들어냄으로써 정상적인 관념의 틀로는 이해하기 어려운 마법적인 세계를 스스로 연출한 셈"[36]이라고 비판한다. 결국 대응을 전제로 한 실재 개념은 공허하거나 무의미하다.

실재 개념의 공허함을 가장 잘 보여주는 이는 파이어아벤트다. 그는 보어의 착상에 영감을 받아 쓴 한 논문에서 과학자를 "실재의 조각가"로 비유한다. 조각가가 대면하는 재료들은 물론 "저항"하기도 하지만 "흔히 생각되는 것보다 훨씬 유연하다."[37] 얼마나 유연하냐 하면, 너무 유연해서 과학의 성공을 설명하는 데 그 재료들이 아무런 역할을 하지 못할 정도다. 원자나 소립자와 그리스 신화에 나오는 신들 사이의 존재론적 차이, 과학과 신화의 차이, 발명과 발견의 차이를 전혀 보여주지 못할 정도다. 원자나 양자론의 법칙들은 "인간이 이 지구상에서 모두 절멸하더라도 계속 지금의 방식대로 존속하리라는 것"[38]을 우리는 부인할 수 없을지도 모른다. 그렇지만 만약 우리가 이를 부인할 수 없다면 고대의 신들이나 기독교의 삼위일체적 신 또한 계속 존속하리라는 것을 우리는 부인할 수 없을 것이다. 그는 과학적 존

35) 장회익(1994), 105.
36) 장회익(1994), 111.
37) 파이어아벤트(1987), 122.
38) 파이어아벤트(1987), 109.

재자와 신화적 존재자들 사이에 아무런 차이가 없다는 사실을 보임으로써 진지하게 고려되는 모든 존재자들과 고안물이나 구성물들을 같은 반열에 놓아버린다. 그에 따르면 과학의 원자나 전자와 같은 조각들이 그나마 변덕스런 신에 비해 우월한 것처럼 보이는 이유는 과학이 자신의 방법이 먹혀드는, 그리하여 자신의 공격에 굴복하는 문제들만을 소박하고 진지하게 추구함으로써 성과를 거두는 것처럼 보이는 데 반해, 다른 탐구의 방법들은 지나치게 오만하거나 야심이 커서 기대한 만큼의 성과를 거두지 못했기 때문일 뿐이다.

파이어아벤트의 이 같은 세계상은 주객의 관계에 대한 보어의 통찰을 아래에 깔고 있다. 그는 이렇게 말한다.[39] "역사에 대한 일별은 이 세계가 그 쪼개진 틈 사이를 기어다니며, 그것에 전혀 영향주지 못하면서 그 모습을 조금씩 발견해가는, 생각하는 개미들로 우글거리는 정적인 것이 아님을 보여준다." 오히려 이 세계는 "아직 알려지지 않았으며, 상대적으로 탄력성 있는 재료와 그 재료에 영향을 주며 그것에 의해 영향을 받고 변화하는 탐구자 간의 복잡한 상호 작용으로 이루어진", "동적이고도 다면적인 것이다."

하지만 보어의 이 같은 통찰에 대한 파인의 해석은 파이어아벤트에 비해 온건하다. 파인 역시 대응에 기반을 둔 실재론적 기획이 양자론에서는 "너무 위태로운 게임(too shaky game)"[40]이라고 하면서 실재론의 실효성에 대해 의문을 제기한다. 물론 그에 따르면 위태롭지 않은 게임은 없다. 그는 과학의 모든 구성적 작업 그리고 철학적 또는 역사적 프로그램의 모든 구성적 작업

39) 파이어아벤트(1987), 123-124.
40) Fine(1986), 9, 11.

들이 다 위태로운 게임이라고 말한다. 그러나 더욱 위태로운 것은 위태로운 것을 위태로운 것으로 보지 않고 그것을 위태롭지 않은 것으로 고정시키려는 시도라는 것이다. 실재론이니 반실재론이 하는 것들은 모두 이런 시도들에 지나지 않는다는 것이다.

실재론은 왜 너무 위태로운가? 파인은 실재론의 핵심을 다음 두 가지로 요약한다. 첫째, 실재론은 어떤 정해진 세계가 있다, 즉, 인간 행위 및 행위자와 독립적인 관계와 속성들을 지닌 개체들이 들어 있는 세계가 있다고 여긴다. 둘째, 실재론에 따르면 이 세계와 그 특징들에 관해 상당한 양의 믿을만한 그리고 비교적 관찰자 독립적인 정보를 얻는 것이 가능하다. 따라서 과학적 실재론자라면 과학이 그 정해진 세계 구조로의 모든 가능한 인식적인 접근을 목표로 한다고 여길 것이다. 이는 곧 다음을 의미한다.

> "과학의 이론과 원칙들은 그 세계의 구조에 대한 것으로 이해되어야 한다."
> "과학적 주장들의 참은 정해진 세계 구조의 특징들과의 대응으로 해석되어야 한다."[41]

과학적 실재론자들은 과학적 주장들의 참을 "외부 세계와의 대응"으로 이해한다. 따라서 그들은 참이라고 인정된 양자역학적 기술들에서도 그에 대응하는 외부 세계를 찾고자 한다. 하지만 앞에서 보았다시피 양자역학적 기술에서 그런 대응은 성립하지 않는다. 고전 역학에서는 관측 가능한 물리량(이를테면 한 입자의 운동량)이 곧 대상의 상태가 된다. 하지만 양자역학에서는

41) Fine(1986), 137.

관측 가능한 물리량은 대상의 상태가 아니다. 대상의 상태는 하나의 수학적 표현(힐베르트 공간 내의 벡터)이며 우리는 이를 관측 가능한 그 물리량들을 통해 유추할 수 있을 뿐이다. 고전역학에서는 변화의 법칙이 관측 가능한 물리량에 바로 적용되어 미래의 관측 가능한 물리량을 예측하지만, 양자역학에서는 변화의 법칙이 유추된 상태에 적용되며 따라서 미래의 관측 가능한 물리량도 그 법칙에 의해 산출된 미래 상태에 일정한 해석 규칙을 적용한 다음에야 비로소 주어진다. 게다가 이때의 물리량의 예측은 그것의 가능한 값들에 대한 확률 분포의 산출을 의미할 뿐이다.[42] 따라서 실재론을 양자론을 구성하기 위한 하나의 프로그램으로 보면, 대응을 전제로 삼는 실재론은 이론 구성에 도움을 주기는커녕 오히려 우리를 함정에 빠뜨릴 뿐이다.

파인은 또한 관측자인 우리 인간의 세계 속에서의 위치 또한 외부 세계와의 대응이 근거 없음을 보여준다고 주장한다. 실재론자들은 자기가 경기장 바깥에 서서 진행중인 경기를 관람하고 그것을 심판한다고 생각한다. 하지만 우리는 경기장 밖에 서 있을 수 없다. 우리는 전자 이론에 대해 한 발짝 물러나서 그것의 주장, 방법, 예측의 성공 여부 등을 살필 수 있다. 하지만 전자 이론이 무엇에 대한 것인지를 판단할 수 있는 어떤 위치에도 우리는 서 있을 수 없다. "우리는 물리적으로도 개념적으로도 세계 안에 있다. 즉, 우리는 과학의 대상들 중의 하나며, 주제에 대해 판단을 내리고 올바른 적용을 하기 위해 우리가 사용하는 개념들과 절차들 자체도 그 똑같은 과학적 세계의 일부다."[43]

---

42) 장회익(1994), 109 참고. 양자역학의 기이한 세계, 이를테면 가능한 모든 길을 동시에 지나가는 전자와 같은 것을 인상적이고도 쉽게 수학적으로 풀이한 책으로는 파인만(2000)을 참고.

하지만 그는 실재론에도 반대하지만 반실재론에도 반대한다. 실재론/반실재론의 대립 구도 자체가 과학의 진면목을 가린다고 생각하기 때문이다. 그는 실재론자와 반실재론자가 서로 대립함에도 불구하고 양쪽 다 당대의 과학적 탐구의 성과들을 "참"으로 받아들이는 데에는 이견이 없다는 사실에 주목한다. 다시 말해 일상적으로 우리는 우리 감각의 증거를 받아들이듯이, 똑같은 방식으로 우리는 확증된 과학의 이론을 받아들인다.[44] 그는 과학적으로 참인 것들을 이렇게 받아들이는 것을 "핵심 입장(core position)"이라고 부르는데, 그는 이 핵심 입장에서 우리가 참으로 받아들이는 것, 바로 이것이 참이 갖는 의미의 전부라고 말한다. 그는 참을 오직 이 맥락에서만 사용하며 더 이상 어떤 것도 덧붙이지 말라고 요구한다. 그리고 바로 이것으로 만족하는 태도를 그는 '자연스런 존재론적 태도(NOA)'라고 부른다.

그런데 이런 자연스런 태도는 우리가 지닌 형이상학적 욕구와 인식론적 욕구 때문에 자주 왜곡, 과장, 치장되는데 바로 이런 덧칠의 결과가 실재론과 반실재론이다. 실재론자와 반실재론자들은 NOA의 참 개념에 만족하지 못하고 거기에 어떤 해석을 덧붙이려고 한다. 실재론자들은 NOA에서 받아들여지는 참이 사실은 외부 세계와의 대응을 그리거나 의미하는 것이라고 해석한다. 반면에 반실재론자들은 NOA의 참이 실은 우리가 어떤 식으로든 받아들인 것에 지나지 않는다고 해석한다. 실재론자들은 참에 바깥 방향을 덧붙여 그것을 형이상학적인 개념으로 만들려고 하고, 반실재론자들은 참에 안쪽 방향을 덧붙여 그것을 인식론적인 개념으로 만들려고 한다. 그런 점에서 NOA는 "실재론의

43) Fine(1986), 131-132.
44) Fine(1986), 127. 뒤에 나오는 인용 뒤의 괄호는 이 책의 쪽수를 나타냄.

형이상학과 여러 반실재론의 인식론 둘 다 피하면서도 참을 구제할 수 있는 한 방법”(9)을 제시해준다. 그것은 “과학을 그냥 그대로 내버려두고, 어떤 철학적 ‘~론(ism)’의 지지도 받지 않은 채 보도록 하며”(9) “과학을 액면 그대로 받아들이고 그로부터 어떤 것을 읽어내려고 하지 않도록”(149) 한다. 참과 관련된 철학적 문제를 해결하는 가장 좋은 해결책은 바로 “참을 어떤 식으로도 ‘해석’하지 않는 것”(9)이다.

파인의 입장은 일상에서 우리가 근본적으로 의미론적 성격을 지닌 것으로 받아들이는 참 개념을 과학적으로 탐구의 결과물들에도 그대로 확대 적용하되, 그 개념을 그냥 흐릿한 상태로, 다시 말해 정의 불가능한 것으로 남겨두자는 것이다. 그는 이것만이 과학의 활동에 한편으로 신뢰를 보내면서 또한 과학 이론의 모든 변화를, 심지어는 혁명적인 변화까지도 수용할 수 있는 여지를 만들어준다고 생각하는 것 같다. 하지만 퍼트남은 파인과 같은 기조를 유지하면서도 실재와 실재론에 대해 좀더 우호적인 것인 것 같다.

퍼트남 역시 양자론이 전통적인 실재론의 가정들이 설자리를 없애버렸다는 것에 동의한다. 그는 전통적인 실재론에서 핵심적인 개념으로 사용되는 “대상(object)”이란 개념을 문제삼는다. 전통적인 실재론자들은 일반 명사들은 “대상들”의 여러 “속성들”에, 다소 차이는 있겠지만 어쨌건 일 대 일로 대응한다고 가정한다. 그리고 이때 그들이 염두에 두고 있는 “대상”과 “속성”은 한꺼번에 이미 모든 것이 결정된 상태로 있는 그런 것이다. 아포로가 물리적 실재의 기준을 정하려고 할 때 그들이 염두에 두고 있었던 것도 바로 이런 대상들의 바로 이런 속성들이었다. 그런데 양자 역학에서 거론되는 소립자들은 바로 그런 대상들도 아니며 또 그런 속성들도 갖지 않는다. 양자론에서 등장하는 소립자들은 당구공 같은 것이 전혀 아니다. "양자역학의 "소립자들"이 전통적인 의미에서의 대상들이 아니라고 할 수 있는 까닭은 현대 양자역학에서 소립자들은 (대부분의 "상태"들에서) 정해진 수를 전혀 가지지 않기 때문이다. 반면에 전통적인 대상들은 항상 정해진 수를 가지고 있다."[45] 그는 양자역학을, 앎이 진척됨에 따라 가능한 대상으로 손꼽히는 것 그리고 가능한 속성으로 손꼽히는 것들에 대한 우리의 생각조차도 모두 변할 수밖에 없다는 것을 여실히 보여주는 놀랄 만한 예로 삼고 있다.

그러나 "대상"이나 "속성"마저도 앎의 테두리를 벗어나지 못한다고 해서 실재 개념마저도 앎의 울타리 안으로 가두어버리는 것은 지나친 처사다. 퍼트남은 말한다.

"나의 비판에 비추어보면, 실재라는 말을 내가 쓰는 것마저도 오해를 불러일으키고 철학적 혼란의 잠재적인 원천 역할을 하는 것 아니냐는 의구심을 가질 수도 있을 것이다. 실재, 이성 … 과 같은 일반 개념들이 뿌리 깊은 철학적 혼란의 원천들이라는 것은 물론 사실이다. 그러나 이 단어들을 그냥 밖으로 내던진다고 문제가 해결되는 것은 아니다. 우리의 말과 삶이 우리 자신이 발명하지 않은 실재에 속박되어 있다는 생각이 우리 삶에서 중대한 역할을 하고 있으며 따라서 그 생각은 존중되어야 한다. 혼란의 원천은 철학에서 흔히 저질러지는 잘못, 즉 실재란 낱말이 어떤 한결같은 너머의 것(a single superthing)을 지시해야 한다고 가정하는 데 있다. 오히려 우리는 우리의 언어와 우리의 삶이 발전함에 따라 실재에 대한 우리의 생각을 끊임없이 재협상의 테이블에 올려놓으며, 또 올려놓지 않으면 안 된

45) Putnam (1999), 8.

다는 것을 보아야 한다."[46]

데이빗슨 역시 이른바 '돌팔매 논변(slingshot argument)'을 통해 실재와 지시 개념을 무력화한다. 그 논변에 따르면, 만약 참인 문장들이 무언가를 지시한다면 그 문장들은 모두 같은 것을 지시한다. 각 문장들이 모두 똑같이 지시하는 그 무엇은 바로 세계 전체가 될 것이다. 세계가 이렇게 구분될 수 없는 하나로 존재하며, 이것이 실재의 모습이라고 주장한다면, 이런 입장을 우리는 실재론이라고 부를 수 있을까? 우리가 받아들였던 파인의 실재론 기준을 바꾸지 않는 한, 우리는 이런 입장을 실재론이라고 부를 수 없을 것이다. 단순히 무언가가 있다고 해서 실재론이라고 할 수는 없기 때문이다. 그렇지만 그는 그렇다고 반실재론을 지지하지도 않는다. 전체성을 완전히 제거할 수는 없다는 것은 인정할 수 있다. 그렇지만 실재가 우리의 언어 행위, 우리의 과학적 탐구 행위에 어떤 실질적 역할도 하지 않는다고 보는 것은 잘못이라고 그는 생각한다. 그는 말하자면 완화된 형태의 실재론을 암시한다. 그것은 바로 낱말 차원이 아니라 문장 차원에서는 어떤 형태로든 실재와의 직접적인 접촉이 있음을 인정하는 것이다. 다시 말해 참 개념에 대해서만은 여전히 실재론적 해석을 견지하는 것이다. 이는 한 문장의 내용은 아니더라도 그 문장의 참/거짓에 대한 판정에서만은 실재가 어떤 형태로든 작용을 한다는 것을 인정한다는 뜻이다. 즉, 참 개념을 언어와 세계를 잇는 최후의 창구로 남겨놓는다는 것이다.

---

46) Putnam (1999), 9.

4. 비유적 결론

나는 지금까지 평면 거울에 비친 나 자신의 모습만을 보아왔다. 나는 거울 속에 비친 내 모습이 나의 진짜 모습이라고 생각했다. 그런데 그 거울 옆에 평면이 아니라 오목 볼록한 거울과 뿌옇게 흐리기까지 한 거울이 더 설치되었다. 나는 그 거울에서 내가 지금까지 비춰본 모습과는 다른 나의 모습을 본다. 나는 비로소 거울 자체에 관심을 가진다. 예컨대 나는 오목 볼록한 거울에서 예전의 모습과는 다른 내 모습을 발견한다. 나는 예전의 내 모습이 진상이 아닐지도 모른다고 의심한다. 나는 거울 자체를 의심한다. 그리고 그 거울에 비로소 "평면" 거울이라는 이름을 붙인다. 그리고 새 거울에는 "평면"에 대비되는 이름으로 "오목 볼록" 거울이라는 이름을 붙인다.

우리에게는 지금 나를 비춰볼 수 있는 세 개의 거울이 있다. 비유적으로 표현하자면 뉴턴과 맥스웰로 대표되는 고전 물리학의 평면 거울, 상대성 이론의 오목 볼록한 거울 그리고 양자론의 뿌옇게 흐린 불투명한 거울. 지금까지 우리는 이 세 거울에 우리 자신을 번갈아 비추어 각 거울에 비친 상의 차이를 실마리로 각 거울의 특성을 유추해보았다. 과학자들의 평가에서는 어쨌든 나중의 거울이 이전의 거울보다 우리 자신과 우리가 포함된 세계를 더 잘 비춰준다는 데에 일반적 동의가 이루어지고 있다. 그렇지만 우리 일상인들은 여전히 고전 물리학의 평면 거울에 익숙해져 있다. 또 사실 일상적인 삶을 꾸리는 데 이 거울 이상으로 더 자세히 자신을 들여다볼 일은 거의 없다. 그래서 그런지 우리는 여전히 평면 거울에 비친 상을 기준으로 해서 오목 볼록 거울의 상과 뿌옇게 흐린 거울의 상을 평가한다. 그러나 상대성 이론과 양자역학의 상은 그 이전의 고전 물리학의 상의 한계를 지적해주는 것들이다. 그런 점에서 상대성 이론과 양자역학의 상은 고전 물리학의 상에 친숙한 이들에게는 당혹스러운 것이 아닐 수 없다. 그런 당혹은 지금도 여전히 해결되지 않은 채 남아 있다.

고전 물리학의 정신에 충실한 과학자나 철학자들은 이 당혹을 해결해줄 어떤 이론적 장치가 있을 것이라고 기대한다. 즉, 그들은 우리에게 친숙한 고전 물리학의 상과 낯설기만 한 상대성 이론과 양자론의 상을 서로 이어주는 어떤 '대응 원리' 같은 것이 어딘가에는 있으며 그것이 언젠가는 밝혀지리라고 기대한다. 하지만 현재의 상황은 그런 쪽으로 그리 우호적으로 진행되지 않는 것 같다. 오히려 바로 이런 생각 자체가 상대성 이론과 양자론의 정확한 이해를 가로막는다고 주장한다. 따라서 비유는 다음과 같이 수정되는 것이 더 적절할 것 같다.

내 앞에 나를 비추는 거울이 하나 있다. 나는 내 전신을 보기 위해 멀찍이 떨어져서 그 거울을 본다. 그때 그 거울은 내게 틈 하나 없이 매끄러운 면을 가진 평면으로 보인다. 그러나 내가 얼굴을 자세히 보기 위해 앞으로 가까이 다가가서 자세히 보면 매끄러운 평면인 것처럼 보였던 그 거울이 사실은 미세하게 올록볼록한 것을 알게 된다. 하지만 이것으로 그치지 않는다. 그 반사면을 더욱 자세히 들여다보면 그 면이 뿌옇게 흐려져 있는 것을 볼 수 있다. 우리는 그 거울을 얼마나 가까이서 보느냐에 따라 그 면이 다르다는 것을 알게 된다. 따라서 매끄러운 평면이나 오목 볼록한 거울에 비친 내 모습을 보고 있을 때 나는 항상 어떤 단서를 염두에 두지 않으면 안 된다. 그것은 어떤 한계 내에서만 그러하다고 하는 단서.[47]

입자나 대상은 멀리서 대충 봤을 때만 성립하는 개념이라는 것을 상대성 이론과 양자론은 강력히 암시한다. 따라서 입자를 염두에 둔 실재론은 적어도 미시적인 세계에서는 더 이상 유효한 이론이 될 수 없다는 것이 현대 물리학의 귀결인 것으로 보인다. 실재 개념에 환골탈태의 변화가 없는 한 실재 개념은 더 이상 유용한 개념이 될 수 없다는 것이 현대 물리학이 우리에게 주는 교훈인 것 같다.

□참고 문헌

Alexander, H. G.(1956), ed., *The Leibniz-Clarke Correspondence* (Manchester University Press).

Bohm, D.(1951), *Quantum Theory* (Englewood Cliffs : Prentice Hall).

Bohr(1935), "Can Quantum-Mechanical Description of Physical Reality be Considered Complete?" in *Wheeler & Zurek* (1983).

Einstein, A.(1905a), *Ann. Phys.* 17.

47) 펜로즈는 뉴턴 식 사고 방식으로부터의 이탈이 모두 근본적인 면에서 빛의 처리와 관련되어 있다는 사실에 놀라움을 표하고 있다. 아인슈타인의 특수 상대성 이론에서는 빛의 속도가 유한하면서 일정하다는 사실이 핵심을 차지하고 있고, 양자론의 파동-입자 이중성도 빛의 성질에 의해 처음 관측되었다는 것이다(펜로즈(1996), 244-245). 그런데 다른 한편으로 보면, 빛은 바로 우리의 시각 정보의 원천이다. 따라서 빛을 연구의 주제로 삼는다는 것은 우리의 시각 작용 자체를 문제 삼는 것이라 할 수 있다. 이는 또 다른 말로 하면, 시각적 세계관 자체를 문제 삼는 것이다. 빛이 물리학적 탐구의 주요 대상이 되었다는 사실은 그런 점에서 시각에 기초한 세계상이 그 극한에 이르렀음을 암시하는 것으로 볼 수도 있다. 우리는 양자역학에서 그런 암시를 뒷받침하는 듯한 많은 증상들을 볼 수 있다. 눈이 자기 눈을 볼 수 없듯이, 시각 현상 자체를 시각적으로 형상화시킬 수 없다면 세계가 뿌옇게 비치는 것은 어쩌면 당연한 것인지도 모르겠다.

_________.(1905b), *Ann. Phys.* 18.

Einsten, A., Podolsky, B. and Rosen, N.(EPR)(1935), "Can Quantum-Mechanical Description of Physical Reality be Considered Complete?" in *Wheeler & Zurek* (1983).

Fine, A.(1986), *The Shaky Game : Einstein Realism and the Quantum Theory* (Chicago : The Univ. of Chacago Press).

Maxwell, James Clerk(1865), "A Dynamical Theory of the Electromagnetic Field", *Philosophical Transactions*, 155, 459-512.

Minkowsky H.(1923), "Space and Time", in Einstein, A.(1952), (ed.) *The Principle of Relativity* (Dover : New York).

Newton, I.(1687), *Philsophiae Naturalis Principia Mathematica* (Streater : London).

Putnam, H.(1999), *The Threefold Cord : Mind, Body, and World* (New York : Columbia Univ. Press).

Shimony, M. A.(1984), "Controllable and Noncontrollable Nonlocality", in Kamefuchi, S., et. al.(1984) (eds.) *Foundation of Quantum Mechanics in Light of New Technology* (Tokyo, Physical Society of Japan), 225-230.

Wheeler, J. A. & Zurek, W. H.(1983), (eds.) *Quantum Theory and Measurement* (Princeton : Princeton Univ. Press).

그리바노프, D. P.(2001), 이영기 역, 『아인슈타인 — 철학적 견해와 상대성 이론』, 일빛.

마치, R. H.(1984), 신승애 역, 『시인을 위한 물리학』, 이화여대 출판부.

이중원(1995), 「양자 이론의 실재론적 해석 : 논쟁과 새로운 모색」, 『과학과 철학』 제6집, 통나무.

_____(1999), 「'무엇이 실재한다'는 주장의 인식 구조 내재성에 관한 고찰」, 한국분석철학회편(1999), 『언어 · 표상 · 세계』, 철학과현실사.

장회익(1990), 『과학과 메타 과학』, 지식산업사.

_____(1994), 「양자역학과 실재성의 문제」, 『과학사상』 제9호(1994, 여름).

조용민(1992), 「현대 물리학에서의 시간과 공간」, 『과학과 철학』 제3집, 통나무.

조인래(1990), 「보어는 EPR '역설'을 해결했는가」, 『철학연구』(철학연구회) 27.

쿤, T. S.(1981), 김명자 역, 『과학 혁명의 구조』, 정음사.

파이어아벤트, P.(1987), 이봉재 역, 「실재론과 지식의 역사성」, 『과학과 철학』 제3집, 1992, 통나무.
파인만, R.(2000), 박병철 옮김, 『일반인을 위한 파인만의 QED 강의』, 승산.
펜로즈, R.(1996), 박승수 역, 『황제의 새 마음』, 이화여대 출판부.

필자 소개

(논문 게재 순)

□ 김 효 명(연구책임자)

미국 인디애나대에서 철학 박사 학위를 받았으며, 한양대 교수를 거쳐 지금은 서울대 철학과 교수로 있다. 주요 논문으로는 「필연성과 본질」, 「진리와 역사」 등이 있으며, 저서로는 『영국 경험론』 등이 있다.

□ 김 국 태

독일 콘스탄츠대에서 철학 박사 학위를 받았으며, 지금은 호서대 인문, 예술학부 교수로 있다. 주요 논문으로는 「칸트의 존엄성 개념에서 본 인간 복제의 윤리성 문제」, 「과학적 합리성 개념과 그의 실천적 전망」, 「과학적 합리성 : 그의 근대적 기원과 현주소」 등이 있으며, 저서로는 『실용 논리학 — 비판과 합리적 의사 결정을 위한』 등이 있다.

□ 원 석 영

독일 괴팅겐대에서 철학 박사 학위를 받았으며, 지금은 한양대와 성균관대에서 강의를 하고 있다. 주요 논문으로는 "Das Problem des Skeptizismus bei Descartes und Locke", 「안셀무스, 하나의 논증?」 등이 있으며, 역서로는 『철학의 원리』가 있다.

□ 이 경 희

연세대에서 철학 박사 학위를 받았으며, 지금은 연세대 유럽사회문화연구소 전문연구원으로 있으면서 홍익대와 상명대에서 강의를 하고 있다. 주요 논문으로는 "Individual and Community : Toward A New 'Brave New World'", 「데카르트의 선택 : 자연과학에서 근대성 문제」, 「미지와의 조우 : 데카르트의 제일 철학」 등이 있으며, 역서로는 『오캄 철학 선집』이 있다.

□ 박 삼 열

영국 글라스고우대에서 철학 박사 학위를 받았으며, 관동대 겸임 교수를 거쳐 지금은 숭실대 전임 강사로 있다. 주요 논문으로는 「스피노자의 심신론 : 심신동일론과 평행론」, 「스피노자의 형이상학에 대한 질료형상론적 해석」, 「스피노자의 속성 개념에 대한 객관적 해석의 문제점」, 「근대적 개인과 스피노자의 일원론」, 「라이프니츠의 현상론 : 실체와 물체」 등이 있다.

□ 최 희 봉

영국 노팅햄대에서 철학 박사 학위를 받았으며, 지금은 강원대 철학과 교수로 있다. 주요 논문으로는 「흄의 회의와 확신 : 지식의 정당화 문제를 중심으로」, 「흄의 철학과 근대 과학」 등이 있으며, 저서로는 『흄』, 역서로는 『철학의 주요 문제에 대한 논쟁』, 『스무 권의 철학』 등이 있다.

□ 김 성 호

고려대에서 철학 박사 학위를 받았으며, 지금은 고려대와 강원대에서 강의를 하고 있다. 주요 논문으로는 「칸트의 목적 자체에 관한 연구」, 「칸트 윤리학에 있어 자연 법칙의 의미」 등이 있으며, 역서로는 『칸트의 도덕 철학』, 『합리론』, 『서양 윤리학사』 등이 있다.

□ 장 성 민

프랑스 프와티에대에서 철학 박사 학위를 받았으며, 지금은 총신대 신학과 교수로 있다. 주요 논문으로는 「블레즈 파스칼의 행복론」, 「파스칼의 사랑의 개념」, 「파스칼과 철학의 문제」 등이 있다.

□ 황 수 영

프랑스 파리4대에서 철학 박사 학위를 받았으며, 지금은 서울시립대에서 강의를 하고 있다. 주요 저서로 『근현대 프랑스 철학』, 『베르그손, 지속과 생명의 형이상학』, 『철학과 인문학의 대화』 등이 있으며, 역서로 『창조적 진화』 등이 있다.

□ 배 식 한

서울대에서 철학 박사 학위를 받았으며, 지금은 성균관대 학부대학 교수로 있다. 주요 논문으로는 「반실재론 : 철학자들의 직업병」, 「양자역학과 실재론」, 「진리, 진실, 참」 등이 있으며, 저서로는 『인터넷, 하이퍼텍스트, 책의 종말』 등이 있다.

근대 과학의 철학적 조명

초판 1쇄 인쇄 / 2006년 11월 10일
초판 1쇄 발행 / 2006년 11월 15일

■

지은이 / 김 효 명 外
펴낸이 / 전 춘 호
펴낸곳 / 철학과현실사
서울특별시 서초구 양재동 338의 10호
전화 579—5908~9

■

등록일자 / 1987년 12월 15일(등록번호 : 제1—583호)

■

ISBN 89-7775-605-7 03130
*잘못된 책은 바꾸어 드립니다.
*지은이들과의 협의에 따라 인지를 생략합니다.

값 15,000원